基于云计算
的电子政务公共平台技术与实践

石友康 段世惠 聂秀英 谢 玮 张春晖◎主编

人民邮电出版社

北京

图书在版编目（CIP）数据

基于云计算的电子政务公共平台技术与实践 / 石友康等主编. -- 北京：人民邮电出版社，2024.3
ISBN 978-7-115-63423-8

Ⅰ. ①基… Ⅱ. ①石… Ⅲ. ①电子政务－社会服务－研究－中国 Ⅳ. ①D630.1-39

中国国家版本馆CIP数据核字(2024)第000189号

内 容 提 要

本书从总体、技术、服务、安全、管理 5 个维度描述了电子政务公共平台涉及的内容，阐释了电子政务公共平台的内涵和边界、电子政务公共平台顶层设计原则，阐明了面向服务的电子政务公共平台总体架构、安全体系和信息安全保障机制，叙述了由数据共享服务子系统、数据开放服务子系统、数据再处理子系统、信息产品服务子系统和统一数据开放共享网站组成的信息资源开放共享系统架构，希望本书能对电子政务工作人员、信息基础设施行业从业人员有所帮助，为推进国家治理体系和治理能力现代化助力。

◆ 主　　编　石友康　段世惠　聂秀英　谢 玮　张春晖
　　责任编辑　张　迪
　　责任印制　马振武
◆ 人民邮电出版社出版发行　北京市丰台区成寿寺路 11 号
　　邮编　100164　电子邮件　315@ptpress.com.cn
　　网址　https://www.ptpress.com.cn
　　北京虎彩文化传播有限公司印刷
◆ 开本：720×960　1/16
　　印张：21.75　　　　　　　　　2024 年 3 月第 1 版
　　字数：401 千字　　　　　　　 2024 年 10 月北京第 2 次印刷

定价：129.80 元

读者服务热线：(010)53913866　印装质量热线：(010)81055316
反盗版热线：(010)81055315
广告经营许可证：京东市监广登字 20170147 号

编 委 会

王 茜　石友康　刘 述　白 峰

刘瑞慧　朱志祥　李安颖　余庆秋

张春晖　张 敏　段世惠　聂秀英

徐 起　夏 耘　高 巍　崔 昊

谢 玮　葛学锋

前言 PREFACE

自2002年以来,我们一直在电子政务领域工作,前几年的时间更多放在电子政务网络技术与评估评测研究上。从2010年开始,我们有幸支撑上级单位进行基于云计算的电子政务公共平台的顶层设计、标准研制、应用推广等工作,一边持续钻研电子政务公共平台的理论与技术,一边把积累的技术用于实践,解决电子政务面临的问题。在此过程中,我们不仅沉淀了关于电子政务公共平台的业务知识,也从各级管理者身上学到了电子政务的新理念,在技术创新和机制创新的结合及相互驱动方面,收获了一些心得体会。

10年前,我国各地电子政务建设普遍缺少整体顶层设计。电子政务网络纵向建设居多,造成网络分离、条块分割、网络结构错综复杂、链路备份困难、管理复杂、带宽难以共享等问题。各级政府的建设经费主要来自上级单位拨款、本级部门预算、配套专项资金等渠道,基础设施建设依然存在"以项目为导向、低水平重复、投资浪费"等现象。抽样调查结果显示,2013年,有独立机房的部门中,省级政务部门的数量平均为50个,副省级平均为17个,地市级平均达到12个,区县级为6个。这些都成为当时阻碍我国电子政务发展的瓶颈,亟须进行资源的全方位整合,推动我国电子政务向集约化发展方式转变,从而形成统筹发展的格局。

随着互联网日益成为人类社会的关键基础设施,信息化应用更加广泛地融入人们的工作和生活,无论是国家事业的发展,还是人民群众日益增长的美好生活需要,都对优化电子政务、提升治理效能提出新的要求和期待。云计算是互联网时代信息基础设施与应用模式的重要形态。云计算在放大资源支撑能力、创新建设和服务模式等方面的特点,使它成为新型电子政务建设的基础技术架构。在资源共享方面,云计算能够使政府各部门更好地共享信息化基础资源,从而改变电子政务基础设施使用率低、资源需求分散、系统重复建设严重等问题。在创新模式方面,云计算带来的建设和服务模式能够帮助政府将有限的信息化基础资源投入核心任务和专业流程当中,使政府信息化工作重点从资产管理转向服务管理。在降低成本方面,利用云基础设施可以快速实施新项目，从而节约时间并降低部署成本，提高政府运行效率，更快地响应公众需求。在随需服务方面，云计算使IT系统具备可扩展性、可兼容性和可伸缩性，使IT系统能够快速适应和满足不断变化的电子政务应用系统的建设要求。

《中华人民共和国国民经济和社会发展第十二个五年规划纲要》提出"大力推进国家电子政务建设，加强云计算服务平台建设，构建下一代信息基础设施"。《国务院关于大力推进信息化发展和切实保障信息安全的若干意见》提出"提升电子政务服务能力。围绕提升服务和监管能力，促进政府管理创新，加强电子政务顶层设计。全面提升电子政务技术服务能力，鼓励业务应用向云计算模式迁移"。《国家电子政务"十二五"规划》提出"建设完善电子政务公共平台。完成以云计算为基础的电子政务公共平台顶层设计、全面提升电子政务技术服务能力、制定电子政务云计算标准规范"。

2013年2月，工业和信息化部信息化推进司按照"促统筹、抓实践、建标准、推应用"思路，发布《基于云计算的电子政务公共平台顶层设计指南》（工信信函〔2013〕2号），在全国20个省（自治区、直辖市）和66个市县区开展基于云计算的电子政务公共平台建设和应用试点，成立云计算电子政务国家标准工作组，制定基于云计算的电子政务公共平台国家标准，成立电子政务云平台建设应用工作组，推进部委、地方政府基于电子政务公共平台开展应用和服务。其目标是利用现有信息化基础资源，集约建设，提高基础设施资源利用率，通过顶层设计指导电子政务建设和发展模式，从自建自用的方式转向全面使用服务的方式。"顶层设计指南"以"服务"为基本出发点，提出10个方面的设计，涉及需求、架构、应用、资源、安全、部署、实施、运行等各个方面。其中：服务需求设计聚焦解决"重复建设、信息孤岛"问题；系统架构设计聚焦公共平台，促进资源共享与协同；基础设施服务设计以统一服务代替各自分散建设；支撑软件服务设计聚焦利用共性支撑软件资源实现快速开发；应用功能服务设计关注统一各部门应用的功能与流程；信息资源技术服务设计实现电子政务信息资源全面共享；信息安全技术服务设计的目标是建设安全可控的信息安全基础设施；应用部署服务设计聚焦已有应用系统向电子政务公共平台迁移问题；服务实施设计坚持以服务为基础的原则，充分利用已有资源；运行保障服务设计目标是建立全覆盖、全流程运行保障服务。

2013年3月，工业和信息化部在陕西西安召开了"地方电子政务公共平台顶层设计工作座谈会"，总结了"基于云计算的电子政务公共平台顶层设计"六点试点经验。一是统筹机制是工作核心：加强信息化领导小组的职责，信息化部门牵头制订规划、计划和顶层设计，负责审批立项，统筹基础设施、重大工程建设实施，指导协调部门应用发展。二是顶层设计是关键环节：突出抓好顶层设计，明确总体框架、系统架构、功能和服务，制定迁移路线图和实施步骤，创建新的技术服务体系，满足政府管理创新和发展改革的需要。三是集中管理是根本方法：从当前实际情况看，应先从加强对建设资金、基础资源、技术服务、标准规范4个方面的集中管理入手，保障电子政务公共平台建设和实施。四是公共平台是基础设施：电子政务公共平台突出"统建、共用、开放、服务"，由信息化部门统筹，基于统一、开放的技术标准和体系架构进行建设，面向所有政务部门提供服务，各部门通过规范的方式获取各类资源和服务。五是技术服务是实施重点：建立专业化、市场化技术服务队伍，统一提供公共平台技术服务，制定运行保障和服务管理的制度和规范，保障服务流程可控、服务内容可衡量、服务质量可评价。六是安全可靠是发展保障：注重网络、应用、技术、产业和安全的良性互动，从采用自主可控软硬件产品、统一建设安全保障设施、统一安全管理制度3个方面，提高电子政务公共平台的安全保障能力。

2013年4月，根据安排，全国通信标准化技术委员会（TC485）成立云计算电子政务标准工作组，组织编写"基于云计算的电子政务公共平台"国家标准。目前，已完成GB/T 34078《基于云计算的电子政务公共平台总体规范》系列标准、GB/T 33780《基于云计算的电子政务公共平台技术规范》系列标准、GB/T 34079《基于云计算的电子政务公共平台服务规范》系列标准、GB/T 34080《基于云计算的电子政务公共平台安全规范》系列标准、GB/T 34077《基于云计算的电子政务公共平台管理规范》系列标准5项共24个部分国家标准的编制工作，主要从总体、技术、服务、安全、管理5个维度规定了基于云计算的电子政务公共平台术语和定义、顶层设计原则、服务管理、服务实施等与总体相关的要求；规定了基于云计算的电子政务公共平台体系架构、功能和性能要求、系统和数据接口、操作系统、信息资源开放共享系统、服务测试等与技术相关的要求；规定了基于云计算的电子政务公共平台服务分类与编码、应用部署和数据迁移、数据管理、应用服务、移动服务等与服务相关的要求；规定了基于云计算的电子政务公共平台安全总体要求、信息资源安全、服务安全、应用安全等与安全相关的要求；规定了基于云计算的电子政务公共平台的服务质量评估、服务度量计价、运行保障管理、平台管理导则、技术服务体系等与管理相关的要求。其中：服务质量评估、功能和性能要求、服务管理、术语和定义等标准主要支撑顶层设计中的服务需求设计；系统架构标准支撑系统架构设计；功能和性能要求、服务实施、服务测试、服务质量评估等标准支撑基础设施服务设计；系统和数据接口、应用部署和数据迁移、功能和性能技术要求等标准支持软件服务设计；数据管理、系统和数据接口、应用服务等标准支撑信息资源技术服务设计；安全总体要求、信息资源安全、服务安全、应用安全等标准支撑信息安全技术服务设计；应用部署和数据迁移、操作系统、移动服务等标准支撑应用部署服务设计；运行保障管理标准支撑运行保障服务设计；服务实施标准支撑服务实施设计。

2013年10月，电子政务云平台建设应用工作组成立，该工作组致力于凝聚对电子政务云平台发展的共识，开展对国内外电子政务云平台发展的前沿技术和战略问题的研究，研判电子政务云平台发展趋势、挑战与机遇，研讨电子政务云平台建设和应用中碰到的重大问题及其对策，推进部委、地方政府基于电子政务云平台开展应用和服务，为探索推动电子政务集约建设、减少重复建设的新路径贡献智慧。为深入贯彻中央网络安全和信息化领导小组关于加快推动信息化发展的重大战略部署，加快落实《国务院办公厅关于政府向社会力量购买服务的指导意见》（国办发〔2013〕96号），2015年，电子政务云平台建设应用工作组秘书处印发了《电子政务云平台服务费用计算参考指南（第一版）》和《电子政务云平台服务考核评估方法（第一版）》。据统计，截至2021年年底，我国初步建成省级电子政务云平台的省（自治区、直辖市）有30个，带动地市级以上政府部门信息化系统采用云计算模式建设比例超过60%。我国电子政务经过这10年的发展进入了快车道，在理论创新、实践创新、制度创新等诸多方面进行了有效探索，通过强化顶层设计、统筹协调、整体推进和督促落实，推动电子政务发展取得了历史性成就。《2022联合国电子政务调查报告》显示，在193个联合国会员国中，我国电子政务排名从2012年的第78位上升到2022年的第43位，成为全球增幅最快的国家之一。电子政务公共平台在各地电子政务建设中起到了重要的支撑作用，并为加快推进全国一体化政务服务平台建设提供了强有力的基础保障，竭力支撑我国政务信息化建设总体迈入以数据赋能、协同治理、智慧决策、优质服务为主要特征的融慧治理新阶段。

本书借鉴了政府业务主要管理者、国家信息化专家咨询委员会部分委员的先进理念、智慧和实践经验，部分材料来自云计算电子政务标准工作组组织编写的"基于云计算的电子政务公共平台"系列国家标准。除了本书主编，参与编写本书的还有刘述、高巍、王茜、朱志祥、夏耘、白峰、刘瑞慧、葛学锋、徐起、张敏等。我们在此对多年来各级领导、专家，以及我国通信标准化部门、标准起草组和工作团队给予的大力支持、帮助和关心表示衷心的感谢。

主编
2023年11月

目录 CONTENTS

第 1 章　基于云计算的电子政务公共平台的基本内涵 …………001

   1.1　建设电子政务公共平台的意义 ………………………………002
   1.2　云计算与电子政务公共平台关系 ……………………………004
   1.3　基于云计算的电子政务公共平台的基本内涵 ………………005
   1.4　基于云计算的电子政务公共平台的边界 ……………………006

第 2 章　基于云计算的电子政务公共平台的顶层设计 …………009

   2.1　概述 ……………………………………………………………010
   2.2　顶层设计的目的、目标和原则 ………………………………011
   2.3　顶层设计的重点内容 …………………………………………013
   2.4　顶层设计的着力点 ……………………………………………030

第 3 章　基于云计算的电子政务公共平台的系统架构及设计 …033

   3.1　概述 ……………………………………………………………034
   3.2　总体架构及组成 ………………………………………………035
   3.3　服务管理架构 …………………………………………………038
   3.4　服务资源架构 …………………………………………………041
   3.5　服务实施架构 …………………………………………………046
   3.6　服务保障架构 …………………………………………………055
   3.7　服务安全架构 …………………………………………………057
   3.8　系统架构设计 …………………………………………………057

第 4 章 基于云计算的电子政务公共平台的功能和性能 ········ 065

  4.1 概述 ········ 066
  4.2 机房资源服务功能和性能的要求 ········ 066
  4.3 计算资源服务功能和性能的要求 ········ 067
  4.4 存储资源服务功能和性能的要求 ········ 069
  4.5 网络资源服务功能和性能的要求 ········ 070
  4.6 信息资源服务功能和性能的要求 ········ 072
  4.7 应用支撑服务功能和性能的要求 ········ 073
  4.8 运行维护服务功能和性能的要求 ········ 075
  4.9 服务受理与交付的功能和性能的要求 ········ 077
  4.10 互联互通功能 ········ 078
  4.11 可靠性指标 ········ 080
  4.12 安全要求 ········ 081

第 5 章 基于云计算的电子政务公共平台的操作系统 ········ 083

  5.1 概述 ········ 084
  5.2 逻辑架构及功能组件 ········ 084
  5.3 功能要求 ········ 086
  5.4 运行管理要求 ········ 088

第 6 章 基于云计算的电子政务公共平台的数据管理 ········ 091

  6.1 概述 ········ 092
  6.2 数据采集技术要求 ········ 092
  6.3 数据存储技术要求 ········ 094
  6.4 数据集成技术要求 ········ 096
  6.5 数据处理技术要求 ········ 098
  6.6 数据服务技术要求 ········ 100

	6.7	数据管理目录技术要求	102
	6.8	数据交换共享技术要求	104
	6.9	数据质量管理技术	105

第7章 基于云计算的电子政务公共平台的应用部署和数据迁移 … 107

	7.1	概述	108
	7.2	应用部署	108
	7.3	数据迁移	110

第8章 基于云计算的电子政务公共平台的服务分类和编码 … 113

| | 8.1 | 服务分类 | 114 |
| | 8.2 | 服务编码 | 125 |

第9章 基于云计算的电子政务公共平台的移动服务应用技术要求 … 133

	9.1	概述	134
	9.2	移动接入方案设计	136
	9.3	移动接入管理	137
	9.4	移动终端安全管理	141
	9.5	移动应用支撑设计	143
	9.6	计量管理	147

第10章 基于云计算的电子政务公共平台的信息资源开放共享 … 149

| | 10.1 | 概述 | 150 |

10.2	信息资源开放共享架构	151
10.3	信息资源开放共享系统的技术架构	156
10.4	信息资源开放共享系统的服务要求	160

第 11 章 基于云计算的电子政务公共平台的安全 163

11.1	概述	164
11.2	总体安全体系框架	164
11.3	基础环境安全要求	166
11.4	业务及数据支撑安全要求	179
11.5	安全隔离要求	184
11.6	安全服务的要求	186
11.7	服务安全实施要求	188
11.8	服务安全运维要求	193
11.9	服务安全管理要求	200
11.10	服务安全测试要求	204

第 12 章 基于云计算的电子政务公共平台的信息资源安全 215

12.1	概述	216
12.2	信息资源安全保护要求	216
12.3	信息资源安全管理技术要求	223

第 13 章 基于云计算的电子政务公共平台的服务质量评估 227

13.1	概述	228
13.2	服务质量评估的主要内容	228
13.3	服务质量评估的使用对象及使用解析	239
13.4	服务质量评估在顶层设计中的应用	240

第 14 章 基于云计算的电子政务公共平台的服务度量计价 … 243

14.1 概述 … 244
14.2 度量要求 … 245
14.3 计价要求 … 248
14.4 度量计价实施要求 … 250
14.5 服务定价的基本原则 … 261

第 15 章 基于云计算的电子政务公共平台的运行保障管理 … 265

15.1 概述 … 266
15.2 面向服务使用机构的运行保障管理 … 266
15.3 面向公务人员的运行保障管理 … 273
15.4 面向公众的运行保障管理 … 274
15.5 面向平台资源的运行保障管理 … 275

第 16 章 基于云计算的电子政务公共平台的技术服务体系 … 287

16.1 概述 … 288
16.2 电子政务技术服务体系存在的主要问题 … 288
16.3 电子政务技术服务体系建设目标和原则 … 290
16.4 电子政务技术服务体系的发展 … 292
16.5 电子政务技术服务体系的概念、角色和组成 … 293

第 17 章 基于云计算的电子政务公共平台的管理导则 … 315

第 18 章 典型应用实践 … 321

18.1 基于云计算的电子政务顶层设计试点及成功经验 … 322

18.2 武汉市政务云建设发展情况 …………………………… 323
18.3 长沙市政务云建设发展情况 …………………………… 327

缩 略 语 …………………………………………………… 330

参考文献 …………………………………………………… 333

第 1 章

基于云计算的电子政务公共平台的基本内涵

1.1 建设电子政务公共平台的意义

建设电子政务公共平台是电子政务发展到深化应用、突出实效阶段的重要举措。以需求为导向、以效益为根本，积极推动云计算在电子政务中的应用，有助于提高基础设施资源利用率，减少重复投资、避免"各自为政"和消除"信息孤岛"，可有效地降低电子政务建设和运维成本，对于提高电子政务发展质量、增强电子政务安全保障能力具有重要意义。具体来说，主要体现在以下6个方面。

（1）有助于降低电子政务建设和运维成本

电子政务公共平台可以为各级政府部门提供基础设施、服务和软硬件等资源，该平台的成本主要包括软硬件设备的购买、运维费用，以及各级政务部门的数据中心、大型机房、服务器的建设和运维等方面的开支。一方面，电子政务公共平台采用集约化建设方式，提高了设备利用率，减少了设备采购数量；另一方面，电子政务公共平台采用集约化运维方式，由专门机构进行管理，可以提高运维效率，有效降低政府运维成本。

（2）为各政务部门间信息共享与业务协同创造条件

充分发挥云计算的虚拟化、通用性、高可靠性、高可扩展性等优势，利用现有电子政务基础，完备的电子政务公共平台在支撑各级政务部门应用发展的同时，也促进了跨地区、跨部门、跨层级的信息共享。由于技术、需求、经费、管理、电子政务水平等因素，各级政务部门感知信息资源的内部流动渠道不畅，形成"信息孤岛"，影响政务部门之间的有效沟通，而电子政务公共平台能够实现平台间信息无缝交换，提高了政府内部各类信息的处理和交换效率，有效整合电子政务内部资源。因此，电子政务公共平台可以为政府各个部门提供信息资源服务，可以将分布式存储的数据库和"一站式"的检索界面相结合，利用其强大的计算能力帮助政务部门快速地查找所需要的信息，从而有效提高电子政务信息共享的效率，扩大共享范围。此外，硬件资源和信息资源的共享将促进各政务部门内部与部门之间业务系统的交互，为政务部门业务协同创造有利条件。

（3）有助于提高电子政务信息安全保障能力

建设完善的电子政务公共平台信息安全保障体系，有助于全方位提高电子政务基础支撑环境的安全防护能力，从而保障政府信息系统安全可靠地运行。电子政务公共平台的建设运行维护，由专门的服务提供机构统一管理信息、保存数据、开发软件和提供平台服务，提供更好的数据安全防范措施，不但提高了信息系统的可靠性和可用性，还减少了客户端数据存储和使用的安全风险。此外，电子政务公共平台往往对数据管理有一套严格的规定，包括IT硬件、网络和软件等资产管理、密钥和证书管理、密钥存储规定、端点的安全管理、审计报告、身份及角色的控制、网络安全及服务管理等方面，基于云计算模式，数据安全将更有保障。

（4）有助于优化电子政务建设过程

电子政务公共平台的建设有助于推动数据和业务系统与承载的技术环境的分离。电子政务公共平台建成后，各政务部门基于电子政务公共平台实现数据和业务系统的建设与完善，不再需要单独自建、更新和升级技术环境。各政务部门的电子政务项目建设不再需要经历需求分析、设计、施工、运行和维护等全过程，不用考虑应用实现的技术细节，均由电子政务公共平台统一提供技术支撑、运维服务和安全保障。因此，各级政务部门能够集中人力、物力进行本部门的业务流程优化和业务应用，能够有更多的精力专注于政务业务和公共服务，提高履行职责的能力和服务水平。

（5）推动政府管理方式变革

电子政务公共平台可以降低计算成本、整合网络资源、精简行政工作程序、创新工作流程，还可以实现政府公文流转、办公流程管理和政务信息等的网络化、电子化、透明化和公开化，从而有效促进政府行政管理工作方法的转变，政务部门的信息共享能力也取得了明显改善。在云计算技术时代，政务部门已经可以运用各类新型手段进行信息化管理，政务部门的整体工作效率也得以显著提高。有效的政府信息资源共享，让更多的信息问题即使在低层次上也可以迅速处理，使管理人员在任何时间都能获取正确的信息，并依据信息制定尽量多的解决方案，对每一种解决方案进行综合分析和比较择优，从而极大地降低了政府信息传播不及时、不精确所产生的信息消耗问题，也使政府信息管理程序时间得以大幅缩短。

（6）促进政府服务方式转变

服务型政府是我国政府现代化建设的主要发展方向，服务型政府的建立必须形成一定的服务体系，服务体系中每一环节的构建都影响服务质量的整体效果。电子政务需要对政府部门的各项职责和管理工作全面实施信息化建设，使之标准化和流程化，并在更大的领域内整合协调和完善，同时通过构建电子政务公共平台，把各种政府信息资源加以集成，共同为电子政务提供各种涉及政务部门行使职责、有效管理、提供服务等方面的信息应用服务，从而确保政务部门的业务高度集成和协同化。政府的内部核心正处于由管理型政府向服务型政府转变的过程中，这就要求政府更广泛地将部门管理转变为信息服务，将创新融入部门管理功能和电子政务业务流程。因此，电子政务公共平台已经成为最关键的公共服务平台之一，为政府从管理型向服务型的转变提供了强有力的支持。

1.2 云计算与电子政务公共平台关系

新技术的涌现和应用为电子政务基础设施和服务模式的发展与创新提供了新的动力，推动并加快了电子政务信息资源的集成与共享、公共服务能力的创新和发展。云计算以其独特的技术特点成为电子政务公共平台建设的最佳技术手段之一。

云计算是一种基于虚拟化技术，具备弹性扩展、动态分配和资源共享等特点，能够实现可量化的、按需自助服务的新型计算模式。从商业角度分析，云计算是一种基于宽带网络、以计算资源（通信带宽、存储空间、计算能力）服务为交易对象的新型商业模式，用户可通过宽带网络享受信息基础设施、平台、软件应用等计算资源服务。在云计算模式下，用户能够从其他地方获取某些服务——硬件、软件及业务流程的执行，计算资源就如同水、电一样，成为社会的公共基础设施，用户可以根据自己的需要，随时随地获取。因此，云计算的技术特点极为符合电子政务从粗放式、分散化的建设模式向集约化、整体化的可持续发展模式转变，政府管理服务从"各自为政"、相互封闭的运作方式转变为跨部门、跨区域的协同互动和资源共享。

在利用云计算技术推动电子政务公共平台发展方面，国外一些国家已经领先一步。早在 2010 年 6 月，德国经济部宣布启动《云计算行动计划》，整合相似工作任务，推进行政管理过程的标准化，挖掘云计算巨大的经济潜力；2011 年，美国发布了《美国联邦政府云计算战略》，指出要采用"云优先"战略，并要求各政务部门将基于政府云的解决方案作为首要选项，促进政府电子政务项目全力向云平台迁移，同时，鼓励企业参与政府电子政务项目的云解决方案的制定，降低总体运营成本。我国政府也高度重视云计算的发展，把云计算列为重点发展的战略性新兴产业，并确定了北京、上海、杭州、深圳和无锡 5 个试点城市，先行开展云计算服务创新发展试点示范工作。地方政府也大力推动云计算发展，北京、上海、成都、武汉、深圳等多个城市都发布了云计算战略规划，例如，北京在 2010 年 9 月发布了《北京"祥云工程"行动计划（2010—2015 年）》，上海市于 2010 年 8 月发布了《上海推进云计算产业发展行动方案（2010—2012 年）》。2016 年以来，"互联网＋政务服务"、政务信息系统整合共享等政策相继出台，我国政务云规模迅速增长。

在当前数字经济高速发展的潮流中，各地政府也开始将政务服务与数字治理相结合，科学谋划、因地制宜，大力推进智慧政务并取得了一定的成绩，例如，上海市"一网通办"平台、浙江政务服务网、北京市政务云等。目前，各省（自治区、直辖市）都已经建成省级网上政务服务平台，"互联网＋政务服务"成为提供公共服务的重要方式。

在当前电子政务发展过程中，应充分深化和强化云计算模式在电子政务发展中的作用，全面推广云计算技术在全方位业务协同、信息资源共享及信息安全保障中的应用，积极开展以云计算为基础的电子政务公共平台顶层设计，在现有基础上建设完善基于云计算的电子政务公共平台，更好地支持电子政务的应用深化和拓展，全面优化网上服务成为深化"放管服改革"的重要支撑，促成电子政务建设朝着一体化、协同化、移动化纵深整合和数字政府高质量发展。

1.3 基于云计算的电子政务公共平台的基本内涵

电子政务公共平台是指由县级以上信息化主管部门，组织专业技术服务机构，运用云计算技术，统筹利用已有的计算资源、存储资源、网络资源、信息资源、应用支撑软件等资源，统一建设并为各政务部门提供基础设施、支撑软件、应用功能、信息资源、信息安全和运行保障等服务的电子政务综合性服务平台，具体服务内容如下。

（1）基础设施服务

基础设施服务是指政务部门通过电子政务公共平台获取计算资源、存储资源、网络资源等基础设施支撑的服务。

（2）支撑软件服务

支撑软件服务是指政务部门使用电子政务公共平台上提供的操作系统、中间件、数据库和开发工具等应用支撑软件，进行业务应用开发和部署的服务。

（3）应用功能服务

应用功能服务是指政务部门直接使用电子政务公共平台上提供的各种应用服务

软件，快速实现业务应用的服务。

（4）信息资源服务

信息资源服务是指政务部门使用电子政务公共平台上提供的信息资源目录检索工具，获取信息资源共享、查询、交换等服务，为政务部门开展业务应用提供信息资源支撑的服务。

（5）信息安全服务

信息安全服务是指通过统一建设安全可靠的信息安全基础设施，综合运用安全技术手段，制定全方位的安全保障制度和标准，为各政务部门基于电子政务公共平台开展业务应用提供安全保障的服务。

（6）运行保障服务

运行保障服务是指建立统一的运行服务体系，制定服务标准和规范，为各政务部门提供满足需求、响应及时、安全可靠的运行保障服务。

电子政务公共平台具有以下特征。

① 作为区域电子政务建设与服务的基础设施，实现数据、业务应用系统和电子政务公共平台承载的分离。

② 可以优化电子政务项目建设过程，提高基础资源利用率，促进信息共享，推动业务协同，避免重复建设，降低建设成本。

③ 可以保证政府信息和业务应用系统的安全可靠运行，提升政府服务能力，满足区域政务信息化发展的需要。

1.4 基于云计算的电子政务公共平台的边界

基于云计算的电子政务公共平台应按区域进行物理部署，构建区域电子政务公共平台。电子政务公共平台的区域整体性应由建设单位规划，不必以政府级别、行政区域、部门大小进行划分。电子政务公共平台支持分布式物理部署，在逻辑上看是一个统一的平台。电子政务公共平台应根据网络应用结构进行部署，包括政务内网平台和政务外网平台。各级电子政务公共平台应具有系统架构的全部要素和环境支撑，包括服务架构、服务资源架构、运行保障架构和信息安全架构。数据、业务系统应与技术承载环境相分离。

基于云计算的电子政务公共平台的边界如图 1-1 所示。电子政务公共平台呈现出与传统电子政务建设不同的特征,在图1-1中,平台基础设施与业务应用分离,能够促进电子政务专业化服务,减少重复建设,提高电子政务公共平台的承载能力和安全运维保障水平,降低政务部门业务应用的门槛,奠定了现代信息服务业的基础。同时,政务部门在开展电子政务应用建设时,不需要再进行基础设施和资源建设,而应把工作重点转向业务应用建设,包括业务需求分析、业务梳理和规划、业务信息资源建设、业务应用开发与实施、业务运维和业务安全保障等。

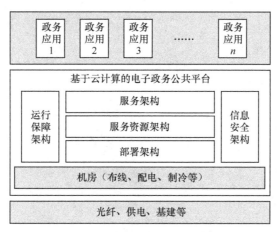

图1-1 基于云计算的电子政务公共平台的边界

另外,电子政务公共平台具有以下5个属性。

① 区域属性:电子政务公共平台不以政府级别、行政区域、部门大小划分。

② 政务属性:电子政务公共平台的直接使用者是各级政务部门,其目的是支撑政府履行其公共管理和服务职能,资产由政府负责运营管理,所以它具有政务属性。

③ 公共属性:一是面对各政务部门,共建、共享、共用;二是面向不同的应用系统,共建、共享、共用,实现互联互通、资源共享。

④ 服务属性:电子政务公共平台的主要功能是直接面向各政务部门提供各类电子政务服务。因此,平台上的各种信息化资源都可以被封装成服务,信息资源的价值不仅以资产的形式存在,更重要的是以服务的形式存在,所以它具有服务属性。

⑤ 开放属性:电子政务公共平台是开放的,不是封闭的和自成体系的,一方面,电子政务公共平台采用的技术标准和体系架构是开放的;另一方面,电子政务公共平台的服务是开放的,每个租户均可在自己的权限范围内通过规范的方式利用电子政务公共平台提供的各类资源和各项服务,所以它具有开放属性。

第 2 章

基于云计算的电子政务公共平台的顶层设计

2.1 概述

随着信息技术的飞速发展，电子政务在全球各个国家得到了蓬勃发展。电子政务是建设效率型政府、服务型政府必不可少的辅助手段。电子政务的高效化、集约化、节约化建设，已成为电子政务建设的主导趋势，把云计算体系架构和技术融入电子政务建设也已成为电子政务公共平台发展的普遍共识。

从国际来看，推进电子政务的集约、高效、绿色、安全建设，已成为电子政务建设的主导趋势，美国、英国、德国、澳大利亚、韩国、新加坡等电子政务先进国家纷纷把"云计算"体系架构融入电子政务建设，出台一系列战略规划和行动计划，推动新一轮电子政务发展浪潮。

从国内来看，我国政府一直重视顶层设计在电子政务公共平台建设中的巨大作用，多次发布相关政策推动顶层设计在电子政务公共平台建设过程中的实施。

2017年8月，国家发展和改革委员会印发《"十三五"国家政务信息化工程建设规划》，提出"构建一体化政务数据平台"是规划的主要任务之一，即按照"数、云、网、端"融合创新趋势及电子政务集约化建设需求，依托统一的国家电子政务网络，加快建设综合性公共基础设施平台，形成互联互通、安全防护、共享交换、数据分析、容灾备份等综合服务能力，实现电子政务关键公共基础设施的统建共用，支撑政务协同和数据共享汇聚。

2021年12月，中央网络安全和信息化委员会印发《"十四五"国家信息化规划》，提出深入推进"放管服"改革、加快政府职能转变，打造市场化、法治化、国际化营商环境，坚持整体集约建设数字政府，推动条块政务业务协同，加快政务数据开放共享和开发利用，深化推进"一网通办""跨省通办""一网统管"，畅通参与政策制定的渠道，推动国家行政体系更加完善、政府作用更好发挥、行政效率和公信力显著提升，推动有效市场和政府更好结合，打造服务型政府。

2022年1月，国家发展和改革委员会印发《"十四五"推进国家政务信息化规划》，提出坚持"大平台、大数据、大系统"一张蓝图绘到底，统筹推进重大政务信息化工厂建设，综合运用新技术、新理念和新模式提升治理能力、优化公共服务、推动高质量发展、满足人民期盼，推进数字政府建设，形成与数字经济发展相适应的数字治理能力，带动促进数字社会建设，有力支撑国家治理体系和治理能力现代化。

基于云计算的电子政务公共平台的顶层设计为电子政务的统一规划、集约建设、权属管理和按需使用提供了统一的标准和框架体系，包括绩效评估、业务流程、服务构件标准、数据结构和描述标准、资源配置与部署标准、服务受理与交付标准。这一整套标准和框架体系可用于指导政府信息资源的集成、整合和共享，有助于信息资源在政务部门内部和部门之间无障碍流动和充分利用，是实现政府信息资源科学配置的关键。因此，电子政务顶层设计就是要建设新型的电子政务发展机制和模式，科学合理地配置基础设施，充分开发和有效利用信息资源，使电子政务发挥出最大的效益。电子政务公共平台的顶层设计需要建立领导有力、组织健全、规划统一、管理到位的发展机制，对电子政务公共平台的建设进行全局性、战略性的总体设计，统筹领域与区域信息化发展，全面协调各政务部门的数据资源共享、业务协同需求。

2.2 顶层设计的目的、目标和原则

与楼宇建设需要先进行设计一样，推进电子政务公共平台建设和应用，首先要进行顶层设计，否则容易造成电子政务公共平台重复建设、不可用、不好用、不安全等一系列问题。电子政务公共平台的部署和建设是一项复杂的系统工程，涉及业务、管理、机制和技术等多个层面，因此，做好顶层设计是至关重要的。在电子政务公共平台顶层设计中，需要明确电子政务公共平台的建设原则、实施步骤和运行保障的制度措施，明确电子政务公共平台的系统框架和服务功能，明确电子政务公共平台建设、运行、服务和管理机制，确保平台可建设实施、可提供应用服务、可持续发展。

（1）顶层设计的目的

开展电子政务公共平台的顶层设计，应考虑以下设计目的。

① 以需求为导向，以效益为根本，密切结合政府各级政务部门的工作情况，积极推动云计算模式在电子政务中的应用，提高基础设施资源利用率，为减少重复浪费、避免"信息孤岛"创建新的技术支撑体系。

② 充分发挥云计算的虚拟化、高可靠性、通用性、高可扩展性等优势，利用现

有电子政务基础，建设完善电子政务公共平台，支撑各政务部门应用发展，促进跨地区、跨部门、跨层级信息共享。

③ 推动建设完善电子政务公共平台信息安全保障体系，加大安全可靠软硬件产品的研发和应用力度，带动信息产业发展，提升信息安全保障能力，保障政府信息系统安全可靠运行。

④ 转变电子政务建设和服务模式，促进电子政务建设运行维护走市场化、专业化道路，全面提升电子政务技术服务能力，降低电子政务建设和运维成本。

（2）顶层设计的目标

对于电子政务公共平台的顶层设计，应明确以下设计目标。

① 结合电子政务发展实际，完成基于云计算的电子政务公共平台顶层设计，指导电子政务公共平台的建设实施和应用服务。

② 明确电子政务公共平台的建设原则、实施步骤和运行保障的制度措施，确保顶层设计可实施。

③ 明确电子政务公共平台降低建设和运维成本、提高基础设施利用率的量化目标，确保建设和应用取得成效。

④ 明确电子政务公共平台的系统框架和服务功能，确保满足各政务部门的需求。

⑤ 明确电子政务公共平台建设、运行、服务和管理机制，完善信息安全管理措施，确保平台可持续发展。

（3）顶层设计的原则

开展电子政务公共平台的顶层设计，应坚持"统一领导，分级实施；统一建设，资源共享；统一管理，保障安全；统一服务，注重成效"的原则，需要重点把握以下设计原则。

① 统一领导，分级实施。加强组织领导，建立统一的顶层设计工作机制和制度规范，坚持统筹规划、试点先行、分级实施，逐步构建形成目标一致、方向统一、互联互通、层级衔接的全国各级电子政务公共平台顶层设计实施体系。

② 统一建设，资源共享。坚持设施共建和资源共享，在《中华人民共和国国民经济和社会发展第十四个五年规划和2035年远景目标纲要》和《"十四五"推进国家政务信息化规划》等文件的指导下，统筹利用已有电子政务基础设施和信息资源，统一设计建设电子政务公共平台，实现基础设施和资源共享应用。

③ 统一管理，保障安全。统一管理电子政务公共平台规划、标准、制度和技术体系，采用安全可靠的软硬件产品，综合运用信息安全技术，建立安全可靠的信息

安全保障体系，全面提高安全保障能力。

④ 统一服务，注重成效。顺应新兴技术发展趋势，探索运行管理服务新模式，加强电子政务公共平台服务提供机构和服务队伍建设，建立统一的服务体系，全面提升服务能力，切实发挥电子政务公共平台成效。

2.3 顶层设计的重点内容

基于云计算的电子政务公共平台的顶层设计在执行过程中应淡化部门的概念，对政府的业务流程进行分类和整合，打破传统的部门分割壁垒，实现资源的统一规划和协同利用，既可以解决政府电子政务建设中存在的信息资源浪费和重复建设的问题，消除"信息孤岛"，集成和共享信息资源，又可以为信息资源协同配置提供指导和依据。

2.3.1 服务需求设计

电子政务公共平台发展过程中常见的问题主要包括：一是重复建设，长期以来信息系统以单个政务部门职能为导向进行建设，基础设施、支撑软件配置不合理，资源无法共享，设备利用率较低；二是"信息孤岛"，信息系统较为分散，协同困难。如果每一个政务部门为提供一项或一类服务都要自建一套信息化基础设施，不仅会造成大量的重复建设和资金浪费，而且无法实现跨部门的信息资源共享和业务协同。因此，非常有必要将各政务部门建设信息系统都需要的基础设施和信息资源与各自的业务应用剥离，集约建设、统一管理和按需使用，形成电子政务公共平台支撑各政务部门的信息化建设。

电子政务公共平台的需求设计应从促进服务型政府建设、满足电子政务快速发展需求出发，通过对各个政务部门业务的梳理、分析，提出对公共性基础设施资源、业务资源、数据资源、应用功能、运行支撑资源、安全保障资源和运行保障资源等方面的要求，作为电子政务公共平台的设计需求。

服务需求设计应紧密围绕各政务部门深化电子政务应用、提高履行职责能力的迫切需要，为各政务部门实现政务、业务目标提供公共的技术环境和服务支撑，重点设计内容包括应用服务的需求、技术服务的需求、管理服务的需求、保障服务的需求、制度机制的需求等方面。服务需求设计主要包括以下内容。

① 电子政务公共平台应能支撑省域各级、各政务部门电子政务系统建设，承载国家纵向行业领域业务应用部署，实现省级范围内的基础资源共享，实现省级范围内的网络资源覆盖。

② 电子政务公共平台要以节约成本、促进共享为目标，充分利用现有资源，建立覆盖省级、跨地区、跨部门、跨层级的基础资源共享和服务体系，制定高效的各类资源配置、部署方案，满足由各政务部门的多个业务应用系统共享一套基础设施的要求，实现业务与承载环境相分离。

③ 电子政务公共平台要在保障自身安全运行的基础上，按照等级保护和分级保护的要求，为基于电子政务公共平台部署的业务应用系统提供完备的运行保障体系和信息安全保障体系。

④ 电子政务公共平台应能很好地适应快速增长和不断变化的业务应用发展现状，充分利用云计算、大数据等技术，按需提供安全、可靠、规范、弹性的服务资源，实现基础资源按需分配和服务提交，面向政务用户提供按需可计量服务。

⑤ 电子政务公共平台应为基于公共平台的部门业务应用开发提供便捷的开发环境和仿真测试环境。

⑥ 为了保障电子政务公共平台各项服务的质量和服务能力，应构建相应的服务保障体系、服务管理体系和服务评价体系，建立完善的基础环境、通信网络、数据容灾备份保障措施，达到高冗余、高并发和高弹性的目标。

服务需求设计应对电子政务公共平台在政务体系中的定位及服务范围、服务对象、服务功能、协同关系、运行模式、服务性能需求等进行定性和定量分析，明确电子政务公共平台的定位与边界、服务范围、服务功能、服务性能、交付方式、安全管理等要求。

在平台定位及服务范围分析中，应充分分析电子政务公共平台的任务来源、建设目标、指导思想和建设原则，明确电子政务公共平台的服务范围，可覆盖各级或多级政务部门部署，也可面向垂直政务部门，明确电子政务公共平台技术定位，分析其与现有电子政务系统、平台之间的关系。通过分析平台定位及服务范围，可以为不同层级的电子政务公共平台进行相应设计，由此可以明确参与电子政务公共平台活动的各类对象及其在平台中的定位，参与电子政务公共平台活动的对象包括服务消费者、服务管理者、服务建设者、服务开发者、服务提供者、资源提供者等。根据平台定位及各类参与对象，可以明确电子政务公共平台的服务内容及服务功能、规划服务容量、平台运营模式和平台构建模式。

2.3.2 系统架构设计

电子政务公共平台体系是地方各级政府按照统筹规划、分级实施、互联互通、资源共享、各有侧重的原则建设的业务应用公共支撑体系，分为省级、市级和县级平台。从区域电子政务发展统筹规划的角度出发，设计覆盖省级电子政务公共平台体系的系统架构，可实现省域（自治区、直辖市）信息化基础资源集约建设，降低部门信息化建设门槛，促进跨地域、跨部门的信息资源共享与业务协同。

电子政务公共平台系统架构是指面向电子政务服务目标，统筹考虑机房资源、计算资源、存储资源、网络资源、信息资源、应用支撑、运行保障和信息安全等要素而实现的服务资源组织、运行保障体系、信息安全架构、服务部署流程的组织体系。

系统架构设计包括对省级电子政务公共平台布局、骨干传输网络覆盖、存储备份、信息资源数据库、业务应用、安全和运维保障资源的优化配置等方面，在省级范围内统一规划异地灾难备份中心、基础安全保障和运行维护中心，重点考虑服务管理架构、服务资源架构、服务实施架构、服务保障架构、服务安全架构等方面。系统架构设计应遵循以下要求。

① 应统筹考虑计算资源、存储资源、网络资源、信息资源、应用支撑和信息安全等要素，建立一个公共的、安全的、灵活的且可供各政务部门广泛接入和使用的平台系统架构。

② 优化已有数据中心配置，统一数据库管理软件、操作系统、中间件和开发工具等应用支撑软件，构建应用支撑软件服务。

③ 统一开发通用型应用程序、应用功能组件，构建应用功能服务；构建逻辑集中、实时高效、共建共享的信息资源目录和交换、共享体系。

④ 设计统一的信息安全保障基础设施、技术措施和管理制度，保障电子政务公共平台安全可靠运行。

⑤ 满足区域政务应用建设和部署需求，可承载国家部委纵向领域政务应用在本区域落地，实现互联互通、政务协同和基础资源共享。

在设计系统架构时，应考虑基于云计算的电子政务公共平台需具备云计算相关技术特征，技术要求应贯穿基础设施服务、支撑软件服务、信息资源服务、应用功能服务等多个服务层设计，具体要求为：实用性和先进性、开放性和标准化、安全性和可靠性、可管可控能力、快速伸缩能力、自动优化能力等。

电子政务公共平台的总体系统架构应包括服务管理架构、服务资源架构、服务实施架构、服务保障架构、服务安全架构、信息资源开放共享架构共6个子架构，具体说明如下。

① 服务管理架构，主要规定服务的各种管理行为，建立服务资源架构及电子政务公共平台的管理体系，应包括服务产品、服务生命周期管理、计量管理、容量管理和质量管理。

② 服务资源架构，主要规定服务资源的技术实现和管理操作，实现政务部门所需要的各种服务与服务资源的有效组织，应包括基础设施服务资源池、支撑软件服务资源池、信息资源服务资源池和应用功能服务资源池。

③ 服务实施架构，主要规定电子政务公共平台的子架构部署及政务应用部署行为，实现各子架构之间、不同区域内电子政务公共平台的互联互通，应包括技术管理、政务应用系统部署、平台部署和平台互联。

④ 服务保障架构，主要规定服务的保障机制，保障各子架构的正常运行，应包括政策法规、服务机制、服务团队、保障措施、运维管理和用户管理。

⑤ 服务安全架构，主要规定服务安全保障措施，保障各子架构的运行安全和政务部门的数据安全，应包括安全管理、安全运维、安全服务、安全隔离、服务资源安全、安全服务实施、服务安全测试。

⑥ 信息资源开放共享架构，主要规定信息资源开放共享要求，应包括数据共享、数据开放、数据再处理、信息产品服务等。

2.3.3 基础设施服务设计

基础设施服务是指政务部门通过电子政务公共平台获取机房资源、计算资源、存储资源、网络资源等基础设施支撑的服务。基础设施服务为电子政务公共平台提供主机、网络、存储等虚拟硬件资源服务。通过虚拟化技术将传统硬件资源（例如，主机硬件设施、存储硬件设施、网络硬件设施等）池化，形成各类资源池，并通过资源调度平台进行科学有效管理，实现资源的动态分配、再分配和回收，最大程度地实现基础设施资源的共享和业务的快速部署服务。

政务部门普遍存在信息系统独立分散建设、机房数量多且分散、机房重复建设、已有机房资源利用率低、某些已有机房基础设施及保障措施不达标等问题。为了解决上述问题，采用基础设施服务设计，可充分利用云计算技术，合理利用各级地方现有的机房资源，避免重复建设；在充分利用及整合现有机房资源的基础上，提供集中的硬件环境服务，实现服务器、存储、网络、安全等基础设施的集约化建设，实现机房资源共享，对外统一提供服务，为电子政务应用建设提供统一的基础设施服务。

基础设施服务设计主要通过统一的规划和标准，充分利用新建和现有机房、网络、主机、存储备份、安全设施等信息基础资源，形成能够支撑各类电子政务应用的安全、可靠、按需服务的基础设施运行环境，为各个部门电子政务提供安全、可靠、按需使用的公共服务。基础设施服务设计的主要设计对象包括机房环境、骨干传输网、部门接入网（城域网或园区网）、主机服务器、存储备份、灾难备份、基础运维和安全保障等。

基础设施服务设计主要包括以下内容。

① 根据政务内网、政务外网和互联网的发展现状，围绕区域和政务部门应用发展的需要，采用满足电子政务公共平台部署所需的互联互通网络，设计并构建网络资源服务。

② 整合现有软硬件资源，进行资源池化设计，通过电子政务公共平台为各政务部门动态提供虚拟化资源，这些资源包括虚拟机、存储、负载均衡、虚拟网络等。

③ 设计资源调度管理系统，统一管理和调度数据处理、存储等资源，实现对资源使用情况的实时监控、综合分析、快速部署、动态扩展，实现资源的高效利用，降低能耗。

基础设施服务设计的最终目标是将现有的物理软硬件资源进行资源池化设计，通过电子政务公共平台为各政务部门动态提供虚拟化的服务器、存储、负载均衡、网络资源等服务。

基础设施服务设计应重点考虑机房资源服务设计、网络资源服务设计、计算资源服务设计、存储资源服务设计、备份及容灾服务设计、资源池化设计、资源调度管理服务设计等方面。

① 机房资源服务利用电子政务公共平台的机房设施，以及配套的基础网络、配电、制冷、消防、安保、机柜、布线等基础设施资源提供机房空间、机房机柜、机房机位等服务。

② 网络资源服务利用电子政务公共平台的网络资源提供传输、虚拟网络、IP地址、负载均衡等服务。

③ 计算资源服务利用电子政务公共平台的物理服务器和虚拟服务器提供服务器、虚拟机等服务。

④ 存储资源服务利用电子政务公共平台的存储资源提供存储空间、数据备份等服务。

⑤ 备份及容灾服务包括备份服务和容灾服务，备份服务设计应考虑虚拟机备份、物理机备份、卷备份等服务；容灾服务设计应考虑弹性云服务器高可用、同城容灾、异地容灾、容灾演练等服务。

⑥ 资源池化包括物理资源虚拟化设计和管理服务，能够获取虚拟机、虚拟存储、负载均衡、虚拟网络等虚拟资源。

⑦ 资源调度管理服务应具有实时监控、综合分析、快速部署、动态扩展等服务功能。

基础设施服务设计根据应用的不同规模和特点，至少应遵循高可用、易扩展、先进性、易管理的原则。

2.3.4 支撑软件服务设计

支撑软件服务是指政务部门使用电子政务公共平台上提供的操作系统、中间件、数据库和开发工具等应用支撑软件，进行业务应用开发和部署的服务。支撑软件服务建设为各级政务部门的业务系统提供统一的业务应用运行环境、业务应用支撑环境、业务应用开发环境、业务应用集成整合支撑服务。各级政务部门应根据业务应用的实际建设需求，按需申请使用运行在电子政务公共服务平台上的软件和技术服务，基于这些支撑软件服务对所需环境进行配置，可方便快捷地创建、获取和部署业务应用，不需要关注底层的公共平台基础设施和支撑软件的运维和管理。

政务部门在建设应用系统时均需要单独购买各类支撑软件，存在重复购置和购买价格较高的问题，资金投入量大；政务部门独立建设应用系统研发、实施周期较长。因此，为解决上述问题，通过支撑软件服务设计对政务部门的共性支撑软件需求进行分析、梳理、分类，对具有共性需求的支撑软件资源进行集中建设、统一管理；以云计算的方式为各政务部门提供软件支撑服务，使政务部门充分利用共性，支撑软件资源实现各自业务系统的快速开发、部署和运行，缩短建设周期并减少资金投入。

支撑软件服务设计应考虑以下要求。

① 充分考虑已有产品和软件系统复用，支撑软件服务设计为政务部门提供集成的业务应用开发、运行和支撑环境。

② 业务应用的开发环境应包括数据搜索引擎、通用代码库、通用类库和工具等组件和构件，满足各政务部门快速开发部门业务应用的需要。

③ 业务应用的运行和支撑环境应进行安全和授权管理，调配业务资源，进行代码编写、调试和仿真运行等，并提供工具和服务。

支撑软件服务设计应遵循软件资源按需配置和按需更新、丰富的开发和功能服务、友好的开发环境、规范的开发标准、源代码开放等原则，应重点考虑集成的业务应用开发、运行和支撑环境设计、服务组件和构件设计、满足各政务部门快速开发部门业务应用需要等方面。

支撑软件服务设计要素可包括政务部门开发政务应用系统所需的开发、运行、测试和支撑环境服务，以及各种开发工具服务。支撑软件服务设计要素包括以下7个部分。

① 工具资源服务设计，主要为政务部门提供集成的业务应用开发和运行环境，包括主流的开发框架、通用的开发工具、通用代码库、主流操作系统、数据库服务、中间件服务等。

② 应用支撑服务设计，主要提供各种通用的业务支撑服务，包括服务总线、工作流服务、信息资源整合服务、统一身份认证服务、统一权限管理服务、内容管理服务、数据采集服务、数据处理服务、数据分析服务、可视化展现服务、报表工具服务、信息发布服务等。

③ 开发过程管理服务设计，主要提供系统开发和部署过程的服务，包括应用设计服务、定制开发服务、应用生成服务、开发过程管理、配置管理、迁移部署服务、试运行服务等。

④ 测试管理服务设计，主要提供测试工具、测试过程管理、性能测试服务、集成测试服务等。

⑤ 大数据分析服务设计，主要提供基于开放、开源架构的大数据分析平台部署及数据可视化等服务，包括批处理分析平台服务和流处理分析平台服务。

⑥ 互联网支撑服务设计，主要提供来自互联网的服务资源，分析如何接入、管理和利用来自互联网的服务资源，以及保障政务信息系统的安全等。

⑦ 移动支撑服务设计，主要为移动政务应用提供开发和运行环境，保障移动政务应用安全、高效运行，包括应用程序接口（Application Program Interface，API）接

入管理服务、数据管理服务、通讯录服务、统计分析服务、信息推送服务、用户界面/用户体验(User Interface/User Experience, UI/UE)适配服务、移动终端开发框架等,具体见第9章相关内容。

支撑软件服务设计是为业务应用系统提供调度、使用公共平台各类资源的服务。通过业务梳理,整理出业务应用软件对支撑软件的共性需求,将操作系统、应用中间件、数据库、工具软件及公共业务软件等封装为基础支撑构件、共用工具构件、共用流程构件和公共业务构件4类服务构件,形成构件仓库和共用代码库,通过集成开发环境和集成运行环境分别为业务应用系统在设计时和运行时提供开发环境、测试环境和运行环境。支撑软件服务不但能直接提供数据库管理、应用中间件、开发编译环境等基础软件支撑服务,还具备调度、管理公共平台各类软件服务资源的能力,以供平台使用者使用。

支撑软件服务设计的最终目标是通过统筹建设电子政务应用系统基础运行环境,为电子政务应用建设提供统一的运行环境服务;集成已建的数据共享和业务协同平台、电子认证服务平台等共性支撑功能,构建工作流、电子表单、报表引擎等基础组件库,建设应用整合服务和应用开发服务等电子政务应用建设支撑功能,为电子政务应用建设提供统一的支撑服务。

2.3.5 应用功能服务设计

应用功能服务是指电子政务公共平台基于各政务部门的普遍性需求,针对公共性特点设计提供的专业服务,通过这些服务,政务部门可以快速建立各自的业务功能(例如,办公自动化、档案管理、文件流转等)。应用功能服务是电子政务公共平台提供的、各政务部门能直接使用的应用软件服务。在应用功能服务实施过程中,针对公共性业务应用软件进行统一规划、统一开发,在省级电子政务公共平台以云计算模式集中部署,省级范围内共用;同时,把由各部门、各市开发的应用效果较好、通用性较强的业务应用软件升级为省级公共性应用服务。

各政务部门独立建设公共性、基础性应用,造成重复建设和投入浪费,由于技术标准不统一,造成政务部门之间的业务无法协同、信息无法共享。针对上述问题,可以通过应用功能服务设计来进行统筹规划,将各政务部门均需要的、功能与流程基本一致的公共性、基础性应用软件,经统一规划、设计和开发并部署在电子政务公共平台上,供各政务部门直接使用。

应用功能服务设计从集约化建设的角度出发，由电子政务公共平台统一规划、开发、管理应用服务，用于支撑各级政务部门开展工作。各级政务部门基于电子政务公共平台按照实际业务需求提出应用服务申请，平台基于公共平台基础设施、支撑软件等构建应用功能服务，将应用功能以服务方式交付给用户，用户只需要关注应用的使用，不需要关注实现过程，以及低层基础设施、支撑软件、应用功能的运维和管理。

应用功能服务设计应考虑以下要求。

① 电子政务公共平台统一规划、设计、开发和部署政府网站系统、邮件系统、即时通信、电子公文传输系统、电子签章系统、办公系统等通用应用服务软件，供各政务部门按需调用。

② 考虑应用功能服务的升级更新，保持接口一致性和应用的高度可用性。

③ 设计应用服务软件的使用权限管理，使各政务部门按照一定的授权进行部署使用。

根据各政务部门电子政务应用系统建设现状和需求调查的情况，按照应用系统的应用范围、普适程度进行分类，普适性较高的公共级应用由省级电子政务公共平台统一建设、统一运营管理，不需要各级政务部门自行建设和运维管理，可降低整体的建设运营费用，提升应用服务的可用性和扩展灵活性；建设需求个性化程度较高，而自身不具备开发运营能力的政务部门可向电子政府公共平台提出建设需求，由平台运营方进行定制化开发，当有其他部门提出同类型建设需求时，可采取复制应用的方式进行快速配置和服务交付。

在实际设计中，可以考虑以下三大类典型应用：将应用效果较好、通用性较强的应用提升为省级的公共应用服务；将多个部门协同办理的业务设计为协同应用服务；专业性较强、业务相对独立的应用则由政务主管部门负责建设，并作为专有性政务应用部署在电子政务公共平台上，共享信息化基础资源。

根据电子政务公共平台所属关系，应用又分为平台公共应用和平台承载应用。平台公共应用（例如，电子公文传输系统、通用办公系统、市民邮箱系统、政务服务和政务公共系统等）由省级电子政务公共平台为全省（自治区、直辖市）提供服务，各级政务部门不再单独建设电子政务公共平台；平台承载应用是各政务部门专有的业务系统。其中，基础政务业务由信息化主管部门统一规划、统一开发、统一运维，采用云模式部署在公共平台，各政务部门按需使用；扩展政务业务由信息化主管部门统一规划、统一运维，按共建共享或引入独立软件服务商方式建设，采用云模式部署在公共平台，各政务部门授权使用。

应用功能服务设计要素可包括以下5个部分。

① 共用软件服务设计，主要提供各政务部门可直接使用的应用软件服务，包括政府网站系统、市民邮箱系统、数字证书、即时通信、电子公文传输系统、电子签章系统、云盘服务、视频会议等。

② 通用政务软件设计，主要提供根据各政务部门办公需求定制使用的应用软件服务，包括通用办公系统、政策制定、规划编制、行政事务管理等。

③ "互联网+政务服务"设计，主要提供市民、企业服务入口，包括政务服务大厅、信息门户、移动应用、城市服务入口、数据公开、效能监察等。

④ 互联网应用服务设计，主要提供来自互联网第三方的应用软件，包括地理信息系统（Geographic Information System，GIS）服务、定位服务、支付服务、物流服务、语音识别服务、视频分析服务、数据分析服务等。

⑤ 移动应用服务设计，主要提供移动办公应用软件，包括移动办公系统、移动邮件系统、移动即时通信、应用商城等。

应用功能服务设计的最终目标是通过对电子政务应用系统进行调查分析，抽取电子政务应用建设的广泛性和普适性应用需求，统筹建设政务应用类功能服务，为各级政府电子政务应用建设提供可直接交付的应用功能级服务。

2.3.6 信息资源服务设计

信息资源服务是由电子政务公共平台提供的、利用共享的信息资源目录检索工具，面向政务应用实现查询、共享、交换等的技术支撑服务。信息资源服务将信息资源分为基础信息、共享专题信息、业务专属信息3类。基础信息资源由省级信息化主管部门负责组织建设，在省级电子政务公共平台部署，各政务部门授权使用；共享专题信息资源由数据源牵头或职属部门组织建设，在省级或市级电子政务公共平台部署，根据信息资源共享范围向省级相关部门或市级相关部门共享；业务专属信息资源由业务部门组织建设，在省级电子政务公共平台部署、本部门使用。

长期以来，政务信息资源重复采集，导致采集途径、方式、标准不统一，准确率和可用性欠佳；缺乏共享信息资源的长效机制，阻碍信息资源的公开和共享；信息资源开发利用水平低，大量信息资源无法发挥作用，造成信息资源闲置。信息资源服务设计旨在解决现有政务部门内部和部门之间信息与业务流程衔接不紧密，各类信息系统相对独立，信息汇总与实时处理能力弱，"信息孤岛"、重复建设、资源浪费等问题，通过建立统一标准的信息共享互联互通的信息资源管理支撑体系，实现政务信息资源建设、管理和应用的一体化，实现电子政务信息资源全面共享，提高政务信息资源利用率。

信息资源服务设计应考虑以下要求。

① 设计满足跨地区、跨层级、跨部门信息资源共享交换使用的信息资源目录服务网站，认证授权与管理系统，明确政务部门提供共享信息、检索信息和使用信息的应用流程。

② 设计基于身份权限获取电子政务公共平台信息、资源共享的开放式 Web API 服务。

③ 设计支持"设备无关"的安全保障和隐私保护机制，在不需要知道设备类型的情况下，各政务部门可以通过检索元数据，获取数据属性和应用规则服务。

信息资源服务设计应按照"统一标准、一数一源、共建共享、逻辑集中、职属管理、授权使用"的原则统筹设计、建设信息资源服务体系（由基础性数据库、共享性数据库和专属性数据库组成），使信息资源与业务应用、承载环境相对分离，建立能够承载云计算环境下信息资源共享的管理和支撑服务，以授权服务的方式为全省（自治区、直辖市）各政务部门提供数据查询、检索、处理、挖掘、统计、分析等支撑服务，提高信息资源开发利用水平，服务于各政务部门。

信息资源服务设计根据云计算环境虚拟化、分布式、高可靠性及高可扩展性的特点进行构建，支持目前各类主流数据库和云存储数据的集成，可满足业务应用对数据库高并发量访问，满足业务应用对海量数据的高效率存储和访问的需求，同时还满足对数据库的高可扩展性和高可用性的需求，以及数据库事务一致性需求。

信息资源服务设计要素具体如下。

① 政府信息资源目录服务设计，应遵循《政务信息资源目录编制指南（试行）》（发改高技〔2017〕1272号）要求，对相关政务服务信息资源进行编目，生成政务服务公共信息资源目录，记录政务服务信息资源结构和政务服务信息资源属性。

② 政务信息资源交换共享服务设计，应遵循 GB/T 21062—2007 系列标准要求，根据各政务部门应用系统的需求，规划共享信息资源，为政务部门内的应用系统和跨部门的综合应用系统提供信息定向交换服务和信息授权共享服务。

③ 信息资源开放目录设计，开放目录应覆盖各级政务部门和公共企事业单位职能范围内的数据资源。

④ 数据开放子系统设计，应设计信息资源采集、处理、整理、呈现的方式，为各级政务部门和公共企事业单位设计专区分别进行开放数据的存储。

信息资源服务设计的最终目标是形成本地区数据资源"一张图"，由基础性、共享性、专属性的各类数据资源组成，其中，基础数据资源统一建设，统一为本区域及下辖地区提供相关基础信息的共享、对比、决策支撑等服务。与各个基础数据有关的数据要避免重复采集、重复建库，各政务部门均共享并充分使用基础数据提供的服务，与基础数据共享的各政务部门业务库数据发生变更应及时更新基础数据，各政务部门在建设专属性数据时要充分利用电子政务公共平台统筹建设的信息资源及相关服务，基础数据相关数据信息不能重复采集。

2.3.7 平台安全服务设计

平台安全服务是为各政务部门基于电子政务公共平台开展业务应用提供信息安全的技术性保障服务。平台安全服务包括公共平台安全保障服务、数据安全保障服务、业务应用安全保障服务和终端安全保障服务4个安全保障服务域。按照等级保护和分级保护的要求，电子政务公共平台实施对4个安全保障服务域的安全保障，平台本身需要全面的安全保障，同时，基于平台安全基础设施为各业务应用系统、数据资源、终端设备按需提供责任明确的安全保障服务。

信息安全一直是困扰各政务部门的严重问题，平台安全服务通过统一建设安全可靠的信息安全基础设施，综合运用安全技术手段，制定全方位的安全保障制度和标准，为各政务部门基于公共平台开展业务应用提供安全保障。

公共平台安全保障服务可提供基础性和公共性的安全保障服务，包括物理安全、网络安全、安全域防护、虚拟主机安全，由平台主管部门负责；数据安全保障服务可提供数据安全隔离、数据安全传输、数据库加解密和数据灾备等服务，由公共平台提供工具，数据资源职属部门负责数据安全保障的实施；业务应用安全保障服务可提供与业务应用相关的安全保障服务，主要包括与密钥、认证和授权等业务相关的安全保障，由业务部门负责；终端安全保障服务提供与终端相关的安全服务，例如病毒查杀、恶意代码防护、安全接入等，由电子政务公共平台提供相应工具和技术支撑，例如，一体化安全客户端和虚拟桌面，由终端用户实施安全防护。其中，数据灾备和系统冗灾按照统筹布局、共建共享的原则统一提供服务，各政务部门不再单独建设。

第2章 基于云计算的电子政务公共平台的顶层设计

平台安全服务设计应考虑以下要求。

① 在电子政务公共平台的规划、设计、建设和运行维护全过程中，严格落实等级保护、分级保护、密码管理等信息安全管理的要求。

② 确保采用安全可靠的软硬件产品来构建电子政务公共平台，提高安全可靠性。

③ 设计统一的身份认证、访问授权、责任认定等安全管理措施，增强电子政务公共平台安全防护能力。

④ 设计信息资源保护强度等级和分级制度。

⑤ 设计电子政务公共平台容灾备份方案并进行方案实施，制定相应的灾难恢复管理措施。

⑥ 充分考虑云计算技术应用带来的信息安全风险，针对可能出现的数据丢失与泄露、共享技术漏洞、不安全的API等安全问题，设计相应的安全保护措施，明确相应信息安全责任。

本节主要用于指引构建电子政务公共平台安全服务体系，应包括平台安全服务设计、平台安全设计和平台安全管理设计。

平台安全服务设计要素应包括基础安全服务和高级安全服务，可满足不同政务部门的业务需求，具体说明如下。

① 基础安全服务，包括应用防火墙服务、入侵检测服务、漏洞检测服务、堡垒机服务、渗透测试服务、防病毒服务、日志审计服务、应用与数据库审计服务、网页防篡改服务、密钥管理服务、证书管理服务、Web安全监测服务、Anti-DDoS[1]服务、网闸服务。

② 高级安全服务，包括程序运行认证服务、安全评估服务和安全态势分析。

平台安全设计要素应包括服务安全分级和信息资源安全保护分类，具体说明如下。

① 服务安全分级，电子政务公共平台应对服务安全等级进行约定并实施相应的安全保护措施。服务安全等级可划分为三级：基本型服务安全、加强型服务安全、高等级服务安全。

② 信息资源安全保护分类，应根据电子政务公共平台建设需求划分信息资源安全级别，并实施相应的安全保护措施。信息资源安全保护分类具体见第12章相关内容。

平台安全管理设计要素可包括安全管理机构、安全管理制度和人员安全管理，

---

1 DDoS（Distributed Denial of Service，分布式拒绝服务）。

具体说明如下。

① 安全管理机构，成立指导和管理信息安全工作的委员会或领导小组，设立信息安全管理工作的职能部门，设立安全主管人、安全管理各个方面的负责人，定义各负责人的职责，明确相应的安全责任；设立系统管理人员、网络管理人员、安全管理人员岗位，定义各个工作岗位的职责。

② 安全管理制度，制定由安全政策、安全策略、管理制度、操作规程等构成的全面的信息安全管理制度体系。

③ 人员安全管理，确定安全管理人员的角色、定位和职责，保证安全管理人员具备相应的专业技术水平和安全管理知识。

平台安全服务设计的最终目标是具有能够对抗来自大型且有组织的团体（例如，商业情报组织或犯罪组织等）、拥有较为丰富资源（包括专业人才、计算能力等）的威胁源发起的恶意攻击、较为严重的自然灾难（灾难发生的强度较大、持续时间较长、覆盖范围较广等），以及其他相当危害程度（内部人员的恶意威胁、设备的较严重故障等）威胁的能力，并在威胁发生后，能够较快地恢复绝大部分功能；具备安全等级3级保护能力，通过安全技术体系、安全管理体系和安全服务体系建设，形成有效的安全防护能力、隐患发现能力、应急响应能力和系统恢复能力。

2.3.8 应用部署服务设计

应用部署服务是指按照业务的应用流程、应用规范和服务方案将电子政务公共平台所提供的各类服务提供给需求部门、实现业务功能的服务过程。

由于政府各部门的技术力量不足、资金缺乏等，已建机房、网络、安全保障措施等逐渐不能有效地支撑业务应用的安全稳定运行。各政务部门业务应用技术标准不统一，如何将已建成的业务应用迁移到电子政务公共平台上成为应用部署的难点。因此，电子政务公共平台部署各政务部门业务应用系统，需要根据已建业务应用系统的不同情况，设计不同的应用迁移方案；设计完善的业务应用系统迁移过程管理机制，确保已建业务应用系统能顺利地迁移到电子政务公共平台。

应用部署服务设计按照业务梳理方法，将业务应用划分为公共性业务应用、协同性业务应用和专有性业务应用三类。对于公共性业务应用采用统一规划、统一开发，在省级电子政务公共平台上以云计算模式集中部署；对于协同性业务应用采用牵头业务部门会同各业务相关单位制定的统一标准、规范和方案，基于电子政务公共平台建设和部署；对于专有性业务应用，由业务部门负责，按照统一的标准规范，基于电子政务公共平台建设和部署，由平台提供各类资源服务。

应用部署服务设计应考虑以下要求。

① 分析政务部门业务应用系统对电子政务公共平台的不同需求，分类设计应用部署和服务方案。

② 设计部门业务应用系统向电子政务公共平台迁移策略和计划，应将各政务部门中业务成熟度高、复杂程度低、技术风险小、影响面小的业务应用系统，作为优先向电子政务公共平台迁移的系统。

③ 设计业务应用系统迁移流程和规范，包括项目启动、评估审核、规划设计、迁移整合和收尾总结等环节的工作内容和要求，确保政务部门原来的业务应用不受影响。

④ 设计电子政务公共平台应用部署启动方案，先考虑将各政务部门政府网站系统、邮件系统、通用办公系统等通用型系统基于电子政务公共平台部署运行。

为了确保已建业务应用系统能顺利迁移到电子政务公共平台，顶层设计需要对部署实施设计进行约定，针对已建业务应用系统的不同情况，设计不同的应用迁移方案，制定完善的业务应用迁移过程管理机制，确保已建业务应用能顺利地迁移到电子政务公共平台。应用部署服务设计要素可包括：部署模式分类、新建系统云上部署、已有系统云上迁移、系统部署迁移实施规范，具体说明如下。

① 部署模式分类，分析部门业务应用系统对电子政务公共平台的服务需求，将各应用系统进行分类，设计分类应用系统的部署和服务方案。

② 新建应用系统云上部署，设计新建应用系统在电子政务公共平台的部署方案，实现云上部署。

③ 已有应用系统云上迁移，设计已有应用系统向电子政务公共平台的迁移策略和计划，依据应用系统的成熟度、复杂度、技术风险、影响面等因素，合理规划迁移策略。

④ 系统部署迁移实施规范，设计业务应用系统迁移流程和规范，包括项目启动、评估审核、规划设计、迁移整合和收尾总结等环节的工作内容和要求，确保政务部门原来的业务应用不受影响。

应用部署服务包含新建应用系统部署与已有应用系统迁移这两种服务。在应用部署与迁移前需要先依据已有业务对电子政务公共平台的服务需求对应用系统进行部署模式分类。针对已有应用系统的迁移，应用部署服务设计需要充分评估已有业务对资源的峰值需求以及迁移风险，制定详细、可操作的迁移应急方案，保证应用系统迁移至电子政务公共平台的业务可用性及业务连续性。

2.3.9 运行保障服务设计

运行保障服务是指电子政务公共平台服务提供机构为了平台的安全可靠运行而为用户提供满足质量要求的服务所建立的运行服务体系，以及相关服务规范。运行保障服务通过建立统一的运行服务保障体系，制定服务标准和规范，为各政务部门提供满足需求、响应及时、安全可靠的运行保障服务。

各政务部门普遍存在信息化运维体系不健全、技术队伍不稳定、运维资金不到位、机房或信息系统运行存在安全隐患的问题。针对上述问题，建立全覆盖、全流程的运行保障服务体系，通过专业化的运行保障服务团队，为电子政务公共平台提供全程基础运维服务，配合各政务部门开展业务运维服务。因此，运行保障服务设计的关键是设计出符合实际需求的运行保障服务体系。

运行保障服务设计从统一运维人员管理、统一运维资源管理、统一运维技术管理和统一运维过程管理开展设计，在运维实施过程中采取集中监控、上下联动、分级负责、规范服务的方式，实现覆盖省、市、区县三级的完备运行保障服务体系。

运行保障服务设计应考虑以下要求。

① 设计服务提供机构资质和服务人员资格管理体系，明确电子政务公共平台服务提供机构的条件，明确服务人员的上岗资格，不断提高专业技术服务能力。

② 设计完备的服务交付管理流程，设计日常服务管理制度，设计服务开通、计费、关闭等服务环节的协议和操作细则，明确服务提供机构和使用部门的权力和责任。

③ 设计统一的运行服务保障体系，建立统一服务电话、信息系统和服务窗口，构成支撑平台，以及故障响应流程、日常巡检、服务质量监督和服务质量报告制度，实现对服务全生命周期的精细化管理，持续改进服务质量。

为了电子政务公共平台的安全可靠运行并为各政务部门提供满足需求、响应及时、安全可靠的运行保障服务，顶层设计需要对运行保障服务进行约束。运行保障服务设计要素应包括服务运行保障设计、服务度量计价设计、服务质量管理设计，具体说明如下。

① 服务运行保障设计，主要保障电子政务公共平台的安全可靠运行并为各政务部门提供满足需求、响应及时、安全可靠的服务，包括运行服务保障体系、服务评价管理、服务提供机构资质管理、服务人员资格管理、应急管理。

② 服务度量计价设计，主要用于云服务提供机构、云服务使用机构和云服务管

理机构在云服务受理、采购、提供、监管等过程中，针对云服务的占用成本、实际用量、质量等级、风险程度进行度量和计价提供基本的依据。

③ 服务质量管理设计，主要用于保障电子政务公共平台提供符合质量承诺的服务，利用量化指标加强过程管控和时间追溯的能力，顶层设计中需要对服务质量管理进行约定。服务质量管理设计要素包括服务质量评价指标体系、服务质量指标采集和计算、服务质量评估和服务绩效奖惩。

2.3.10 服务实施设计

电子政务管理体制机制不健全，缺乏统筹规划和管理，重复建设问题严重，资金浪费较多，"信息孤岛"林立；电子政务建设资金投入虽不断增加，但整体投入仍然不足，且资金多头管理，造成各政务部门的电子政务发展不均衡。在地方信息化领导小组的带领下，由信息化主管部门牵头，形成各级政务部门共同参与的组织、资金等保障体系，建立专业化技术服务支撑体系，有序推进电子政务公共平台顶层设计和服务实施。

服务实施设计应考虑以下要求。

① 设计统一组织领导、统一建设、统一管理和统一服务的实施体系，形成在地方信息化领导小组的带领下，地市和区县各级地方信息化主管部门共同参与的组织实施体系，保证电子政务公共平台顶层设计的权威性和一致性。

② 设计切实可行的电子政务公共平台建设实施方案，在地方信息化领导小组的统一带领下，由信息化主管部门牵头，会同有关部门，明确服务提供机构，有序推进服务实施。

③ 制定电子政务公共平台建设和运行管理办法，落实服务资金保障，保障平台的建设实施和长期有效运行。

服务实施设计以"四统一"（即统一组织领导、统一建设、统一管理和统一服务）为目标，以保证电子政务公共平台顶层设计的约束性和可实施性。电子政务公共平台实施机制的建立，要充分掌握政务部门对电子政务公共平台的需求，确定服务提供机构，明确责任和分工，充分利用已有基础设施，合理调配资源，扎实推动电子政务公共平台建设，落实运行服务资金保障，保障平台长期有效运行。

为了利用已有基础设施，合理调配资源，推动电子政务公共平台建设，顶层设计需要开展分析电子政务公共平台组织管理保障的服务实施设计。服务实施设计要素应包括服务实施组织体系设计、服务交付管理设计、服务规划管理设计、建设实施方案设计、运行管理办法设计,具体说明如下。

① 服务实施组织体系设计,设计自上而下推进电子政务公共平台建设的组织架构,明确决策主体、责任主体、监管主体。

② 服务交付管理设计,主要管理电子政务公共平台与服务消费者之间的服务采购和支付活动,包括服务目录管理、服务水平管理、服务计费管理、服务报告管理和满意度管理。

③ 服务规划管理设计,主要将各类资源通过电子政务公共平台进行封装,并设计符合政务部门要求的服务,包括服务产品管理、资源池管理、容量管理。

④ 建设实施方案设计,设计切实可行的电子政务公共平台实施方案,对实施步骤做出合理规划。

⑤ 运行管理办法设计,设计可靠的电子政务公共平台运行管理机制,制定服务运行管理规范,保障服务运行安全,有序推进平台服务实施。

通过服务实施设计,各政务部门制定明确的项目立项规范、服务契约、服务开通、服务注销等一系列服务生命周期管理规范。通过服务实施设计,各政务部门转变现有电子政务项目建设模式,实现业务与数据相分离、应用与支撑环境相分离、服务建设和服务运营相分离、服务运维与服务管理相分离。深化服务实施设计,是有效保障电子政务建设模式转型成果的关键。

2.4 顶层设计的着力点

基于云计算的电子政务公共平台顶层设计采取自上向下的构建方法,从全局性和战略性视角出发,科学合理配置基础设施和资源,进行电子政务公共平台的服务体系、技术体系和管理体系的设计,主要涉及电子政务公共平台建设原则、系统框架、服务功能、实施步骤、安全管理和运行保障措施,规范电子政务公共平台建设实施和应用服务等内容。

基于云计算的电子政务公共平台顶层设计可用于转变电子政务建设和服务模式,促进电子政务建设运行维护走向市场化、专业化,解决重复建设、"信息孤岛"、部门分散、体系不明、资源浪费、安全保障措施不到位等问题,支撑政府机构间的信息共享、业务协同及决策研判。但当前其覆盖尚不全面,还有部分省级和更多副省级、地市级和县级地方政府仍未进行电子政务公共平台顶层设计的工作，与此同时，各试点地方设计普遍缺少新旧资源协同使用的内容，没有充分体现地方特色，安全可靠设计也不够完善，这对全国电子政务的整体发展是一块绊脚石。因此，地方电子政务公共平台顶层设计可以考虑从以下5个着力点开展工作。

（1）明确顶层设计目标，做到因地制宜

各地电子政务发展水平和各地信息化企业的技术服务能力参差不齐，存在巨大差异。因此，各省、市、区县在建设电子政务时，应结合本地技术发展现状、实际需求，以及国家和区域的相关电子政务建设发展规划，树立适合本地的顶层设计目标，在坚持科学性、先进性的同时，避免顶层设计目标过高，确保目标可落地，能够满足本地社会公共服务、城市管理和政府管理的实际需求。

在树立顶层设计目标时，可基于总目标，设定可落地的分期目标，层层递进，逐步提高，构建电子政务公共平台顶层设计的战略及策略架构，并契合本地政治体制改革的战略布局。

（2）确定服务实施模式，保证资源充分利用

各地信息化主管部门需要会同顶层设计单位共同商讨确定顶层设计服务实施模式，可以是服务采购模式，或者政府自建模式，也可以是介于两者间的混合模式。不同的顶层设计模式决定着电子政务公共平台不同的设计路径和管理方式。

服务采购模式强调服务体系设计、服务质量级别规定、服务费用标准制定、服务计量校核、服务安全巡检、服务诚信评价等。

政府自建模式，除了强调服务采购模式要求的要素，还需要强调电子政务公共平台的体系架构、技术设计、建设保障、运营运维机制、服务机制等。

无论是选择哪种顶层设计模式，均需要确保对现有电子政务资源的充分利用，避免资源价值流失。

（3）细化指标项，明确指标项内涵

在设计过程中，各地信息化主管部门应进一步细化顶层设计指标项，明确各指标项含义，并确保指标项有意义、可衡量、可评价，设计出各指标项（尤其是对服务成本影响较大的各指标）的可达路径。

例如，进一步细化资源利用率，其中的计算资源利用率、网络带宽利用率等需要进行科学设定，在保持资源负载与功耗间的最佳匹配关系的同时，防止资源利用率设定过高导致公共平台性能不稳定。例如，设计机房电能利用率的衡量指标时，除了给出目标值还需要设计达到该目标设定值的路径和方法，从而确保指标项设计

可落地。

（4）合理规划服务容量，建立服务取费标准

在设计过程中，各地信息化主管部门应基于当地的技术服务体系和对服务容量的需求，规划所需服务资源的容量，避免服务提供机构盲目投资导致资源闲置但服务费用高昂的情况出现。在电子政务公共平台建设初期，服务资源容量规划以能够满足当地政府一年内所有电子政务项目的需求为依据；在运营过程中，每年的服务资源容量可根据前一年的服务资源容量规划、服务资源实际消耗及当年政府对技术服务的预计消费进行合理规划，从而减少资源浪费，降低服务成本。

另外，需要针对服务体系中的各项服务明确服务质量级别，并作为采购服务时同服务提供机构签订合约的核心要素。服务提供机构以此为依据提供服务，政府机构以此为依据审核所消费服务的质量满足度，并进一步以此为依据进行付费或审核服务提供机构的技术服务能力。

制定服务取费标准时，需要综合考虑服务类别、服务成本（受服务资源利用率影响）、服务质量级别等关键要素，科学合理设定服务取费值。此外，还需要考虑服务取费标准对本地信息技术企业的影响，便于激励、培养、扶植一批"走出去"的高新技术企业。

（5）设计配套体制机制，发挥平台潜能

在设计过程中，各地信息化主管部门应考虑如何设计与电子政务公共平台配套执行的政务部门的体制机制，确保充分发挥电子政务公共平台的潜在优势。例如，制定基于电子政务公共平台的电子政务应用项目建设管理办法，确保电子政务应用系统均基于电子政务公共平台所提供服务进行开发和运行；制定统一资金管理办法实现电子政务建设资金的统一管理，避免各政府机构利用自有或其他渠道资金建设非基于电子政务公共平台的电子政务应用系统；制定促进信息共享、业务协同的政府机构绩效考核办法，激励各政务部门间的信息共享和业务协同，加速政府机构服务化转型；制定保障电子政务公共平台安全运行的安全督查制度，信息化主管部门可联合公安、国安、保密等部门对服务提供机构进行定期安全巡检，确保政务部门所消费服务的安全性和托管在服务提供机构处的信息资产的安全性。

第 3 章

基于云计算的电子政务公共平台的系统架构及设计

3.1 概述

电子政务公共平台秉承"一切皆服务"的理念，综合利用资源，向用户提供不同类型、不同级别的多种服务；同时提供统一的接口，可以由第三方服务提供机构将服务部署在公共平台上，再提供给用户使用，实现服务的多元化。该公共平台利用云计算技术统筹利用资源，减少了重复建设，避免了"信息孤岛"，并提出服务消费的观念，全面提升电子政务技术服务能力，降低电子政务建设和运维成本。

系统架构从整体性和顶层设计的角度对电子政务公共平台进行刻画，是系统建设、运行、维护的依据，是公共平台构建的核心内容，是系统稳定运行的关键要素。

系统架构主要包括服务管理架构、服务资源架构、服务实施架构、服务保障架构和服务安全架构5个子架构。

① 服务管理架构负责服务的全生命周期管理，并提供服务的计量、容量和质量管理。

② 服务资源架构统一管理计算资源、存储资源、网络资源、信息资源、应用支撑和信息安全等资源，按需分配。

③ 服务实施架构负责平台安装部署等工作。

④ 服务保障架构实现运行过程中的运维保障管理工作。

⑤ 服务安全架构设计统一的信息安全保障基础设施、技术措施和管理制度，保障公共平台安全可靠运行。

系统架构设计是系统顶层设计的核心内容，通过将需求转化为规范的开发步骤和文档要求，制定总体架构，指导整个电子政务公共平台的研发活动，从而完成电子政务公共平台建设。

系统架构设计是对电子政务公共平台的总体性、全局性设计，需要统筹考虑计算资源、存储资源、网络资源、信息资源、应用支撑和信息安全等要素，建立一个公共的、安全的、灵活的、供各政务部门广泛接入和使用的平台系统架构；优化已有数据中心配置，统一数据库管理软件、操作系统、中间件和开发工具等应用支撑软件,构建应用支撑软件服务;统一开发通用型应用程序、应用功能组件,构建应用功能服务;构建逻辑集中、实时高效、共建共享的信息资源目录和交换、共享体系;设计统一的信息安全保障基础设施、技术措施和管理制度,保障电子政务公共平台安全可靠运行。

3.2 总体架构及组成

3.2.1 总体架构

电子政务公共平台的总体架构主要包括服务管理架构、服务资源架构、服务实施架构、服务保障架构和服务安全架构5个子架构,电子政务公共平台总体架构如图3-1所示。服务管理架构负责向平台提供各项服务的管理,是平台架构的核心内容;服务资源架构为服务管理架构的服务产品提供资源支持;服务实施架构实现电子政务公共平台的部署实施,是平台架构的基础支撑;服务保障架构和服务安全架构负责平台的安全运行。

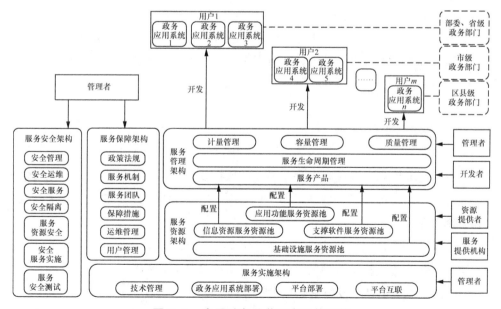

图3-1 电子政务公共平台总体架构

3.2.2 服务管理架构

服务管理架构规定服务的各种管理行为,包括服务产品、服务生命周期管理、计量管理、容量管理和质量管理。服务管理架构提供给开发者多种支撑环境,帮助其完成产品设计开发等阶段的工作;为部委、省级、市级,以及区县级政务部门开发的政务应用系统提供全生命周期服务;同时,提供给管理者多方面的服务管理功能。

服务管理架构提供对基础设施服务、支撑软件服务、应用功能服务、信息资源服务、信息安全服务和运行保障服务等多种服务产品的管理,并通过对服务的规划设计阶段、发布阶段、交付阶段、运行阶段和下线阶段的管理实现服务的全生命周期管理,同时,提供服务的计量管理、容量管理和质量管理,实现对服务多维度多方面的管理功能。

3.2.3 服务资源架构

服务资源架构规定服务资源的技术实现和管理操作,包括基础设施服务资源池、支撑软件服务资源池、信息资源服务资源池和应用功能服务资源池。服务资源架构中的各项服务资源由资源提供者和服务提供机构提供,通过配置封装为服务产品。

服务资源架构通过构建弹性、动态、高可靠、高性能的基础设施、支撑软件、信息资源和应用功能资源池,为上层服务管理架构提供基础支撑。服务资源架构整合现有硬件资源,进行资源池设计,可提供高可靠性、强灵活性的虚拟化服务,能够实现统一管理和资源共享。

3.2.4 服务实施架构

服务实施架构规定电子政务公共平台的架构及政务应用部署行为,包括技术管理、政务应用系统部署、平台部署和平台互联。服务实施架构主要为管理者提供平台和应用的部署服务。

服务实施架构需要保障政务应用系统部署、平台部署、平台互联的正常进行,同时实现服务实施过程中各项技术规范和技术标准的日常管理,包括各类变更操作和前沿技术跟踪等活动,支持新兴技术的导入。

服务实施架构是统一组织领导、统一建设、统一管理和统一服务的实施体系,形成在省级信息化领导小组的领导下，地市和区县各级地方信息化主管部门共同参与的组织实施体系；提供切实可行的电子政务公共平台建设实施方案，在省级信息化领导小组的统一领导下，由信息化主管部门牵头，会同相关部门，明确服务提供机构，有序推进服务实施；制定电子政务公共平台建设和运行管理办法，落实服务资金保障，保障电子政务公共平台的建设实施和长期有效运行。

同时，服务实施架构负责应用系统的迁移部署，分析部门业务应用系统对电子政务公共平台的不同需求，分类设计应用部署和服务方案；指定部门业务应用系统向电子政务公共平台迁移策略和计划；规范业务应用系统迁移流程，包括项目启动、评估审核、规划设计、迁移整合和收尾总结等环节的工作内容和要求，确保政务部门原有的业务应用系统不受影响；制定电子政务公共平台应用部署启动方案。

3.2.5 服务保障架构

服务保障架构规定服务的保障机制，包括政策法规、服务机制、服务团队、保障措施、运维管理和用户管理。服务保障架构为管理者对平台运行过程的运维保障提供支持。

服务保障架构通过建立统一的运行服务体系，制定服务标准和规范，为各政务部门提供满足需求、响应及时、安全可靠的运行保障服务。该架构提供服务人员资格管理体系，明确服务人员的上岗资格和专业技术服务能力；保证完备的服务交付管理流程，遵循日常服务管理制度；维持统一的运行服务保障体系，建立统一服务电话、信息系统和服务窗口的支撑平台，以及故障响应流程、日常巡检、服务质量监督和服务质量报告制度，实现对服务全生命周期的精细化管理，持续改进服务质量。

3.2.6 服务安全架构

服务安全架构规定安全保障措施，包括安全管理、安全运维、安全服务、安全隔离、服务资源安全、安全服务实施、服务安全测试。服务安全架构协助管理者保障整个电子政务公共平台的信息安全。

服务安全架构通过统一建设安全可靠的信息安全基础设施，综合运用安全技术手段，制定全方位安全保障制度和标准，为各政务部门基于电子政务公共平台开展业务应用提供安全保障的服务。服务安全架构负责在电子政务公共平台的规划、设计、建设和运行维护全过程中严格落实等级保护、分级保护、密码管理等信息安全管理的要求；确保采用安全可靠软硬件产品，提高安全可靠能力；使用统一的身份认证、访问授权、责任认定等安全管理措施，增强电子政务公共平台的安全防护能力；提供电子政务公共平台的容灾备份设施，制定相应的灾难恢复管理措施；充分考虑云计算技术应用带来的信息安全风险，针对可能出现的数据丢失与泄露、共享技术漏洞、不安全的应用程序接口等问题，设计相应的安全保障措施，明确相应的信息安全责任。

3.3 服务管理架构

电子政务公共平台主要对外提供各种服务，平台中的多种资源将组合形成服务提供给用户使用，因此服务对于平台来说是重要的组成内容。服务管理架构负责对多种服务进行各方面的管理。针对服务各方面管理的设计包括服务产品设计、服务生命周期管理设计，以及服务的计量、容量和质量的管理设计。

3.3.1 服务产品设计

服务产品需要明确服务的分类和构件，建立服务目录，区分不同类型的服务产品。服务产品包括基础设施服务、支撑软件服务、应用功能服务、信息资源服务、信息安全服务和运行保障服务。

① 基础设施服务：获取计算资源与存储资源的服务，支持分布式资源存取和使用；获取网络资源的服务，支持广泛接入；资源池化设计，具有虚拟化资源设计和管理服务功能，并能获取虚拟机、虚拟存储、负载均衡、虚拟网络等虚拟资源；资源调度管理，具有实时监控、综合分析、快速部署、动态扩展等服务功能。

② 支撑软件服务：包括机构用户开发政务应用系统所需的开发、运行等支撑环境服务和各种开发工具服务。

③ 应用功能服务：提供应用软件功能，可供机构用户直接使用，例如邮件系统服务；提供应用软件的统一规划、设计、开发和部署服务；支持应用软件的升级更新，并预留一致性接口。

④ 信息资源服务：包括信息资源的共享、查询、交换等服务。

⑤ 信息安全服务：提供信息安全管理服务，例如等级保护、身份认证、访问授权、责任认定等服务；提供信息安全责任认定与管理服务；提供产品安全认证服务，帮助机构用户优先选用安全可靠的软硬件服务；提供灾难恢复服务和隐私保护服务。

⑥ 运行保障服务：提供政务应用系统运行状态监控与维护服务；提供权利和责任认证服务，明确政务应用系统涉及各种角色的权利和责任。

3.3.2 服务生命周期管理设计

服务生命周期管理针对政务应用形成服务的过程，提供了其全生命周期管理的功能，实现各阶段支撑环境和服务的提供，其设计内容包括以下 6 个阶段的服务。

① 服务产生：主要负责服务的申请与受理过程，提供审批和受理等相关服务。

② 服务规划：包括资源定义、服务定义、服务成本分析、服务预测与资源容量规划、服务衡量指标定义。

- 资源定义，包括服务器所需要的硬件资源定义，操作系统、数据库、中间件等软件资源定义，软件资源与硬件设备的部署说明，硬件设备的网络位置部署说明。
- 服务定义，包括服务和服务资源的配置，以及相应的服务级别协议定制服务和服务质量说明。
- 服务成本分析，包括对运营成本和研发成本的组成进行分析，计价策略和单位服务资源的定价。
- 服务预测与资源容量规划，包括某行政区域内机构用户需求规模预测和服务所需的资源容量规划。
- 服务衡量指标定义，包括交付质量和服务运行质量的衡量，不同计价等级下服务衡量指标的设定。

③ 服务发布：包括服务产品相关的服务报告、服务级别指标等，需要提供报告生成、级别设定等服务。

④ 服务交付：包括服务产品统一管理，以及交付后的计量管理、质量管理，需要提供交付相关的管理、计量等服务。

⑤ 服务运行：包括服务的配置管理、服务及其相关资源的运行监控管理等活动，需要提供运行监控、配置管理等一系列运行过程中所需要的服务。

⑥ 服务下线：包括服务下线审批、服务目录更新、资源释放和相关管理模块的

更新等活动，需要提供审批、目录更新和资源重置等相关服务，保证服务的终结和资源的可重用。

3.3.3 计量管理设计

服务的计量管理主要负责服务的计量相关服务，其设计内容包括成本管理、财务分析、资源计量、服务计量、服务计费、账单生成等各种管理活动，具体要求如下。

① 成本管理包括成本框架的定义和维护、成本的识别和管理。
② 财务分析包括评估新战略和战略的改变对服务提供机构的影响。
③ 资源计量包括对机构用户使用资源情况的跟踪和计算。
④ 服务计量包括服务级别相关数据的收集和记账、服务质量系数的调整。
⑤ 服务计费基于服务合约，结合服务质量条款进行计费活动。
⑥ 账单生成提供各种账单，包括服务计费账单、资源计费账单、产品计费账单等。

3.3.4 容量管理设计

服务的容量管理设计内容包括用户的容量需求管理、服务提供机构的服务容量管理和资源提供者的资源容量管理。

① 容量需求管理包括对容量需求的考察，对业务、服务、技术和增长需求的收集等。
② 服务容量管理包括对服务资源的评估与优化、对服务资源的备选方案的管理等。
③ 资源容量管理包括对性能和容量测量数据的收集、对性能和容量信息的沟通等。

3.3.5 质量管理设计

服务的质量管理负责保证服务的质量等，其设计内容包括服务级别管理、服务报告管理、服务绩效管理、服务满意度管理。

① 服务级别管理：包括针对机构用户的不同需求，对服务质量水准的定义、协商、订约、检测和评审等管理活动。

② 服务报告管理：负责服务衡量相关信息的采集和服务衡量指标的计算；针对机构用户的计费报告管理，并针对计费报告提供服务质量的数据支撑；针对平台运行能力衡量的运行分析报告进行管理；生成服务能力报告，实现服务衡量和运行能力衡量，提供指导提升平台服务能力的计划。

③ 服务绩效管理：建立服务绩效考核制度，依据各种指标定量服务绩效，并衡量服务绩效。其关键指标包括服务时效、客户满意度、客户投诉率、事件处理方法的正确率、事件处理效率、工作的改进和改善程度等。

④ 服务满意度管理：建立服务满意度管理机制，包括机构用户满意度调查的设计、执行、调查结果的分析、改进4个阶段；提供事件跟踪机制和事件处理效果统计分析机制；从工程实施文档及对机构用户的回访中收集机构用户满意度数据。

3.4 服务资源架构

服务资源架构将资源构建成资源池，进行统一的池化管理，包括基础设施服务资源池、支撑软件服务资源池、信息资源服务资源池和应用功能服务资源池。服务资源架构的设计应遵循云计算的弹性资源池理念，针对不同类别的资源实现统一弹性资源池管理。

3.4.1 服务资源管理设计

服务资源管理需要具备统一管理和资源共享的能力，可提供各种服务资源的调用接口和安装使用服务，并具有高扩展性，支持多点部署和管理，其设计内容主要包括服务资源的部署与回收、动态管理、计划操作、变更操作等。

（1）服务资源的部署与回收

资源部署与回收提供计算资源、网络资源、存储资源和软件资源的规划、调度、配置、监控等管理功能，为用户提供云服务资源池，并保证资源的高可用性，具体如下。

① 资源规划：包括资源分区规划、网络规划、软件资源规划、服务级别规划、服务目录规划。

② 资源管理：包括工作流管理、生命周期管理。

③ 部署管理：包括资源弹性部署、服务部署发布、集群远程部署。

④ 高可用管理：具备冗余设计功能，包括网络采用双路设计、提供光纤通路的冗余、提供服务器及存储接口设备的冗余、提供虚拟主机的冗余等。

（2）动态管理

动态管理提供资源的自我调节、负载平衡及资源的按需分配，包括动态资源优化，具备实时监控资源性能的功能，可提供资源的按需分配决策，并能实时调整；负载均衡，使用虚拟机实时迁移技术，可提供物理主机间的自动负载平衡。

（3）计划操作

计划操作负责日常操作管理规范，提供主动性管理措施，具体如下。

① 合规巡查：基于行业规范和的安全审计规则，负责对计算资源、网络资源、存储资源和软件资源的关键配置进行检查。

② 常规作业：定期执行的作业任务，包括资源的定期测试检查、配置和日志等的备份存档、记录清理、数据分发转换等。

③ 补丁管理：对支撑软件服务资源的补丁介质集中管理，提供补丁列表的分析、安装建议和批量下发，包括对补丁的评估、识别、计划和部署。

④ 批处理作业管理：对业务批处理任务进行统一管理，包括批处理的操作定义、测试、调度、执行、验证、回退、异常处理，以及批处理作业的版本控制、集中管控等。

（4）变更操作

变更操作负责工单驱动操作任务的管理，包括排程、人力资源调度和变更任务的执行。

3.4.2 服务资源池分类

服务资源架构将资源构建成资源池进行统一的池化管理，具体如下。

① 基础设施服务资源池：包括可按需分配给机构用户的计算服务、存储服务和网络服务等。

② 支撑软件服务资源池：包括各种工具资源服务和支撑环境服务。

③ 信息资源服务资源池：包括信息处理工具服务、信息目录服务、信息共享服务与信息交换服务等。

④ 应用功能服务资源池：包括通用基础应用功能服务和专用政务应用功能服务。

3.4.3 基础设施服务资源池

基础设施服务资源池应实现物理资源的管理以及物理资源的虚拟化，最终达到物理资源和虚拟资源的统一管理。

（1）物理资源管理

物理资源的管理，提供各种物理服务资源的获取服务，以及异构资源管理功能。其中，物理资源包括计算资源、存储资源、网络资源等。

计算资源包括物理服务器和虚拟机，以满足不同软件系统的需要。根据不同业务，配置不同类型的计算资源，包括数据库服务器、应用服务器和资源服务器。数据库服务器原则上采用较高配置的物理机，并采用双机高可用，以保证性能和可靠性；应用服务器原则上采用虚拟机，以提高资源利用率和应用、部署、调度的灵活性；其他服务器尽量采用虚拟机。

计算资源管理需提供广泛的物理服务器硬件设备兼容性支持，支持市场上主流设备厂商提供的服务器，兼容并支持不同厂商的主流型号中央处理器（Central Processing Unit，CPU）、主流标准 x86 架构的内存和各类主流的 I/O 设备。

对存储资源的管理应覆盖多种存储资源，包括对象存储系统和块存储系统。

对网络资源的管理包括对 IP 地址资源、带宽资源和防火墙资源等的管理。

此外，对物理资源的管理应具备自动部署能力，并具有高可靠性和高可用性。

（2）虚拟资源管理

虚拟化管理主要面向底层硬件资源和基础设施管理，为用户提供虚拟机创建以及使用的服务模式，为终端用户提供多种类型的可访问计算资源及多种灵活的访问方式，同时为系统运维人员提供更好的可管理性。

物理资源的虚拟化，通过虚拟化系统实现。虚拟资源应包括虚拟计算资源、虚拟存储资源和虚拟网络资源。虚拟资源应具备自动部署能力，并具有高可靠性和高可用性。虚拟化系统应包括虚拟化控制器、虚拟化资源管理、模板和镜像管理、高可用管理等。虚拟化控制器可提供虚拟资源到物理资源的映射功能，实现虚拟机的隔离功能，并具备多个操作系统和应用共享物理资源支撑能力和指令的模拟处理能力。

虚拟资源管理可提供对虚拟化资源进行管理的功能，是云平台的基础功能模块。虚拟化管理主要负责对资源池进行管理，包括资源目录管理、资源生命周期管理、配置管理、权限设置和访问控制；需要具备模板和镜像管理，提供虚拟机模板的管理功能，包括模板和镜像的添加、修改、保存、查询、删除等操作，以及虚拟机的分发和部署。

此外，虚拟资源管理还应具备高可用性能，提供虚拟机故障隔离功能、虚拟机容错切换功能和虚拟化故障切换功能。

3.4.4 支撑软件服务资源池

支撑软件服务资源池可提供工具资源服务和各种支撑环境服务，实现对政务应用开发的全方面支撑功能。

（1）工具资源服务

工具资源服务需要提供主流的开发框架、通用的开发工具、通用代码库、主流操作系统、数据库管理工具、应用中间件、消息中间件等中间件。

（2）支撑环境服务

支撑环境服务需要通过各种支撑工具配合相应配置虚拟机进行搭建，形成各种软件工程开发的支撑环境，包括迁移部署服务、应用设计服务、定制开发服务、应用生成服务、集成测试服务、试运行服务和应用交付服务。

① 迁移部署服务：提供将现有的资源、数据、政务应用系统向电子政务公共平台迁移的服务。

② 应用设计服务：提供用户设计应用系统所需的服务，包括应用设计体验服务、资源和开发环境配置方案设计。

③ 定制开发服务：提供用户定制开发政务应用系统所需的服务。

④ 应用生成服务：提供政务应用系统的功能生成和从开发环境转换为集成测试环境所需的服务。

⑤ 集成测试服务：提供应用系统的试运行环境，包括集成测试环境配置、测试结果分析、集成测试环境调整等服务。

⑥ 试运行服务：提供试运行环境，负责监控记录和报告生成等服务。

⑦ 应用交付服务：提供应用软件的交付环境，并负责应用软件的系统验收。

3.4.5 信息资源服务资源池

信息资源服务资源池提供政务应用所需的基本信息资源类的服务功能，包括信息处理服务、信息资源目录服务、信息共享服务与信息交换服务等服务。

（1）信息处理服务

信息处理服务包括平台数据库的数据转换、定期存储服务及报表服务。

（2）信息资源目录服务

信息资源目录服务负责信息资源目录的统一管理。信息资源目录服务是在信息资源目录体系技术规范、管理机构和管理机制的约束条件下，以信息资源目录体系的技术支撑环境为基础，对分布在门户网站各站点、办公自动化系统及各类业务信息系统中的各类信息进行集中管理，为机构用户提供信息资源目录的检索与索引服务，为信息资源管理机构提供技术管理。

（3）信息共享服务

信息共享服务支持多机构用户间的信息共享，提供以下功能。

① 服务容器：是服务的最基础运行环境，提供服务的解释执行、生命周期管理及访问控制。同时提供常用的服务实现的运行容器，并能够扩展支撑其他服务容器。

② 数据适配器：将从不同数据源得到的数据暴露并封装成 Web Services，对外提供服务。

③ 企业服务总线：是服务集成的纽带，基于统一的标准实现服务间的互联互通，企业服务总线在服务消费者和服务提供机构之间作为通信调用代理。

④ 流程引擎：提供服务流程管理、编排服务和人工服务。

⑤ 服务管理系统：提供一套基于 Web Service 的服务接口，服务库通过与数据共享服务平台无缝结合，为服务的开发、部署、管理、监控提供了一体化环境，可以有效解决应用开发和服务开发互相影响的问题。

⑥ 安全管理组件：包含数据层面的信息安全保障、访问控制保障两部分。

（4）信息交换服务

信息交换服务，通过终端适配器，为结构化数据、非结构化数据之间，为不同数据库、不同数据格式之间，进行数据共享交换并提供服务，实现不同部门前置交换数据库（或文件等数据）之间安全、可靠、稳定、高效的信息交换传递，主要包括以下内容。

① 数据库导出、导入适配：提供对各种异构关系数据库中数据的自动抽取、插入、输出。

② 数据转换：提供图形化 XML 与各种格式数据之间的数据转换功能，以满足数据转换的标准化要求。

③ 数据库同步：提供两个或者多个异构数据库之间的数据同步，支持不同库表名和字段名之间的数据同步，支持数据转换，提供图形化库表、字段选择和数据转换工具。

④ 文件传输：提供格式文件和二进制文件的读取、写入。

⑤ 系统外部接口：提供 JMS 和 Web Service 两种外部接口，实现政府机构内部应用系统与外部政府机构 / 平台的数据 / 消息接口通道。

⑥ 数据审核：实现需要交换报送数据的审批流程，满足业务管理的需要。

⑦ 交换日志统计分析：为管理者提供交换数据的日志和统计分析数据，为领导决策及政务信息共享绩效考核提供数据支持。

3.4.6 应用功能服务资源池

应用功能服务资源池主要为政务应用提供基本的应用功能通用组件，方便政务应用的快速开发，包括通用基础应用功能服务和专用政务应用功能服务。通用基础应用有政府门户、视频会议、即时通信、电子邮件、呼叫中心等；专用政务应用有政策制定、规划编制、行政事务管理等。

3.5 服务实施架构

服务实施架构是平台系统架构的基础，主要负责技术管理、政府应用系统部署（应用部署和应用迁移），以及平台的部署和互联。其中，技术管理主要实现服务实施过程中各项技术规范和技术标准的日常管理，包括各类变更操作和前沿技术跟踪等活动。

3.5.1 应用部署

政务应用部署实现电子政务公共平台上新应用的建立，规定部署设计、部署实施和部署完成等活动内容。政务应用部署通过电子政务公共平台提供的应用设计服务、定制开发服务、应用生成服务、集成测试服务、试运行服务、应用交付服务和应用运行服务实现部署过程。电子政务公共平台所承载的应用包括应用软件和业务数据。

(1)服务清单

电子政务公共平台在应用部署方面提供的各项服务具体包括以下 7 种,应用部署服务清单见表 3-1。

① 应用设计服务:实现应用的部署设计过程,包括配置设计服务和应用开发技术要求服务。

② 定制开发服务:实现应用的开发过程,包括技术规范服务和开发环境服务。

③ 应用生成服务:实现应用的功能生成和环境转变,包括测试环境配置服务、数据配置服务和测试环境生成服务。

④ 集成测试服务:实现应用的测试,包括测试设计服务、测试实施服务和测试完成服务。

⑤ 试运行服务:实现应用的试运行,包括试运行环境服务和试运行报告服务。

⑥ 应用交付服务:实现应用的交付,完成部署实施过程,包括运行环境服务和交付处理服务。

⑦ 应用运行服务:实现应用部署完成的方案制定,包括运行管理设计服务和运行监控设计服务。

表 3-1 应用部署服务清单

服务名称	服务项名称	服务内容说明
应用设计服务	配置设计服务	资源提供、资源配置和方案生成服务
	应用开发技术要求服务	提供应用设计、应用开发、应用生成、集成测试、试运行和应用交付的技术要求
定制开发服务	技术规范服务	提供应用开发技术规范和标准
	开发环境服务	提供应用开发的开发环境
应用生成服务	测试环境配置服务	提供应用测试环境申请和配置服务
	数据配置服务	提供应用数据的配置服务
	测试环境生成服务	提供测试环境生成和应用安装服务
集成测试服务	测试设计服务	提供集成测试的规范和说明
	测试实施服务	提供具体的测试过程功能
	测试完成服务	应提供测试确认和完成能力
试运行服务	试运行环境服务	应提供试运行环境能力
	试运行报告服务	应提供形成试运行分析结果的能力
应用交付服务	运行环境服务	应提供运行环境的配置部署能力
	交付处理服务	应提供应用交付的处理能力
应用运行服务	运行管理设计服务	应提供业务运行的配置方案
	运行监控设计服务	应提供服务运行的监控方案

（2）部署设计

部署设计的具体内容包括配置设计和应用开发技术要求。配置设计提供资源需求和资源配置方案；应用开发技术要求规定应用设计、应用开发、应用生成、集成测试、试运行和应用交付等技术要求。

配置设计服务：实现资源提供、资源配置和配置方案生成服务，提供和配置以下内容。

① 计算资源包括通用计算资源模板和可定制的专属计算资源；存储资源包括通用存储资源模板、可定制的专属存储资源和备份恢复服务资源。

② 网络资源包括安全域划分、地址分配和网络带宽配置；支撑软件服务资源包括设计服务、开发服务、生成服务、测试服务、试运行服务和运行服务资源。

③ 信息资源服务资源包括政务信息资源目录体系服务、政务信息资源交换体系服务、数据融合服务、数据仓库服务和数据挖掘服务等服务资源，还包括资源配置清单和资源配置方案的生成服务。

应用开发技术要求服务可提供应用设计、应用开发、应用生成、集成测试、试运行和应用交付的技术要求，还提供应用软件设计的技术架构、接口和配置的参数规范、应用软件设计的软件框架和工具、应用软件设计方案的生成服务。

在部署设计中，服务提供机构可提供部署设计服务和应用开发技术要求服务的服务保障工作和咨询服务。政务部门协助服务提供机构完成部署设计工作，可指定开发者完成相关工作。管理者负责资源需求和资源配置方案的审查。

（3）部署实施

部署实施为应用开发、应用生成、集成测试、试运行和应用交付提供开发环境、测试环境、集成测试环境、试运行环境和运行环境。

① 应用开发。应用开发提供技术规范服务，包括应用开发技术规范和标准、应用软件代码开发规范、应用开发的技术标准和应用开发的接口说明文档。同时，应用开发提供开发环境服务，包括应用开发的开发环境、开发工具、主流开发框架、统一接口和数据交换工具，实现资源数据共享的能力。

在应用开发中，服务提供机构提供技术规范服务和开发环境服务的服务保障工作和咨询服务、政务部门的使用技术规范服务和开发环境服务，完成应用开发工作，可指定开发者完成相关工作。

② 应用生成。应用生成提供测试环境配置服务，包括应用测试环境申请和配置服务、申请服务和测试环境配置服务；提供数据配置服务，包括应用数据的配置服务和业务数据准备工作；管理数据准备工作和系统参数的准备工作；测试环境生成服务，包括测试环境生成和应用安装服务、测试环境生成功能和应用安装到测试环境的服务。

服务提供机构提供测试环境配置服务、数据配置服务和测试环境生成服务的服务保障工作和咨询服务。政务部门使用应用生成服务，完成应用生成工作，可指定开发者完成相关工作。

③ 集成测试。集成测试可提供测试设计服务，包括集成测试的规范和说明、应用测试实施规范、测试方案和报告的模板和说明；测试实施服务，包括具体的测试过程功能、功能性测试服务、并发压力测试服务、存储能力测试服务、公共安全测试服务、防病毒干扰测试服务和数据交换测试服务；测试完成服务，包括测试确认和完成能力、集成测试结果确认服务、测试报告生成服务和应用修正建议服务。

服务提供机构提供测试设计服务、测试实施服务和测试完成服务的服务保障和咨询服务。政务部门使用集成测试服务，可指定开发者完成相关集成测试工作。

④ 试运行。试运行可提供试运行环境服务，包括试运行环境能力、试运行环境申请服务、试运行环境部署服务、试运行环境配置服务和应用安装到试运行环境的服务；提供试运行报告服务，包括形成试运行分析结果的能力、试运行报告模板和试运行报告生成服务。

服务提供机构提供试运行环境服务和试运行报告服务的服务保障工作和咨询服务。政务部门使用试运行服务，可指定开发者完成相关试运行工作。

⑤ 应用交付。应用交付可提供运行环境服务，包括运行环境的配置部署能力、运行环境申请服务、运行环境配置服务、运行环境部署服务和应用安装到运行环境的服务；提供交付处理服务，包括应用交付的处理能力、交付申请服务、交付审查服务和交付审查报告的模板和说明。

服务提供机构的职责是提供试运行环境服务和交付处理服务的服务保障工作和咨询服务。政务部门使用应用交付服务，可指定开发者完成应用交付相关工作。

管理者负责应用交付的审查和验收，签署应用验收报告，接受审查工程技术文档及应用的文档资料移交工作。

（4）部署完成

部署完成可实现运行管理设计、运行监控设计。运行管理设计规定业务运行的配置方案，运行监控设计规定服务运行的监控方案。配置管理设计服务，提供业务运行的配置方案，还应提供配置方案模板；配置信息统计服务与运行监控设计服务，应提供服务运行的监控方案、对应用所用资源使用情况的监控方案、资源使用情况的数据统计方案、系统日志服务方案、应用运行状态监控方案和服务运行的监控方案模板。

服务提供机构提供配置管理设计服务和运行监控设计服务的服务保障工作和咨询服务。政务部门使用应用运行服务，可指定开发者完成相关部署工作。

3.5.2 应用迁移

基于已有的电子政务发展现状，许多成熟的政务应用系统需要从旧有环境迁移部署到电子政务公共平台上，应用迁移是利用电子政务公共平台所提供的迁移评估、迁移设计、迁移实施、迁移验收等服务，实现新旧业务系统切换，保证应用业务正常运行的活动，包括资源迁移、数据迁移和软件迁移。非电子政务公共平台所承载的应用包括基础环境、基础设施、支撑软件、应用软件和业务数据。

应用迁移实现独立应用向电子政务公共平台的集成，规定迁移评估、迁移设计、迁移实施和迁移验收等活动内容。应用迁移提供对应用迁移整体的可行性评估报告、设计方案、实施方案和验收报告，由管理者和政务部门组织并管理应用迁移部署，服务提供机构和开发者实施应用迁移部署。

（1）服务清单

电子政务公共平台在应用迁移方面提供的各项服务具体包括以下4种，应用迁移服务清单见表3-2。

① 迁移评估服务：实现应用的资源、数据和软件的现状分析，提供整体的可行性评估报告。

② 迁移设计服务：实现应用迁移过程的设计，提供应用迁移设计方案。

③ 迁移实施服务：提供资源迁移、数据迁移和软件迁移的实施方案和具体实施服务。

④ 迁移验收服务：实现应用迁移的验收工作，提供应用迁移验收报告。

表 3-2　应用迁移服务清单

服务名称	服务项名称	服务内容说明
迁移评估服务	资源迁移评估服务	提供基础设施资源、支撑软件资源和信息资源的分析评估
	数据迁移评估服务	提供数据量及其增量的分析评估
	软件迁移评估服务	提供软件功能、依赖情况及虚拟化适应性的分析评估
迁移设计服务	应用迁移设计服务	实现应用迁移设计方案的生成
迁移实施服务	资源迁移实施服务	实现资源迁移的实施过程
	数据迁移实施服务	实现数据迁移的实施过程
	软件迁移实施服务	实现软件迁移的实施过程
迁移验收服务	资源迁移验收服务	提供资源入库清单的模板生成、在线填写,以及审批流程等
	数据迁移验收服务	提供数据存储技术和接口规范文档,以及数据环境配置
	软件迁移验收服务	实现应用测试和审查

（2）迁移评估

应用迁移评估实现可行性评估报告的生成,具体内容如下。

① 资源迁移评估服务,可实现的分析与评估:基础设施资源现状,包括计算、网络和存储资源结构、配置,以及资源使用状况;支撑软件资源现状,包括操作系统和数据库的类型、版本,以及应用程序的运行环境和插件支持等;信息资源现状,包括信息共享、适配和交换工具等。

② 数据迁移评估服务,可实现的分析与评估:数据量现状,包括应用的数据库、备份、日志等数据,以及数据的存储方法;数据增量现状,包括应用在数据库、备份及日志方面的增量频率、类型、大小和存储方法等。

③ 软件迁移评估服务,可实现的分析与评估:软件功能现状,包括应用软件的系统架构、功能模块及通信机制等;软件依赖情况,包括应用软件正常运行所需的环境及工具的配置等;虚拟化适应性,包括应用软件虚拟化的支持情况等。

服务提供机构负责应用迁移评估服务的保障工作,并提供相关咨询服务。政务部门协助服务提供机构完成应用迁移的评估工作,提供相应的资料,并负责审核评估报告。

（3）迁移设计

应用迁移设计方案可提供以下内容。

① 迁移策略：包括直接迁移和拆分迁移。

② 迁移资源清单：包括应用的资源及其配置。

③ 迁移步骤：包括资源、数据和软件的迁移顺序、迁移方法与迁移时间安排等。

④ 迁移环境配置：包括机房规划、软硬件设施配置、网络规划和容量规划等。

⑤ 参与人员：包括团队组织建设。

⑥ 保障设施和应急预案：包括备份机制、回退方法等。

服务提供机构负责应用迁移设计服务的保障工作，并提供相关咨询服务。政务部门协助服务提供机构完成应用迁移的设计工作，可指定开发者完成相关工作。管理者负责审核团队，组织政务部门、服务提供机构召开工程设计联络会议，审定、修改并批准资源迁移的设计方案。

（4）迁移实施

迁移实施设计内容包括资源迁移、数据迁移和软件迁移。资源迁移是把原有的软硬件设备转化为电子政务公共平台的资源；数据迁移是把原有的业务数据转化为电子政务公共平台所承载的应用的业务数据；软件迁移是把原有的软件部署到电子政务公共平台。

① 资源迁移的设计内容具体如下。

- 建立项目组，指定专人负责迁移组织、实施、质量监督和技术验收，保证人员素质和工程质量，并向政务部门提交有关的组织和通信联络报告。
- 组织材料采购，提供搬迁所需的网线、尾纤、跳线、标识材料等辅助设施及材料。
- 提供设计方案中资源清单所列设备的迁移、材料供应、现场安装、调试和技术服务等。
- 负责设备停机、拆卸、除尘、包装、运输、开箱及在新机房安装、加电开机、测试等。
- 提供用于现场安装、检查、测试、操作和维护的手册、图纸，以及相关的信息培训服务。

服务提供机构负责资源迁移实施服务的保障工作，并提供相关的咨询服务。政务部门协助服务提供机构完成应用资源迁移的实施工作，监督资源迁移的实施过程。管理者的职责包括：会议安排，组织政务部门召开迁移实施联络会议；资源提供，根据设计方案要求提供相关的环境技术资料和参数，包括土建、电源、接地等运行环境和场地要求等；监督保障，跟踪、了解并控制工程的进展情况。

② 数据迁移的设计内容具体如下。
- 提供数据迁移实施的相关工具，包括数据导入环境、数据适配及转换、数据校验、数据备份与恢复的工具。
- 提供仿真数据迁移，记录各环节性能指标，包括运行时间、内存消耗、CPU占用等信息。
- 使用电子政务公共平台的数据导入服务、数据适配服务，以及数据校验服务实现数据迁移，在无法使用该服务的情况下可根据网络情况采用网络传输迁移、离线复制迁移或数据同步复制方法等。
- 提供增量数据同步传送功能。
- 使用电子政务公共平台的数据备份服务，提供数据备份和故障恢复功能。
- 保证数据安全，包括迁移环境的安全要求、迁移过程的安全管理、数据的安全校验、传输过程的安全保护，以及安全性事故处理办法等。

服务提供机构负责应用数据迁移实施服务的保障工作，并提供相关咨询服务。政务部门协助服务提供机构完成应用数据迁移的实施工作，并负责监督，可指定开发者完成相关协助工作。

③ 软件迁移的设计内容具体如下。
- 提供应用软件所需的支撑环境资源服务，包括开发、测试、试运行及运行环境等。
- 提供应用软件迁移所需的工具，包括物理到虚拟（Physical to Virtual, P2V）工具等。

④ 软件准备。

软件准备实现应用软件的迁移过程，主要包括改造迁移和直接迁移。
- 改造迁移，实现改造应用软件的迁移过程。针对软件迁移评估报告中支持虚拟化的应用软件，使用电子政务公共平台提供的软件迁移实施服务进行应用软件迁移；针对软件迁移评估报告中不支持虚拟化的应用软件，应使用支撑环境服务完成应用的代码重写或重构，包括数据库改造、架构改造、应用代码改造、网络改造、性能改造及数据结构改造等，进行应用的部署实施。
- 直接迁移，使用电子政务公共平台提供的资源迁移相关服务，将应用的硬件设施搬入机房，配置网络环境，实现机房托管，可参照资源迁移实施。

⑤ 应用安装。

应用安装使用电子政务公共平台提供的应用交付服务完成应用在运行环境中的

初始化安装、应用与数据的对接等。

⑥ 新旧系统切换。

新旧系统切换提供新旧软件之间业务数据的增量同步、业务数据流向的切换，以及新旧软件之间状态的同步，保证业务服务的连续性。

政务部门协助服务提供机构完成应用软件迁移的实施工作，包括应用代码的重写或重构、应用的安装配置等，实现应用的上线运行，并负责监督，可指定应用开发机构完成相关协助工作。

（5）迁移验收

迁移验收完成应用迁移的后期保障，主要内容如下。

① 资源迁移验收服务，包括资源入库清单的模板生成、在线填写及审批流程等。
② 数据迁移验收服务，包括提供数据存储技术文档、接口规范文档，以及数据环境的配置功能。
③ 应用迁移验收服务，包括应用测试和审查。

服务提供机构负责资源迁移确认服务的保障工作，并提供相关咨询服务。政务部门负责应用数据配置工作，完成应用数据的准备工作，并实现与应用软件的对接。管理者负责审批工作，组织政务部门共同负责应用迁移验收的组织工作，包括签署验收报告和审查工程技术文档。

3.5.3 平台部署

平台部署实现按区域进行物理部署，构建区域平台。区域平台的整体性由建设者规划，不必以政府级别、行政区域、部门大小进行划分，并且在逻辑上表现为唯一的电子政务公共平台，可支持分布式物理部署。

区域平台需要根据网络应用结构进行部署，包括政务内网平台和政务外网平台。政务内网平台和政务外网平台应具有系统架构全要素和环境支撑，包括服务管理架构、服务资源架构、服务实施架构、服务保障架构和服务安全架构。

3.5.4 平台互联

区域平台与区域平台之间互联，能够提供区域间和跨地区的政务应用系统共享服务。同一区域平台内部的各类平台之间互不相关。

服务架构需要预留访问接口，实现平台互联操作。

区域平台互联应由部署于同类网络应用结构的平台对接实现，遵循政务内网平台之间互联对接、政务外网平台之间互联对接的原则。

3.6 服务保障架构

在平台运行过程中，管理者需要对平台的运行进行运维保障，维护平台的正常工作，保障平台上服务的正常运行和提供。

3.6.1 服务机制

服务机制需要针对机构用户和服务提供机构提供不同的机制能力，其设计内容应从不同对象的角度进行阐述。

（1）机构用户

针对机构用户，服务机制需要保障机构用户的服务请求、处理及监督等方面的要求，其设计内容具体如下。

① 服务受理机制：提供热线、短信、网站等各种渠道受理服务请求，并由相关工作人员分类记录请求事项。

② 分类处理机制：按照基础设施服务、支撑软件服务、应用功能服务、信息资源服务、信息安全服务、运行保障服务对机构用户申请的服务进行分类处理。

③ 督办落实机制：督办落实机构用户请求的服务相关资源配置。

④ 回访反馈机制：针对机构用户的服务请求进行资源配置、服务交付运行之后，及时对用户进行回访活动，征求反馈意见，改善服务质量。

（2）服务提供机构

服务机制需要满足服务提供机构投诉和评价的需求，设计内容具体如下。

① 投诉管理机制：建立投诉上报、预警、分析与跟踪机制，及时快速地响应投诉，分析问题，提高服务能力，关键指标至少包括投诉预警机制、投诉记录统计机制、投诉分类机制、投诉分析机制、投诉响应管理机制、投诉跟踪机制。

② 考核评价机制：考评服务提供机构及其提供的服务运行质量。

3.6.2 服务团队建设

平台运行保障需要建设完整的服务团队并具备团队管理能力。

服务团队应由以下人员组成：服务产品管理人员、可用性管理人员、服务连续性管理人员、资源池管理人员、容量管理人员、服务角色管理人员、财务管理人员等。

服务角色管理人员应负责管理者、开发者、服务提供机构、资源提供者、机构用户等各种角色的考核、绩效评估等管理活动的执行工作，并提供机构资质认证服务和服务人员资格管理服务，辨析资源提供者、服务提供机构的资质，以及服务人员的上岗资格。

3.6.3 保障措施制定

平台的运维需要制定统一的保障措施来保障平台的正常工作，具体从技术、辅助管理和应急响应3个方面进行保障措施的制定。

① 技术保障措施：通过服务台及服务台管理工具、资源管理工具、技术服务管理工具、运维服务管理工具来实现。

② 辅助管理保障措施：提供知识库管理，进行运行保障相关的知识积累；提供备品备件服务，包括备件响应方式和级别定义、备件供应商管理、备件出入库管理、备件可用性管理；提供灾备管理服务，包括风险评估和定期恢复演练。

③ 应急响应保障措施：包括应急准备、监测与预警、应急处置、评估与改进4个主要的应急响应过程。应将信息系统所支撑业务的数据采集、使用和管理纳入应急响应过程中。

3.6.4 运维管理

管理者需要依据服务级别要求，采用相关的方法、手段、技术、制度、过程和文档等，针对电子政务公共平台、政务应用系统、服务资源等对象提供运行维护综合管理。

3.6.5 用户管理

用户管理负责对平台的用户进行统一管理、身份认证及收费等，其设计内容包括：提供机构用户的身份认证、授权及审计功能服务；提供处理收费、账单查询、服务使用预付费等计费管理功能服务。

3.7 服务安全架构

服务安全架构可提供各种信息安全服务，保证系统安全、信息安全、资源安全、服务安全。其设计内容主要规定安全保障措施，保障各子架构的运行安全和机构用户的数据安全，包括安全管理、安全运维、安全服务、安全隔离、服务资源安全、安全服务实施、服务安全测试等，具体内容见第 11 章。

3.8 系统架构设计

基于云计算的电子政务公共平台系统架构的设计通过对现有情况的调研分析，制定设计方案，组织和实施平台的设计工作和技术服务。系统架构设计要能够支撑一个区域内各级政务部门的业务应用的部署。以省（自治区、直辖市）为单位进行顶层设计的，要考虑省、市、区县三级政务部门对电子政务公共平台的需求；以市为单位进行顶层设计的，要考虑市、区县两级政务部门对电子政务公共平台的需求。在考虑多级电子政务公共平台部署实施的同时，要设计各级电子政务公共平台之间的资源互补、互备和互联互通。

3.8.1 设计原则

基于云计算的电子政务公共平台应紧紧围绕各级政务部门深化电子政务应用、提高履行职责能力的迫切需要，为各部门实现政务、业务目标提供公共的技术环境和服务支撑；有效支持政务部门灵活、快速地部署业务应用，满足业务不断发展和改革的需要；实现跨地区、跨部门、跨层级信息共享，以及行业系统与地方应用的条块结合；提供大量数据访问、存储和智能化处理，并保证应用安全可靠运行。

服务安全架构设计应遵循适用性、开放性、兼容性、高密度和绿色的设计原则，主要包括以下 5 个方面。

① 适用性：电子政务公共平台运行多种类型的政务应用，需要实现计算能力和

计算资源的优化，因此，适用性对于搭建一个成功的电子政务公共平台来说是首要原则。

② 开放性：电子政务公共平台区别于传统数据中心的一个重要特征，是对于应用的开放性。在平台运行过程中，可能会陆续有不同类型的应用、服务被接入，尽管可以在接口类型等方面有具体的标准来规范，但是采用相对主流、开放的硬件架构、操作系统，对于新增应用的无缝接入是必要的。

③ 兼容性：电子政务公共平台的兼容性应从硬件系统和业务系统两个方面来考虑。硬件系统的兼容性表现在服务器接口、芯片种类、存储接口和架构等方面。业务系统的兼容性表现在统一的数据和应用接口规范。

④ 高密度：电子政务公共平台的硬件选择，需要考虑环境和空间的布置。未来营造一个高效的平台，需要在硬件搭建时就考虑提高部署的密度，采用刀片服务器或者类似的高密度服务器就是一个可以参考的解决方案。

⑤ 绿色：实现绿色 IT 是电子政务公共平台需要遵循的构建原则。

3.8.2 设计过程

基于云计算的电子政务公共平台的架构设计过程主要通过需求调研分析实现，最终达到建立平台的服务机制、规定平台的服务能力、实现统一的管理机制、针对电子政务应用提供专业化服务的目的。

（1）需求调研分析

需求调研分析主要从服务资源管理、应用部署、运维和安全等方面展开，具体内容如下。

① 服务资源管理需求：根据服务资源的管理需求设计服务资源架构，统筹利用已有的计算、存储、网络、信息、应用支撑等资源和条件。

② 应用部署需求：根据应用部署需求设计服务实施架构，实现政务部门灵活、快速地部署业务应用，以及跨地区、跨部门、跨层级信息共享和业务协同。

③ 运维需求：根据运维需求设计服务保障架构，建立统一的运行服务体系，制定服务标准和规范，为各政务部门提供满足需求、响应及时、安全可靠的服务保障。

④ 安全需求：根据安全需求设计服务安全架构，统一建设安全可靠的信息安全基础设施，综合运用安全技术手段，制定全方位安全保障制度和标准，为各政务部门基于电子政务公共平台开展业务应用提供安全保障。

（2）平台架构设计

电子政务公共平台主要由应用层、中间件层、基础设施层和管理层组成。电子政务公共平台典型模型示例如图 3-2 所示。

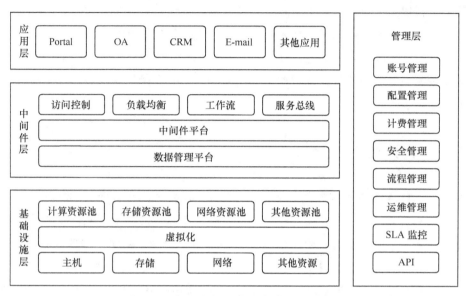

图 3-2　电子政务公共平台典型模型示例

① 应用层。

应用层以友好的用户界面为用户提供所需的各项应用软件和服务，应用层直接面向客户需求，向各部门提供邮件（E-mail）、办公自动化（Office Automation，OA）、客户关系管理（Customer Relationship Management，CRM）等应用。应用层主要对应应用功能服务资源池及其管理机制。

② 中间件层。

中间件层是承上启下的一层，它在基础设施层所提供资源的基础上为用户提供服务，包括访问控制、负载均衡、数据管理平台、中间件平台等，同时可通过集成 API 为客户提供定制开发接口。中间件层主要对应支撑软件服务资源池和信息资源服务资源池及其管理机制。

③ 基础设施层。

基础设施层向中间件层或者用户提供其所需的计算和存储等资源服务，并通过虚拟化等技术将资源池化，以实现资源的按需分配和快速部署。基础设施层主要对应基础设施服务资源池及其管理机制。

④ 管理层。

在云计算架构中,以上三层是横向的,通过这三层提供丰富的云计算能力和友好的用户界面,云计算架构还有一层纵向的,是为了更好地管理和维护横向的三层,为这三层提供账号管理、配置管理、计费管理、安全管理、流程管理、运维管理和服务等级协定(Service Level Agreement,SLA)监控等多种管理和维护功能,同时提供统一的 API 和开发工具包,为合作伙伴和用户提供二次开发和定制化开发支持。管理层主要对应服务管理架构、服务实施架构、服务保障架构和服务安全架构中相应的功能模块。

3.8.3 设计要点

基于云计算的电子政务公共平台的系统架构设计需求优化已有数据中心配置,统一数据库管理软件、操作系统、中间件和开发工具等应用支撑软件,构建应用支撑软件服务;统一开发通用型应用程序、应用功能组件,构建应用功能服务;构建逻辑集中、实时高效、共建共享的信息资源目录和交换、共享体系;提供统一的信息安全保障基础设施、技术措施和管理制度,保障电子政务公共平台安全可靠运行。其设计要点主要从服务资源设计和运维管理设计两个方面来阐述。

(1)服务资源设计

平台的服务资源设计采用面向服务的体系结构(Service-Oriented Architecture,SOA)方法,设计要点主要从以下 7 个方面考虑。

① 企业级虚拟化:虚拟化是通向云计算的重要环节,需要考虑工作负载整合,以及增加 IT 基础架构灵活性,保证安全性、稳定性、灵活性、扩展性。

② 资源池的自动化:资源层的设计要点是对已有资源进行整合形成资源池,并对资源池中的资源进行动态调度,以及监控云平台和自动化工作流。

③ 镜像和模板管理:传统的手动应用部署是一个费时费力的过程,引入镜像和模板管理,用户可以进行系统与应用的预配置、预调优,并可以随时对离线模板进行"打补丁"工作,保证模板处于最佳状态。镜像和模板的管理可以结合自动化安装部署引擎,实现快速、大批量的应用部署,减少人为干预。

④ 动态负载管理:应用程序需求会经常发生变化,需要保证它们所依赖的基础设施能够在很短的时间内适应新的需求,并尽可能地对服务水平产生最小的影响。这就需要通过动态负载管理方式来更改应用配置,不需要管理者过多干预,以降低

变更管理成本，并降低相关的风险。

⑤ 生命周期管理：平台需要对资源实行按需分配、动态配置。资源在申请、使用、回收3个步骤中循环，此外还在物理环境和虚拟环境中相互转换。

⑥ 自动化工作流引擎：自动化工作流引擎将用户应用行为简化为选择服务、申请服务、开始部署资源、部署完毕开始使用，并能够快速对最终用户提出的需求进行反馈。

⑦ 虚拟机管理：电子政务公共平台需要支持多个虚拟机。开源与商业虚拟化产品都需要在IT环境中协同工作，平台需要具备可以连接多种虚拟机引擎的能力，以支持异构平台，还需要提供统一界面对虚拟化环境进行管理，并对虚拟机数量、虚拟机负载等属性进行统一管理，防止在虚拟环境中出现虚拟机数量无序蔓延。

基于云计算的电子政务公共平台的各层服务资源具体包括基础设施服务资源池、支撑软件服务资源池、信息资源技术服务资源池和应用服务资源池。基础设施服务资源池提供基础支撑，支撑软件服务资源池和信息资源技术服务资源池提供中间件支持，应用服务资源池提供通用的基本应用功能，每一层都能够对外提供服务，并封装形成服务产品。云计算资源服务模型示例如图3-3所示。

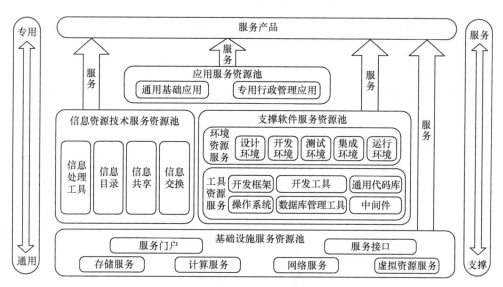

图3-3　云计算资源服务模型示例

（2）运维管理设计

运维管理设计实现基于云计算的电子政务公共平台的运行维护保障，设计要点应从以下 5 个方面进行考虑。

① 核心应用迁移：建成电子政务公共平台后，已有业务应用系统将逐步迁移到平台，需要进行应用系统规划和设计，以保证应用系统的无缝迁移和服务的可用性。

② 开放的 API：应用系统在向平台迁移时，往往需要二次开发，这时不同行业的独立软件开发商可能会介入，选择平台供应商时，需要考虑具备丰富的第三方合作伙伴生态环境的平台供应商，以确保未来应用系统的平滑迁移。

③ 运行监控设计：平台运行过程中，需要对整个平台进行全面监控，保障管理者时刻掌控整个架构，及时优化资源性能和可用性，以保证平台正常运行。

④ 计量和计费设计：平台必须设计计费规则来为其提供的服务计量价值。

⑤ 自助式服务门户：自助式服务门户是云计算应提供的重要功能之一。云计算的本质就是一切要以服务的方式交付用户，并向用户提供自助式、系统化的请求处理和变更管理能力，需要重视客户体验。

3.8.4 设计结果

基于云计算的电子政务公共平台的设计需要形式化的模型设计结果和规范化的设计文档，主要包括需求调研分析、顶层设计和投资概算。

（1）需求调研分析

需求调研分析是指针对目标调研机构的需求现状，明确相关调研指标项后，进行现场调研；根据调研结果分析依据，明确服务资源、应用部署、运维和安全等方面的需求和资源状况，梳理出电子政务公共平台的建设需求，形成调研结果和成果交付物，主要包括调查报告和需求分析报告等。这些报告应包括调查背景、目的、调查过程说明，以及目标调研机构、调研内容、调研指标项、调研结果（可以附件形式附在调查报告之后）、分析依据、分析过程（现有信息资产同公共平台的关系分析）、分析结论（公共平台建设需求）等。

（2）顶层设计

基于云计算的电子政务公共平台的顶层设计，应给出公共平台部署和政务应用迁移等的具体实施指导意见。编制的顶层设计文档，主要包括以下内容。

① 序言：包括文档的目的、适用范围、设计依据、参考资料等。

② 概况：包括顶层设计实施的目标、原则、方向、建设范围等。

③ 机构用户电子政务发展现状及分析。

④ 机构用户电子政务问题及公共平台建设需求：概括调研结果分析过程及分析结论，明确公共平台建设需求。

⑤ 公共平台顶层设计方案：包括公共平台总体定位、总体设计思路、总体技术方案（尤其是电子政务相关资源的充分整合、高效利用和监控评估）。

⑥ 公共平台工程实施方案：包括工程实施内容和目标、工程管理组织机构、功能进度控制、质量控制、运维管理等。

⑦ 部门业务应用针对公共平台迁移的指导意见：提供业务应用系统的技术分析、迁移类型分析、服务化改造设计、资源需求设计、在公共平台上的部署及配置、基于公共平台的测试、基于公共平台的试运行、交付后正式运行等环节的指导意见，制订迁移计划工作大纲（明确迁移的必要性、迁移的时间要求、迁移的业务应用范围要求、对目标公共平台的要求、迁移后运行效果要求、迁移后业务割接要求、实施单位要求、实施步骤要求、是否招投标等）。

⑧ 公共平台发展远景规划：包括公共平台自身发展远景等。

公共平台的顶层设计还需要提供形式化的模型设计结果，可以使用UML语言进行建模，内容主要包括问题域的对象要素、用例驱动、交互活动等。

在顶层设计文档和模型的指导下，组织实施电子政务公共平台顶层设计和技术服务。根据顶层设计的要求，建设完善基于云计算的电子政务公共平台，逐步推进部门业务应用向公共平台迁移，并取得应用实效；建立完善的技术服务体系及服务队伍，完善运行保障和服务管理制度，保障电子政务公共平台可持续发展。

（3）投资概算

投资概算依据基于云计算的电子政务公共平台的顶层设计文档中对公共平台的功能、技术和资源服务等的设计要求，结合机构用户已有的电子政务基础设施资源，评估公共平台研发工作量，以及相关人力资源类别要求、人力资源能力要求、工期要求等，并以此为依据编制出公共平台研发的投资概算。

第 4 章

基于云计算的电子政务公共平台的功能和性能

4.1 概述

如第1章所述,基于云计算的电子政务公共平台是指面向政务部门提供的基础设施、应用支撑、信息资源、运行保障和信息安全等服务的电子政务综合性服务平台。

电子政务公共平台具有向政务部门提供机房资源服务、计算资源服务、存储资源服务、网络资源服务、信息资源服务、应用支撑服务、运行维护服务、服务受理与交付等功能。其中,机房资源服务功能包括提供机房分级、机房配电、物理隔离、提供机房机柜、安全域划分等;计算资源服务功能包括主机资源提供与管理、虚拟机资源管理和动态资源调度等功能;存储资源服务功能包括存储资源提供与管理、存储资源维护、存储数据管理等功能;网络资源服务功能包括网络资源提供与管理、网络资源分配、网络分区隔离等功能;信息资源服务功能包括信息资源目录体系服务、数据融合服务和信息资源服务发布等的功能;应用支撑服务功能包括构件服务管理、软件服务封装、API、电子政务预置服务构件管理等功能;运行维护服务功能包括配置管理、监控管理、故障告警、日志管理、计量管理等功能;服务受理与交付功能包括服务发布、服务受理、服务交付和服务交付管理等功能。

4.2 机房资源服务功能和性能的要求

政务部门在提供电子政务服务时,会根据自身的需求不再自建机房资源而采用基于云计算的电子政务公共平台具有的机房资源,电子政务公共平台一般可提供普通机房资源服务、虚拟化机房资源服务及扩展机房资源服务。

普通机房资源服务是利用电子政务公共平台的机房设施及配套的基础网络、配电、制冷、消防、安保、机柜、布线等基础设施资源提供的机房空间、机房机柜、机房机位等服务。

扩展机房资源服务包括机房空间服务、机柜服务及机位服务。机房空间服务的计量单位为空间面积，机柜服务的计量单位为机柜数量，机位服务的计量单位为机柜单元。

在云计算模式下，虚拟化机房资源服务将不直接提供机房空间服务，用户不需要关心机房的物理位置，而是将机房作为支撑电子政务公共平台对外提供服务的载体，提供虚拟空间服务和虚拟区域服务。

电子政务公共平台统筹利用已有的机房资源，通过网络部署实现多个机房的互联互通，构建机房资源服务池。机房的分级要求、建筑条件要求、配套设施要求、布线要求、强电配电区建设、不间断电源保障区、新风空调区和消防设施区都应符合相关国家标准的规定。机房需要配备两路来自不同变电站的线路（推荐）且配备不间断电源（Uninterrupted Power Supply，UPS）和发电机，电子政务公共平台的内网机房与外网机房采用物理空间隔离措施，具备为特殊用户划分独立机房区域的功能。根据电子政务公共平台核心机房功能和安全要求划分安全域，以保证各个区域的操作能够独立进行，区域的逻辑划分和物理划分应保持一致，这些区域包括网络接入、业务开展、安全服务、调试等多种区域，提供电信运营商线路接入，应支持运营商线路从不同物理位置进入机房。

机房内温度范围为 25℃～32℃，湿度范围为 30%～60%，良好的机房环境会延长设备的使用寿命，降低设备故障率。提供机房资源服务的准备时长不应超过 3 天。改造的旧机房的 PUE 值不应超过 2，新建机房的 PUE 值不应超过 1.8。

4.3　计算资源服务功能和性能的要求

计算资源服务是利用电子政务公共平台的物理服务器和虚拟服务器提供的服务器、虚拟机等服务，更有效、更快捷地利用物理资源。计算资源服务充分利用现有计算资源以及云计算虚拟化技术，建设统一集中可伸缩的计算资源，满足用户对计算资源动态变化和不断增长的需求。

在实际应用中，计算资源服务主要实现主机管理服务和虚拟机管理服务。主机管理是指将已配置好的主机添加到电子政务公共平台，或将主机从电子政务公共平台中删除，实现对物理主机的管理；实现禁用/启用主机部署、远程开/关机、主机负载均衡设置；主机可添加到主机资源池，也可从主机资源池中删除。这里的主机包括物理主机和虚拟主机。虚拟机管理是针对虚拟机实现的，主要包括映像模板管理、创建和部署虚拟机、运行虚拟机等功能。映像模板管理拥有系统映像模板的制作功能，虚拟机可使用制作的模板快速搭建，并能添加/删除系统映像、光盘映像和数据盘映像，方便用户对虚拟机进行管理。系统映像即驱动器的精确副本，如果硬盘或计算机无法工作，则可以使用系统映像来还原计算机的内容；光盘映像文件形式上只有一个文件，存储格式和光盘文件相同，可由刻录软件或者镜像文件制作工具创建，可以真实地反映光盘的内容。

虚拟机分配可以采用自动和手动的模式来添加/部署单台或多台虚拟机，这样可为平台管理者提供高效的虚拟机部署功能；虚拟机资源释放和回收功能使平台虚拟机资源的复用性得到提高，实现云平台的功能；使用系统映像或光盘映像添加/部署虚拟机，实现多种部署方式，避免了单一方式（介质）部署的局限性；映像池、网络池和存储池可根据虚拟机的配置给虚拟机分配映像、网络和存储资源，实现资源的指定分配功能；释放虚拟机使用的计算资源，重建/删除虚拟机，并保障虚拟机的配置不变。

运行虚拟机功能应支持启动虚拟机、关闭虚拟机、重启虚拟机、挂起虚拟机、休眠虚拟机、恢复虚拟机等；支持虚拟机快照备份和保存功能，支持快照的操作应包括创建、恢复和删除；支持虚拟机链接复制、链接复制加速、非持久化磁盘功能。在平台中申请单台或多台虚拟机，申请审核通过并成功分配虚拟机后，在管理平台中可以看到申请到的虚拟机信息；在管理平台上注销单台或多台虚拟机，操作成功后，在平台中则不会显示此虚拟机信息；可成功对申请到的测试用虚拟机进行启动、关闭、重启、挂起、休眠、恢复等操作，在虚拟机管理平台成功创建快照后，可以在列表信息中看到此快照信息，并进行恢复和删除等操作。快照的作用主要是能够进行在线数据备份与恢复。当存储设备发生应用故障或者文件损坏时可以进行快速的数据恢复，将数据恢复到某个可用时间点的状态。

虚拟机根据运行状态和故障进行自动在线迁移；当装载虚拟机的物理机发生故障时，虚拟机可在线迁移到其他运行的物理机上继续运行，服务不停止；在资源超配的情况下，实施限额和弹性负载功能；虚拟机在关机状态时可进行系统配置和编辑，编辑后的虚拟机应按照新配置运行，实现虚拟机对资源的快速识别；虚拟机可对正在运行状态的磁盘空间实现动态扩容和磁盘动态增加，使正在运行的虚拟机的资源快速得到扩充，而且不需要停止对外服务；管理平台支持虚拟机磁盘的冷迁移和热迁移。

计算资源服务需要满足以下性能要求。

① 主机服务准备时长不超过1天。

② 系统映像添加虚拟机，每台虚拟机从部署到交付运行的时间应小于20分钟。

③ 光盘映像添加虚拟机，每台虚拟机从部署到交付运行的时间应小于 1 小时。

④ 在物理机轻负载的情况下，虚拟机完成在线迁移的时间应小于 30 秒，虚拟机完成离线迁移的时间应小于 60 秒。

⑤ 对公共平台的主机计算资源进行按月监测，当参考实际监测值超过计算资源总量的 60% 时，应考虑增加相应计算资源。

4.4 存储资源服务功能和性能的要求

存储资源服务利用电子政务公共平台的存储资源提供存储空间、数据备份、异地灾备等服务。存储资源服务应充分利用现有的存储资源以及云计算虚拟化技术，建设统一的逻辑集中、低成本、可伸缩的存储资源，满足政务用户对数据存储资源不断增长的需求。在实际应用中，存储资源服务主要包括存储资源管理、存储资源维护和存储数据管理。

（1）存储资源管理

创建存储资源，并支持使用多种磁盘类型创建存储资源；动态扩展存储资源，支持对集群进行动态扩展；对存储资源弹性调度、自动精简配置；支持多种形式的存储资源虚拟化，例如针对不同品牌、型号的存储设备和旧存储设备，支持存储管理接口标准（Storage Management Initiative Specification，SMI-S）等协议进行异构存储管理；支持不同存储介质之间的双向动态迁移；支持多种类型端口及其协议、多种文件接口、多种数据库接口；支持多种存储协议融合，例如存储区域网络（Storage Area Network，SAN）和网络接入存储（Network Attached Storage，NAS）协议统一存储、结构化和非结构化数据统一存储等。支持基于用户、用户组、目录的空间配额管理；支持文件系统单一命名空间；支持提供针对 IP 地址 / 用户 / 用户组的访问权限控制，创建安全、隔离的存储池；支持存储前端和后端多种组网方式；在分布式存储环境，支持全分布式对称架构，系统无元数据节点；在分布式存储环境，支持多节点并发访问，以及多种负载均衡策略，例如节点轮询方式、节点连接数、节点吞吐量、节点能力（CPU、内存、带宽等）等。

（2）存储资源维护

支持资源、功能图形界面管理，并且支持中文管理界面；支持多种状态的统计分析功能，例如存储资源使用、关键服务状态等的统计分析；支持存储设备实时监控机制,包括运行状态监控、设备异常告警机制和告警信息传递方式;支持存储系统自动部署,包括软件安装、配置,实现即插即用,磁盘、电源、I/O模块等支持热插拔;支持在不中断业务系统的情况下存储系统组件自动检测、隔离故障,并且磁盘故障可自行修复;支持存储系统在线升级、自动升级,升级失败可以自动回退。

(3)存储数据管理

支持异构存储系统虚拟化后对原有数据的管理,包括数据导入、导出、整合、迁移等;在存储数据传输过程中要保持数据的完整性、一致性、高可用性;支持数据保护,包括快照、恢复、备份、复制、镜像、冗余等数据保护功能;支持国家密码管理局允许的密码算法的硬件存储系统,支持数据加密存储和签名。

存储资源服务应满足以下性能要求。

① 在集中式存储环境中,多种数据块大小进行混合读写的情况下,存储系统的读写次数IOPS[1]不小于10万;存储系统的读写带宽不低于10Gbit/s;存储系统的平均响应时间不超过30毫秒。

② 在集中式存储环境中,对常见文件系统(例如NFS、CIFS等)进行读写操作,存储系统的每秒操作数不低于10万;

③ 在分布式存储环境中,存储系统的多节点并行恢复数据不小于1Tbit/h;

④ 存储系统的容量、性能随节点的增加而线性增长,例如,24个节点存储系统的每秒操作数不少于300万,平均响应时间不大于3毫秒;存储系统每节点的扩容时间不大于1分钟。

⑤ 对存储系统进行按月监测,当实际监测值超过存储容量的50%时,应增加存储资源。

4.5 网络资源服务功能和性能的要求

网络资源服务利用电子政务公共平台的网络资源提供传输、虚拟网络、IP地址、负载均衡等服务。网络资源服务应充分利用现有网络资源、统一接入城域网和互联网,通过骨干传输网络,实现平台间互联互通、网络互联互通、用户接入平台。在实际应用中提供网络资源管理、网络资源分配和网络分区隔离3种服务。

---

1 IOPS(Input/Output Operations Per Second,每秒读写I/O次数)。

(1) 网络资源管理

在政务网络内部采用扁平二层网络构建模式，例如分为核心层和接入层；政务网络在网络层上支撑云计算技术的资源池动态调度；支持核心交换机虚拟集群技术、接入交换机堆叠技术，保障设备冗余；支持核心交换机与接入交换机之间的链路捆绑，保障链路冗余；核心交换机之间采用全网状连接，核心交换机与外网之间应采用多运营商链路接入。

(2) 网络资源分配

电子政务公共平台网络支持虚拟机分配网络资源，包括指定地址分配网络和随机分配网络；电子政务公共平台网络支持针对虚拟网络标记，支持虚拟机网络划分网段；电子政务公共平台网络支持根据组织机构动态分配虚拟专用网络（Virtual Private Network，VPN）服务接入公共平台网络，并支持VPN服务监管；电子政务公共平台网络应提供软件化、模块化、组件化的VPN服务；网络设备可自由扩展，能够为虚拟机设置多个网络，支持自动弹性的网络管理；电子政务公共平台网络应支持弹性外网IP分配，支持IP地址在指定虚拟机上的解绑定。

(3) 网络分区隔离

电子政务公共平台的核心网络按照业务功能划分逻辑隔离；将电子政务公共平台网络分为管理域、业务域和存储域，不同域间逻辑隔离；电子政务公共平台内部网络、各区域提供各自的网络平面、业务区域，不同平面、区域间逻辑隔离；电子政务公共平台网络各区域内按照安全组（安全域）划分，并支持基于安全域的逻辑隔离，以防止IP篡改、介质访问控制（Medium Access Control，MAC）篡改、地址解析协议（Address Resolution Protocol，ARP）欺骗等攻击；将公共平台内的虚拟局域网（Virtual Local Area Network，VLAN）与业务访问VPN进行对接映射，不同组的VLAN/VPN相互隔离。

网络资源服务应满足以下性能要求。

① 电子政务公共平台网络的外部接入网络带宽速率达到千兆比特每秒；电子政务公共平台网络的内部网络带宽速率达到千兆比特每秒或万兆比特每秒以上。

② 虚拟网络资源的服务准备时间不超过 20 分钟。

③ 光链路配置生效时间不超过 10 分钟。

④ 内部网络最大端到端时延小于 100 毫秒；内部网络丢包率小于 0.5‰。

⑤ 内部网络防火墙吞吐量不低于 100Gbit/s；内部网络交换机交换容量不低于 16Tbit/s；内部网络交换机包转发率不低于 9600Mpps。

⑥ 对核心路由器的出口链路带宽进行按月监测，当实际监测值超过链路带宽的

70%时，应考虑扩容。

4.6 信息资源服务功能和性能的要求

信息资源服务主要向政务部门提供信息资源目录体系服务、信息资源交换体系服务、数据融合服务、信息资源发布服务、数据仓库服务、数据挖掘服务及数据比对服务。

信息资源目录体系服务支持对资源目录的审核、编目、发布，支持目录分类；支持资源检索，支持快速定位资源；支持目录分级授权，不同分级的目录管理员可管理本级目录的用户授权访问控制。

信息资源交换体系服务支持部署在电子政务公共平台上的不同业务系统之间的数据交换；支持文件型数据、关系型数据的交换；数据交换服务适配器支持分布式部署和集中式部署两种方式；支持主流公文类型、二进制等格式文件的适配；支持各种主流数据库的适配；提供数据交换的监控；数据交换过程应采用加密传输的方式，可配置加密算法、加密强度。

数据融合服务支持多种类数据之间的融合、叠加等，并提供二次开发接口；支持数据融合工具，支持多种类数据的融合叠加；支持融合后的数据服务发布功能，支持开放式地理信息系统协会（Open GIS Consortium，OGC）标准服务接口；支持多种二次开发服务接口，用户可自主选择开发工具；支持GIS数据与其他数据融合，并提供地图展现、空间数据叠加、数据查询、空间定位、路径分析、地图标注功能。

信息资源服务发布受控调用的服务接口；提供将信息资源快速发布为服务的功能；支持与信息资源目录的集成，发布信息资源服务接口目录；根据不同的权限为政府用户、公共用户提供服务，提供分级权限机制。

数据仓库服务提供数据仓库和数据集市的创建和管理功能；提供数据清洗、装载、查询、展现等功能；提供面向用户提供多实例数据仓库服务功能。

数据挖掘服务提供抽取、转换、加载（Extract-Transform-Load，ETL）和在线分析；提供数据仓库的配置管理工具、建模工具和报表展现设计工具，支持主流关系数据库管理系统和数据文件；分析报表应以表格和图形（饼图、柱状图、仪表盘、雷达图等）提供；提供基于瘦客户端的灵活分析，可将维度、度量等直接拖放到显示的数据表格中，并且实现灵活钻取（上钻/下钻/钻透）、过滤、分组、计算等功能；支持报表导出，可导出Word、PDF、Excel文件格式及PNG等图片格式；提供单点登录和门户功能，支持报表结果集成到业务系统；提供多用户共享并可独立使用的数据挖掘服务；提供集中管理的安全控制机制和权限继承机制，使不同用户根据角色的不同拥有对信息不同的访问权限。

数据比对服务支持多个预处理和比对任务配置，表和字段可以灵活配置；支持多个预处理和比对任务同时进行处理，提供手动和自动两种方式；支持预处理比对流程和规则通过界面进行灵活设置；具有严格的事务控制，保证数据的完整性和一致性；提供预处理和比对结果的报表输出；支持主流数据库管理系统。

信息资源服务需要满足以下性能要求。

① 数据交换服务适配器运行环境一次至少加载 100 个适配器实例；一次至少支持 2000 条记录交换；一次支持 20M 以内的公文交换。

② 数据交换服务适配器运行环境应至少支持 50 个并发数据交换服务；数据交换服务最少支持 500 个并发数据交换。

③ 单笔信息交换（1M 以下）在局域网（域内）用时不超过 10 秒；单笔信息交换（1M 以下）在局域网（跨域）用时不超过 40 秒。

④ 交换监控的日志查询响应时间应不超过 3 秒。

⑤ 交换服务、适配器运行环境的运行状态响应时间不超过 15 秒。

4.7 应用支撑服务功能和性能的要求

应用支撑服务是政务部门使用电子政务公共平台上的操作系统、中间件、数据库和开发工具等应用支撑软件，进行业务应用开发和部署的服务。在实际应用中，应用支撑服务主要实现构件服务管理、软件服务封装、API、电子政务预置服务构件管理等功能。

构件服务管理包括提供构件仓库、开发工具和运行环境的服务。构件仓库类似于数据库，负责存储各种构件，仓库拥有对构件的分类管理和版本管理能力，可以实现构件的上传、下载、检索；开发工具应能够提供构件的上传和下载、开发程序的打包、代码的编译与测试、内置预置的开发模板等功能；运行环境支持对通过开发工具打包的应用系统的运行支撑和部署，实现服务构件的热加载（即插即用）。

软件服务封装可以支持实例或多实例工具软件封装的接入，并对封装的工具软件件进行监控服务，对用户实现封装服务地址不可见，防止用户越过平台直接访问工具软件，这样不仅保障了用户和数据权限分离，也保证了用户只能操作自己的数据。另外，用户的使用权限也可进行分配/回收；灵活配置用户访问的授权时间。

API 是一组定义、程序及协议的集合，主要功能是提供通用功能集，通过 API 可以实现计算机软件之间的互通信。程序员通过调用 API 函数开发应用程序，可以减轻编程任务压力。API 同时也是一种中间件，为不同平台提供数据共享，实现开放性的 API，支持 XML、Web Service 等格式，使平台有更好的易用性、兼容性。开放性 API 见表 4-1。

表 4-1 开放性 API

接口类别	接口说明
计算资源	1. 计算资源管理接口，主要包括添加主机、启用/禁用主机、远程开/关机等； 2. 分配虚拟资源接口，主要包括单台和批量添加、手动和自动方式部署虚拟机等； 3. 虚拟资源管理接口，主要包括开/关机、重启、挂起、休眠、创建快照等； 4. 动态资源调度接口，主要包括虚拟机在线迁移、离线迁移等； 5. 异构虚拟化管理接口
存储资源	卷数据导入/导出、复制接口，存储挂载、目录和文件操作接口等
网络资源	1. VLAN接口，包括对网络进行VLAN划分，提供一个系统虚拟路由器和虚拟交换机来形成私有虚拟网络，针对虚拟网络提供带有标记的数据，提供虚拟机网络划分网段； 2. VPN接口，包括接入平台的组织机构和动态分配VPN服务等； 3. 网络资源扩展接口，包括横向扩展网络设备、为虚拟机设置多个网络等
信息资源	1. 信息资源目录，包括查找、发现目录数据，目录浏览，目录报送接口； 2. 数据融合与集成接口，包括数据采集、数据监控、WebGIS应用服务发布等； 3. 信息资源公共服务接口，对数据资源分类接口
应用支撑	构件上传、下载、检索接口
运营维护	1. 性能监视接口，包括主机服务器、数据库、中间件、应用服务器、虚拟机、存储、业务、网络、流量监控； 2. 故障告警接口； 3. 流程接口； 4. 拓扑自动发现接口； 5. 分级分域接口
安全	1. 平台安全接口，包括主机防护、主机加固、接入安全保障、平台边界防护等； 2. 数据安全接口，包括数据加解密引擎、数据隔离、数据访问控制、数据迁移等； 3. 终端及个人用户接口，包括单点登录、单点故障、一体化安全客户端等； 4. 网络安全接口，包括资源域隔离、关键路径冗余、入侵检测的安全防护等； 5. 安全管理接口； 6. 安全监控接口； 7. 安全审计接口

电子政务预置服务构件管理主要提供服务受理交付服务，包括服务发布、申请、审批、交付、管理、监控等服务；提供信息资源技术服务构件，包括政务信息资源目录系统、数据交换系统、多元数据融合系统、基础资源公共服务系统、数据比对系统、数据挖掘系统、大数据处理系统等服务构件；提供安全及运维服务构件，包括数据库加解密引擎池系统、虚拟机防护系统、软件 VPN 系统、统一用户管理和单点登录系统、跨域身份认证系统、运行监控系统、运维流程管理系统等服务构件；提供基础公共应用服务构件，包括自助建站服务、网站文字防护服务、电子邮件服务、短信服务、视频会议服务、呼叫中心服务、搜索引擎服务等基础公共应用服务；提供公共政务应用服务构件，包括公文流转服务、电子签章服务、归档服务、督察督办服务、政务公开服务、行政审批服务、信息报送服务、舆情分析服务等公共政务应用服务。

电子政务公共平台提供服务构件不间断服务，服务接口 Web Service 调用时间小于 3 秒。

4.8 运行维护服务功能和性能的要求

运行维护服务是服务提供机构为了电子政务公共平台的安全可靠运行并为用户提供满足质量要求的服务所建立的运行服务体系，以及相关服务标准和规范。运行维护服务包括配置管理、监控管理、故障告警、日志管理和计量管理等功能。

（1）配置管理

配置管理主要实现各种软件、硬件、应用、服务、时间、人员等的记录和维护，并支持管理类型可扩展；支持对所有的配置数据进行分级分域管理，并支持分级分域展现；根据预制策略设置配置信息的保存周期，而策略又可以根据具体的业务需要进行修改；提供各种资源模板，并批量导入、导出维护资源；控制和记录资源生命周期过程，保证数据的可追溯性；提供资产类型配置功能；对 IT 环境资源数据自动采集，并可根据新接入的设备自动生成拓扑。

（2）监控管理

监控管理包括环境监控、设备监控、基础软件及构件监控和多级分域监控等。

环境监控采用厂家设备的监测工具和统一的专有监控管理，对机房进行温湿度检测，实时监控机房的温湿度；采用机房铺设检测线进行漏水监测；提供防雷监控，配有专有监控管理软件，显示相应的告警信息；提供消防监控，例如通过烟雾／温度传感器监控，提供全方位的环境监控，对突发事件可实现快速的应急响应。

设备监控完成对主机服务器基本信息的监控，例如，服务器性能、服务与进程、网络连接情况等；对监控过程中采集的原始信息数据进行保存，联机数据保留3个月，脱机数据保留6个月；除了主机设备的基本信息监控，还应该对设备资源进行监控，例如计算节点总数、虚拟机数量、虚拟CPU占用情况等；提供全面存储监控功能，支持管理信息库和API对交换机进行管理；支持多种形式发现网络存储独立磁盘冗余阵列（Redundant Arrays of Independent Disks，RAID），例如支持SNMP[1]/CLI/SMI-S/厂商特有API；提供自动发现各类网络的拓扑结构；对网络运行历史性能参数进行分析与统计；提供流量分层统计，包括IP数据包的源地址、目的地址、IP类型、IP服务类型（Type of Service，ToS）等。对设备的资源使用情况、设备的自身使用情况进行监控，可及时得到运行日志，提供第一手的信息资料，方便平台用户对平台的使用程度进行分析。

基础软件及构件监控实现对数据库基本信息监控，并对监控指标进行配置；中间件信息监控功能，例如应用服务器基础服务、通用资源传输控制协议（Transmission Control Protocol，TCP）、用户数据报协议（User Datagram Protocol, UDP）端口；能够管理容量指标的最大容量，例如最大管理节点数量、故障数量、性能测量数量等；对构件的运行资源消耗和指标进行监控。多级分域监控提供同一监控平台对不同级域IT环境进行监控的功能，并可实现整体监控数据的汇集。服务监控实现对物理服务器运行情况监控，例如CPU总量、内存总量、存储容量、总功耗；虚拟机运行情况监控，例如虚拟机IP地址、已消耗的主机内存等；资源运行情况监控，例如监控服务性能、监控服务使用量、监控服务在线用户。

多级分域监控是指同一监控平台对不同级域IT环境进行监控，并可实现整体监控数据的汇集。

（3）故障告警

故障告警实现当监控指标超出阈值时提出告警；可按多种条件对告警信息进行查询；告警分级分域上报，各级域用户应见本级域内的告警信息。

（4）日志管理

日志管理提供统一的日志采集功能，为运维监控、安全监管等提供统一日志采集服务；实现业务数据统计、服务流程统计、性能监测统计、配置数据统计；支持

---

1 SNMP（Simple Network Management Protocol，简单网络管理协议）。

日志的分类、日志导入/导出、日志转存。获取多种日志，对事件、事故、运行数据进行统计分析，提高电子政务公共平台的使用率。

（5）计量管理

计量管理支持按照多种模式对电子政务公共平台上用户使用资源的情况进行计量；以虚拟机为单位，按照用户使用的虚拟机数量进行计量；对用户使用IT资源的情况进行计量，按照用户使用的资源数量进行计量，例如CPU个数、内存大小、磁盘空间大小等。

4.9 服务受理与交付的功能和性能的要求

服务受理与交付是按照机构用户的需要，服务提供者根据设计和约定的方式，通过电子政务公共平台向机构用户提供服务的过程。电子政务公共平台支持第三方服务供应商自主集成和发布自有服务，对服务申请的资源进行创建、分配、绑定、释放，实现服务实例单点登录。

服务受理与交付主要包括服务发布、服务受理、服务交付和服务交付管理功能。

服务发布主要是指创建和发布服务；对需要上传的服务插件进行服务项的配置、上传插件、录入插件基本信息；对上传的服务插件进行分类查询、编辑、查看插件信息；对服务资源信息进行审批、查看、检索、挂起、关闭、恢复，以及状态控制；支持新发布服务的热加载。

服务受理主要提供服务资源申请；提供申请订单的审核，由管理员对申请订单进行审核；提供服务资源的开通，审核通过后，分配资源给用户；提供服务资源的续约，申请服务到期后选择续约，提交服务续约订单，管理员审核通过后，分配资源给用户。

服务交付主要提供服务资源的申请、使用、挂起、关闭、释放等功能；具有支持第三方服务供应商自主集成和发布自有服务的功能；具备对服务申请的自动或手动资源创建、分配、绑定、释放的功能；具备已申请的服务实例单点登录的功能。

服务交付管理主要提供对各运行状态的插件进行管理的功能；提供用户服务评价，包括客户建议与投诉、客户建议与投诉受理、客户建议与投诉受理满意度反馈；提供服务资源的分类查询、分类添加、分类删除，以及服务资源分类管理等功能；提供服务量统计，包括对指定时间段内的服务资源和订购信息进行统计；具备服务提供机构自定义服务规范和订阅策略的能力；管理员应具备对服务订购过程审批的权限。

检索电子政务公共平台内的服务资源列表的响应时间，一般在3秒以内；提供"7×24"小时的在线申请服务。

4.10 互联互通功能

互联互通是指各级政务部门网络依据需要分别依托内网和外网互联互通。互联互通不仅要保障网络互通（包括传输网互通、IP网互通），还要保障平台系统互联互通。互联互通后，解决了多个平台之间用户的合法访问，实现了数据同步、数据共享。

4.10.1 传输网和IP网络互通

传输网采用多业务传送平台（Multi-Service Transport Platform，MSTP）组网的E1、STM-N接口的以太网接口互通或采用以太网业务互通。采用以太网业务互通时，点到点以太网专线业务具有两个用户-网络接口（User-Network Interface，UNI），此业务透明传送客户以太网MAC帧，不识别客户业务的VLAN和服务类别（Class of Service，CoS）信息，每个客户的业务由专用的传输通道承载，不同客户不能共享带宽，因此具有与同步数字体系（Synchronous Digital Hierarchy，SDH）相似的带宽保障和安全性能。

对于点到点以太网专线业务（E-Line）的互通，设备能对以太网专线客户的以太网MAC帧进行透明传送。用户数据的以太网帧可以是数据帧、二层协议帧、广播帧等各种类型帧；设备在提供以太网专线业务时，不识别目的地址；设备在入口UNI丢弃流控帧，在出口UNI可生成流控帧；透传其他协议帧；设备能透明传送客户VLAN ID和CoS标识。

针对点到多点以太网专线业务（E-Tree），应能够提供多个以太网分支UNI到一个以太网UNI的汇聚，分支UNI只能和汇聚点UNI进行通信，分支UNI之间不能直接通信。每个客户的业务由专用的传输通道承载，不同客户不能共享带宽。

对于采用VLAN ID汇聚方式的点到多点以太网专线业务，分支节点之间不能进行通信，汇聚节点应能通过 VLAN 区分客户；设备应在入口 UNI 丢弃流控帧，在分支节点的出口 UNI 可生成流控帧，透传其他协议帧；当客户数据帧不带 VLAN 时，分支节点应能透传客户数据帧，或者为客户数据帧分配 VLAN；汇聚节点设备应能通过 VLAN 划分或者 VLAN 识别来区分客户输出，并且业务能正确返回分支节点，返回的业务应不带 VLAN；当分支节点客户数据帧携带不同 VLAN 时，设备应能在分支节点透传客户数据帧，或者识别 VLAN；汇聚节点设备应能识别或采用带 S-VLAN 的 VLAN 嵌套等方式区分各分支节点的业务数据流，并且业务能正确返回分支节点。

为了便于实现互通，业务等级划分和服务质量（Quality of Service，QoS）的处理只在入口进行。为了用户得到一致的业务等级划分和 QoS 性能，对于 E-Line 和 E-Tree 业务两个方向采用相同的业务等级划分方式，且尽量做到业务参数的一致性。

不同的 IP 网络互联互通是通过边界路由器相连完成的，路由具有良好的更新功能，能够正确而迅速地更新和交换路由，保证网络的传输质量；使用公有 IP 地址进行互联，若使用私有 IP 地址则必须在所有互联的出口处进行地址翻译；外部采用路由协议 BGP[1]-4，内部采用路由协议 OSPF[2] 或 IS-IS[3]。

IP 网络需要满足以下性能要求。

① 数据包转发时延（双向）应不超过 5 毫秒。

② 数据包转发丢失率小于 0.5%。

③ 全年可用率高于 99.99%。

④ BGP 路由传播时间应不超过 10 秒。

4.10.2 平台系统互联互通

（1）统一身份认证

身份认证是判断一个用户是否为合法用户身份的处理过程。最常用的统一身份认证方式是系统通过核对用户输入的用户名和密码，看其是否与系统中存储的用户

1　BGP（Border Gateway Protocol，边界网关协议）。

2　OSPF（Open Shortest Path First，开放最短通路优先协议）。

3　IS-IS（Intermediate System to Intermediate System，中间系统到中间系统）。

名和密码一致，进而判断用户身份是否正确。有些身份认证方式采用一些较复杂的加密算法与协议，需要用户出示更多的信息（例如私钥）来证明自己的身份。

统一身份认证对认证、账号、授权组件进行全平台统一管理，组件之间支持数据同步。数据同步后在 A 统一身份认证平台注册的用户可以登录到 B 统一身份认证平台，实现跨平台统一身份认证。

解决多个平台之间用户合法访问的功能；用户通过平台登录和客户端登录，并支持用户数据同步；对用户身份和权限进行认证，以保障合法访问资源；平台内和跨平台访问实现单点登录；支持用户名口令、证书 key 登录、动态密码或者三种组合的多种认证方式。

（2）统一运维管理

运维管理帮助平台服务提供机构建立快速响应并适应平台业务环境及业务发展的 IT 运维模式，实现基于信息技术基础架构库的流程框架、运维自动化。统一运维管理则是将分散的 IT 运维管理信息集中到一个单点的管理平台，从而快速定位故障，实现运维管理信息的共享。统一运维管理包括运维事件分级响应、监控数据汇集、联动报警机制。跨平台运维管理测试主要测试运维事件如何在不同平台之间传递和处理，能够分级采集电子政务公共平台的运行状态数据，并支持向多级平台自动上报其运行状态数据；监测在电子政务公共平台上业务应用的运行状况，并反馈给相关业务系统的管理方。

（3）数据交换

平台系统的互联互通支持多个平台之间的数据交换，支持最短路径数据交换；数据交换过程应采用认证机制和授权机制；数据交换的结果应采用访问控制措施；数据交换过程中应采用加密和完整性保护机制。

4.11 可靠性指标

（1）数据备份

数据备份是指本地的数据备份与恢复功能。数据备份应提供本地数据备份与恢复功能，完全数据备份至少每天一次，备份介质场外存放；应提供实时在线的存储备份设施，数据应备份到云存储之外的空间；虚拟机的备份恢复可参考物理磁盘的备份与恢复；用户可以根据数据的重要性和数据对系统运行的影响，确定数据的备份和恢复策略。

（2）关键设备冗余

关键设备冗余包含双链路（不同通信服务商提供的链路）冗余；采用 SAN 等技术的存储方式；制冷设备、供电电源设备冗余（配备 UPS 设备或满足使用要求数量的柴油发电机）。

根据平台规模，实现关键设备冗余，当系统发生故障时，冗余配置的关键部件介入并承担故障部件的工作，由此减少系统的故障时间。

（3）基础设备可靠性

基础设备可靠性是指电子政务公共平台具备同城备份机制，符合 SHARE78，具有保障系统自动转移并恢复负载均衡的能力，实现应急解决方案；网络中设定 QoS，设置必要的安全设备，针对黑客攻击进行防护，黑客攻击包括 ARP 攻击、IP 欺骗、DDoS 攻击等。

实时利用公共平台的监测体系对服务器与存储设备之间的任意单点故障进行监控，及时拆除，或使用冗余设备替换，保持系统正常运行状态。

基础设备应支持故障自恢复功能，且对业务完全透明。

（4）应用支持服务可靠性

电子政务公共平台应提供基于安全技术的租户管理功能，同时支持对租户所使用资源的安全回收及再分配；对租户实现用户查重、口令复杂度、身份认证的管理。

（5）灾备系统

对于省级电子政务公共平台，灾备系统应按照相关国家标准要求建立异地灾难备份系统（生产中心与备份中心之间的距离在 300 千米以上）；灾备系统应具备符合灾难恢复等级第 5 级要求的灾备设施；灾备系统应该满足：RPO 小于 6 小时，RTO 小于 1 小时。

（6）平台可靠性

平台提供每周"7×24"小时的服务，平台可用性不低于 99.99%。

4.12 安全要求

参见本书第 11 章。

第 5 章

基于云计算的电子政务公共平台的操作系统

5.1 概述

电子政务公共平台操作系统是电子政务公共平台中 IT 硬件设备与应用及服务之间的分布式软件系统，能够实现硬件虚拟化、软硬件和虚拟资源的统一管理、系统的运行维护等功能，并能够为上层应用及服务提供丰富的资源和弹性的运行环境。

电子政务公共平台操作系统是电子政务公共平台的资源管理调度核心，一方面支撑电子政务公共平台的运营管理模块，完成业务发放、自助服务管理和业务流程审批等功能；另一方面支撑运维管理模块，完成电子政务公共平台资源和服务的统一运维管理，对外提供统一开放的接口，实现多个平台间的互联互通。电子政务公共平台操作系统具备以下 4 个基本特点。

① 开放性：电子政务公共平台操作系统的开放架构消除了厂商锁定，实现了计算、存储、网络等的开放性。同时提供开放的 API，方便与第三方厂商产品进行对接和集成。

② 高可靠：电子政务公共平台操作系统应提供系统架构、组件等不同层面的可靠性，保障系统无单点故障，数据保存持久、不丢失，持续、稳定地对外提供服务。

③ 高弹性：电子政务公共平台操作系统应灵活地提供资源按需分配、动态调整、弹性伸缩。

④ 易维护：电子政务公共平台操作系统应提供多种自动化运维能力，包括自动化安装部署、自动化扩容、系统升级等，以提高系统运维效率，降低运维人工成本。

5.2 逻辑架构及功能组件

电子政务公共平台操作系统的逻辑架构如图 5-1 所示。

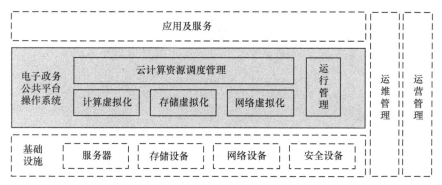

图 5-1　电子政务公共平台操作系统的逻辑架构

电子政务公共平台操作系统的主要功能组件如下。

① 计算虚拟化：将服务器的物理资源（CPU、内存、GPU 等）抽象成虚拟的逻辑资源，让一台服务器变成两台或两台以上相互隔离的虚拟机。

② 存储虚拟化：通过分布式系统构建弹性伸缩的存储资源池，完成 SSD[1]/SATA[2]/SAS[3] 等异构物理存储资源的虚拟化，实现存储动态调整、快照、链接复制、精简配置等功能。

③ 网络虚拟化：将服务器网卡等物理网络资源抽象为逻辑资源，并将网络设备功能软件化，实现网络资源的灵活调度，包括虚拟网卡、虚拟路由器、子网、虚拟私有网络等功能。

④ 云计算资源调度管理：主要负责资源管理和自动资源发放，将电子政务公共平台中用户可见的资源统一管理，并实现虚拟机的自动化部署。具体包括物理、虚拟等基础资源的管理，多集群资源（资源池）的管理等功能。

⑤ 运行管理：维护电子政务公共平台操作系统正常运行所需的辅助功能，包括监控管理、告警管理、日志管理、用户及权限管理等。

电子政务公共平台操作系统还应支持功能组件间的消息队列要求、系统可靠性要求、开放性要求和兼容性要求等要求。

1　SSD（Solid State Disk，固态硬盘）。

2　SATA（Serial Advanced Technology Attachment Interface，串行先进技术总线附属接口）。

3　SAS（Serial Attached SCSI，串行连接小型计算机系统接口）。

5.3 功能要求

5.3.1 资源抽象

资源抽象对应计算虚拟化、存储虚拟化和网络虚拟化，要求如下。

（1）计算虚拟化

计算虚拟化应支持 CPU、GPU、内存等硬件资源的虚拟化；支持 GPU 直接关联虚拟机功能和 USB 直接关联虚拟机功能；支持物理 CPU QoS 控制，包括 CPU 对多个虚拟机分配比例，CPU 资源上限和下限；支持物理内存 QoS 控制，包括内存对多个虚拟机分配比例，内存上限和下限；支持虚拟机资源隔离，包括 CPU、内存、内部网络和磁盘 I/O 等。

（2）存储虚拟化

存储虚拟化支持存储的精简配置功能；支持存储 I/O 控制，包括但不限于限制磁盘读写上下限；支持虚拟磁盘快照和虚拟磁盘回收功能；支持将物理存储设备直接挂载给虚拟机；应支持共享卷功能；支持磁盘数据彻底删除功能，数据不可恢复。

（3）网络虚拟化

网络虚拟化支持物理网卡虚拟化功能；支持对虚拟网卡设置流量 QoS 限制；支持物理网卡直接关联虚拟机功能；支持分布式虚拟交换机功能；支持虚拟机 IP 与 MAC 绑定；支持 IPv4 和 IPv6 双栈功能；支持虚拟负载均衡、虚拟防火墙功能；支持虚拟机网络隔离；支持虚拟端口广播/组播限速，避免安全攻击；应支持 VLAN 或 VxLAN。

5.3.2 资源调度管理

资源调度管理包括对计算资源、存储资源和网络资源的调度管理，此外，还应包括集群（资源池）的调度管理。

（1）计算资源调度管理

计算资源调度管理支持虚拟机的生命周期管理，包括创建、启动、关闭、重启、挂起、休眠、恢复、删除等；支持虚拟机模板的生命周期管理，包括模板创建、删除、修改，通过模板创建虚拟机等；支持基于模板批量部署虚拟机；支持调整虚拟机的虚拟 CPU 个数和内存大小；支持提供满足不同业务需求的虚拟机和物理机资源；支持虚拟机标签管理功能，提供不同 SLA 能力的虚拟机资源；支持根据应用需要，虚拟机可部署在同一台服务器或者不同服务器上。

（2）存储资源调度管理

存储资源调度管理支持虚拟磁盘的生命周期管理，包括创建、删除、挂载、卸载；支持在虚拟机运行和关机状态下，增加和减少虚拟机的虚拟磁盘数量；根据用户需要提供不同 I/O 性能的虚拟卷；支持集中式存储、分布式存储等多种存储方式；支持虚拟磁盘的快照功能；提供多种虚拟机备份方式和支持多种备份策略设置，包括全量备份、增量备份和差异备份；支持设置备份数据的保留时间；应支持备份策略的优先级。

（3）网络资源调度管理

网络资源调度管理支持在虚拟机运行和关机状态下，增加和减少虚拟机的网卡数量；支持子网池、VLAN 资源池、MAC 资源池、安全组等网络资源的管理能力；支持子网内提供动态主机配置协议（Dynamic Host Configuration Protocol，DHCP）服务器功能；支持用户自定义路由；支持对不同网络平面带宽进行控制；支持跨云 VPC[1] 功能，同一个 VPC 内部的子网三层自动互通。

（4）集群（资源池）资源调度管理

集群（资源池）资源调度管理支持自动或手动配置集群资源调度策略；支持资源调度策略的定制化功能；能够根据应用负载变化、配置策略等自动实现集群资源的动态调整；支持对集群资源按照性能、可靠性等维度进行标识和组合，以满足业务的不同需求；支持计算、存储、网络资源的统一发放和调度；支持虚拟资源与物理资源的统一发放和调度；支持管理节点数据的自动和手动备份；支持传输层和应用层的负载均衡能力；支持负载均衡的健康检查。

5.3.3 消息队列

消息队列应支持异步消息通信机制；能够根据业务需求提供消息持久化、消息确认机制；提供消息的高并发处理能力，吞吐量和时延满足业务需求；能够提供灵

---

1 VPC是公有云上自定义的逻辑隔离网络空间。

活的任务分发机制，且队列集群易扩展；应支持多种编程语言。

5.3.4 可靠性

可靠性支持在管理节点或计算节点出现故障时记录关键信息，用于后续故障定位；支持在业务不中断的情况下，虚拟机在集群内不同物理机之间的迁移；支持虚拟机跨云迁移，迁移完成后租户不需要进行任何配置即可运行，网络配置不变；支持虚拟机高可用性集群机制；支持通过集群或主备部署等方式提升系统可靠性；支持虚拟网络路径冗余；支持管理数据的同步和备份，确保数据不丢失；支持网络分平面通信，单个平面发生故障不影响其他平面正常工作；提供对系统关键数据进行自审计和恢复的能力；支持多种审计方式，包括定时审计、手动审计等。

5.3.5 开放性

开放性应支持提供多语言软件开发工具包，供用户进行二次开发；支持提供统一的北向 API，支持对不同云资源进行统一管理操作；支持第三方软件系统和硬件设备的对接。

5.3.6 兼容性

兼容性应兼容主流的虚拟化软件；兼容市场上主流的 Windows 和 Linux 操作系统，并提供兼容性列表；兼容市场主流的服务器，并提供兼容性列表；兼容市场上主流的存储设备，并提供兼容性列表；兼容市场上主流的网络设备，并提供兼容性列表。

5.4 运行管理要求

5.4.1 监控管理

监控管理的要求如下。

① 应提供对用户使用资源情况的监控功能，包括 CPU、内存、虚拟磁盘、IP 等。
② 应支持应用监控功能。
③ 应支持查看监控历史数据。

5.4.2　日志管理

日志管理应支持电子政务公共平台操作系统记录统计数据和运行数据；支持日志的集中收集和存储，能够限定电子政务公共平台操作系统的日志只能被授权用户访问。

5.4.3　自动化运维

自动化运维能够支持自动化安装部署、升级工具；实现系统健康检测自动化；提供故障信息采集工具；支持应用自动部署功能；支持电子政务公共平台操作系统和虚拟机操作系统的版本及时更新；支持提供基于 Web UI 的向导式安装工具，实现系统部署的易用性。

5.4.4　用户及权限管理

用户及权限管理应提供用户创建、删除、修改、锁定、解锁、密码重置等功能；支持系统管理员、安全管理员、安全审计员三员分立的权限管理模式；支持管理员角色的增加、删除、修改、查询功能；支持管理员分权分域的管理；支持电子政务公共平台操作系统的单点登录功能；支持电子政务公共平台操作系统的登录密码满足客户业务的安全需求；支持提供统一的鉴权机制，同一用户可以在不同云上进行资源发放和查看；支持统一的角色管理，同一角色在不同云上的权限一致。

第 6 章

基于云计算的电子政务公共平台的数据管理

6.1 概述

基于云计算的电子政务公共平台数据管理技术是结合云计算、大数据的管理技术特征，同时规范公共平台数据管理核心要素，并兼顾、引导传统数据管理技术逐步转化为云数据管理技术。

基于云计算的电子政务公共平台数据管理是对平台现有的数据采集、数据存储、数据服务全过程进行统一的数据管理、质量管控，并且通过标准的云平台技术下的交换共享服务模式，实现政务数据在公共云平台上的统一存储、统一维护和灵活服务，提升政务现有数据的安全存储和高效使用等能力，更加深入地进行数据挖掘等工作。

电子政务公共平台数据管理技术包括数据管理中的数据采集、数据存储、数据集成、数据处理和数据服务5个过程环节的技术，以及数据管理目录、数据交换共享和数据质量管理3个通用支撑技术。

6.2 数据采集技术要求

数据采集技术是指依照公共平台管理和服务范围内政务信息用户的需求，从电子政务公共平台或者接入公共平台的有关信息源或载体内对各种形态的政务信息（包括政务业务应用、物联网、互联网等）进行发现、定位、采集、提取并加以聚合和集中管理的技术。

6.2.1 采集对象管理

采集对象是指能提供自描述功能的有效数据源，所有接入的数据源需要有唯一标识、所属单位、数据内容、数据格式、更新频率、接口方式、通信机制等；采集对象应支持服务化，支持 XML、JSON 等数据格式，Web 服务应支持 WS-Security 安全相关规范；采集对象支持结构化数据、非结构化数据、半结构化数据和 GIS 数据等形态。

对于采集对象的组织管理，可按服务使用机构的组织机构、业务应用等不同方式进行分类管理；也可依据不同对象数据的重要性及敏感程度划分不同的级别，实行分级管理；能够提供对采集对象的查询/检索功能。

对采集对象实现全生命周期管理，包括采集对象的注册、发布、使用授权、变更、注销等。

数据采集对象管理框架应具备扩展能力，以适应多种采集接入和信息存取方式适配；能够提供异构数据源的接入与适配能力，可实现数据格式的转换，数据格式应支持 XML、JSON 等方式。

电子政务公共平台的数据采集技术可以对采集对象的采集频度、数量、类型等进行管理，提供数据生产方与使用方一对一、一对多、多对多的绑定功能，提供绑定生成、绑定变更、绑定解除等功能，支持数据源管理模型的扩展能力，以便适应多种新型的信息存取方式。

6.2.2 采集监控管理

电子政务公共平台数据采集技术能够提供对多种对象的监控：监控采集网络运行状态，即采集对象网络通断情况监控；监控采集对象，包括采集对象运行状态、负载情况监控；监控采集任务执行情况，能实时了解任务执行时间、采集数据量、采集数据大小、空间使用情况和内存使用情况；还能够提供监控采集任务队列情况。

电子政务公共平台数据采集技术不仅能提供异常情况预警，包括采集任务执行失败、采集节点状态异常、网络情况异常等，对采集异常情况进行采集任务追溯；还能提供服务使用机构可定制的监控预警能力，异常时可提供多种预警方式，例如电子邮件、短信、即时通信、智能终端 App 等。

电子政务公共平台数据采集技术支持高级别权限的服务使用机构手动控制采集任务的执行过程；监控数据采集不影响采集任务正常执行，应可以灵活定义监控数据采集策略，包括采集对象、采集时间段和采集频率等；对于高级别数据采集对象，能提供告警响应和自控采集功能。

6.2.3 采集传输管理

数据采集传输应支持电子政务公共平台上不同节点之间的可靠传输；支持HTTP/HTTPS/JMS、FTP、XMPP等多种传输通信协议；支持单点对单点、单点对多点传输实现方式。

数据采集传输应支持基于消息和文件的传输方式。消息传输应支持异步和同步消息传输机制，具备低时延（实时/准实时）、高并发的消息传输能力；文件传输支持大规模文件传输和数据压缩、解压机制。

数据采集在传输中应提供可靠的数据传输机制，例如断点续传和加密等机制，确保传输数据不丢失、不泄露，保障数据传输前后的一致性。

数据采集传输宜提供实时传输数据的复杂事件处理能力，支持基于时间序列的流式数据的处理，支持对内存中动态数据的计算分析，可提供数据的聚合、分组、关联、计算、模式识别等功能，以便实时跟踪和分析采集数据流中的事件信息，并及时通知相关应用系统进行后继处理。

6.2.4 采集统计管理

采集统计管理通过统计采集过程和结果，让服务使用机构了解采集的具体情况。采集统计管理应提供一系列统计报表，包括采集任务运行情况报表、采集任务资源使用情况统计报表、采集任务资源使用情况统计报表、采集任务资源使用情况统计报表等；能够按照需要输出不同格式的报表，报表统计过程应不影响采集任务运行；在实际统计中，宜支持自定制的统计周期，包括日报、周报、月报、年报、实时报等。

此外，采集统计还能够提供采集任务异常事件情况功能，提供手动统计、按方案自动统计功能；提供各种图表展现形式并支持动态定义统计指标。

6.3 数据存储技术要求

在云计算电子政务公共平台环境下，针对数据的非确定性、分布异构性、海量、动态变化等特点，采用分布式数据管理技术对数据存储进行有效管理，为向用户提供高效的服务奠定基础，数据存储技术应具有低耦合性、实用性、准确性、低消耗、低干预、可扩展性；提供具有伸缩性的体系架构，满足云计算平台不断演变的需求；能够支持 PB 级的大数据存储。数据存储技术包括存储调度、存储监控、存储管理和存储备份 4 个方面。

6.3.1 存储调度要求

数据存储技术支持存储调度，根据服务使用机构需要，有计划地规划和自动执行存储节点的迁移、扩容、复制、更改、删除等操作；在存储过程中，能够提供智能化的存储资源调度管理策略，可以根据不同任务需求和调度模型，实现云服务动态调度机制，并将这些基础资源合理、按需地提供给服务使用机构；能够提供满足不同任务需求的存储服务动态调度机制，并通过相应的权限和排队机制进行服务的调度处理，以平衡各类应用压力，优化资源使用；向服务使用机构提供可以按任意的时间间隔（年、月、日、时、分、秒等）自动调度的功能；支持副本调度策略。

6.3.2 存储监控要求

数据存储技术支持存储监控，能够根据存储需要灵活地配置数据监控内容和监控策略；能够提供存储状态监控，包括对基础软硬件进行状态监控和性能监控；提供所有虚拟化平台内的虚拟机当前状态，可以实时监控开 / 关机状态、网络使用状态等；提供监控物理资源，例如网络、硬盘使用、内存使用、CPU 使用量等多项指标，为资源进一步优化提供支持。

存储监控应提供多种监控方式，包括监控数据的种类、格式、获取方式，针对不同数据的特性，从云平台用户角色和服务层次两个角度，使用具有层次性和扩展性的监控组件；应提供监控、追踪和关联分布式文件系统各部件运行过程中所执行的特定操作，应支持分布式文件系统运行时的行为，支持直观了解和分析系统当前的运行状况和执行过程，快速有效地定位问题根源和系统设计中的问题。

存储监控能够对运行在分布式计算框架中的作业任务进行监控；能够提供对分布式文件系统的监控，监控信息包括节点信息、文件 / 数据块分析、文件历史操作、数据块操作历史、文件 / 数据块排名等。

6.3.3 存储管理要求

存储管理能够满足电子政务公共平台中存在的不同类型的客户需求，应能为不同用户提供不同级别的数据存放策略；能够提供文件存储分级功能，例如单机级、跨服务器级、跨机柜级及跨数据中心级；对于分块存储的小型文件，采用单机级存储策略，而对于具有安全性要求的文件，提供跨机柜级甚至是跨数据中心级的存储策略。

存储管理能够为单个服务使用机构提供独立逻辑数据存储空间，必须保证各用户之间的数据不可见，确保多用户之间的数据隔离机制。

存储管理能够提供多种数据融合的功能，融合模型与模型的复杂度无关，能将两种以上的不同数据模型融合成一种新的数据模型，新的数据模型应能最大程度地包容原数据模型，并支持将不同数据模型的数据向新的数据模型转换，例如，可以从复杂的数据模型向简单的数据模型融合，可以从简单的数据模型向复杂的数据模型融合，或者类似数据模型的相互融合。数据融合的结果和源数据可以存在一定程度的差异。

存储系统应提供自动分层和精简配置等提高存储效率的工具，提供数据导入、导出和迁移等功能。

6.3.4 存储备份要求

存储备份支持实例运行的容错机制，支持多实例并行运行，任一实例宕机不会影响应用的可用性，系统自动完成运行实例与数据的恢复。

存储备份支持集中控制的云环境多节点数据并行备份，对不同的数据实例制定具体的数据备份策略；支持系统提供错误的监控机制，对于故障采取自动迁移，采用多备份来确保数据的安全性，系统达到高可用性。

此外，存储备份支持的一般性功能包括镜像备份、灾难恢复和裸机恢复、备份负载与应用程序分离、源端重复数据消重、备份数据压缩存储和异地备份。

6.4 数据集成技术要求

数据集成技术提供面向多租户的 ETL 服务，即数据抽取、数据转换、数据加载服务，同时提供用户自主使用的 ETL 开发配置和监控管理服务，帮助用户将批量异构的数据集成到统一的存储管理系统，以便完成进一步的数据挖掘和分析。

6.4.1 数据抽取要求

数据抽取支持对结构、半结构和非结构等不同类型数据源的数据进行抽取，必须支持主流安全可控数据库系统和数据仓库系统。

抽取模式上支持全量抽取、增量抽取、基于日志的抽取等抽取模式；数据抽取功能具备扩展能力，可以支持对 NoSQL 这种非关系数据库的抽取；数据抽取的数据格式及抽取流程支持服务使用机构自定义配置。

6.4.2 数据转换要求

数据转换提供数据校验的功能，例如空值检测、长度检查、数值范围检查、正则表达式校验等；能够提供多种数据表的转换功能，例如字段值替换、值映射、一列拆多列、一列转多行、行转列、记录合并、记录排序、去除重复记录等；提供数据运算处理功能，例如求和（sum）、求最大值（max）、求最小值（min）、求平均值（avg）等；提供基于代码映射的自动转换功能；可支持数据的计算、清洗、比对服务，排除错误、重复、不完整的数据。

6.4.3 数据加载要求

数据加载能够对可支持常见关系数据库、数据仓库的数据加载，必须支持主流安全可控数据库。数据加载应具备扩展能力，可以支持非关系数据库的加载，例如 NoSQL。

6.4.4 ETL 开发配置要求

ETL 开发配置应提供可视化图形操作界面，支持中文界面；能够提供大量的 ETL 流程可视化组件，例如序列组件、常量组件、随机数组件、资源校验组件、系统信息组件、延迟组件、测试组件、计算器组件等，可以通过拖拽方式来组装成

ETL 流程；ETL 可视化组件应具有扩展能力。

6.4.5 ETL 监控管理要求

ETL 监控管理提供监控管理功能，能够对数据处理状态进行实时监控，包括每个组件处理的记录数和异常数，并且可以评估单个组件处理数据的性能指标和整个处理流程的性能指标。

ETL 监控管理具有完整的日志管理功能，提供对监测数据的查询功能。用户可以通过多种途径（按创建时间、按作业类型、按运行时间等）查看上述监测结果的详细信息。

ETL 监控管理具有监控预警机制，预警内容、警戒值可由用户配置，预警方式可支持邮件预警。

ETL 监控管理提供多种调度机制和异常恢复机制，支持自动和手动恢复，支持从异常点处继续开始流程，以保证数据的完整性。

6.5 数据处理技术要求

数据处理技术主要指为满足电子政务应用需求而提供的对数据的多种技术处理手段。

6.5.1 数据分析要求

电子政务公共平台除必须提供常规数据分析、OLAP 数据分析（对数据进行聚集、汇总、切片和旋转等）服务功能外，还应根据所管理数据的规模和实际业务需求提供大数据特征的数据分析和预测分析服务，这些分析服务具有良好的扩展性、容错性和大规模并行处理特征，可以满足电子政务的智能性分析预测的需求。大数据分析服务应面向电子政务应用，对电子政务数据从微观、中观乃至宏观层面进行统计、分析、综合和推理，以指导实际问题的解决，发现实体、事件间的相互关联，利用已有的数据对未来的活动进行分析和预测。

数据分析应支持海量数据挖掘，满足政务部门单位 TB、PB 级数据分析需要；

支持基于 Hadoop HDFS、MapReduce、HBase、Hive 等分布式并行处理技术的大数据存储、分布式计算框架，灵活处理分布式挖掘分析应用。

数据分析应支持内存计算，利用更大的内存资源，实现实时分析；应支持列存储技术，提供高效的数据检索性能和更小的磁盘存储消耗；应支持库内计算技术，充分利用数据库自身的优势计算并分析数据；应支持数据分析所需要的算法库，适用于解决不同类型的问题，包括聚类算法、关联算法、时间序列算法、特征选择算法等。

数据分析结果应满足多种形式的输出，分析结果可导出数据、分析结果可生成多种格式的报表、分析结果可通过门户发布到 Web 页面、分析模型及分析结果可与现有应用系统无缝集成等。

数据分析算法应具有良好的可扩展性，通过二次开发接口，可快速集成电子政务数据分析所需要的其他类型或专业算法模型。

数据分析应能够提供电子政务所特有的基础数据分析服务。

6.5.2 数据展现要求

电子政务公共平台通过统一的数据门户提供数据展现的有关功能，将各类数据以图形、图像、动画等更为生动、易于理解的方式展现出来，诠释数据之间的关系和发展趋势，以期更好地理解、使用数据分析的结果。通过数据展现服务可以更直观生动地展示与电子政务有关的地理、人口、法人、就业、税收等变化情况。将错综复杂的数据和数据之间的关系，通过多种图形模式表达出来。

数据展现提供统一的数据服务门户来引导用户访问数据；提供数据展现模板功能，模板要求具备继承和整合的能力。

数据展现提供界面展现服务和展现数据接口服务两种形式。界面展现服务应具备较好的兼容性，能兼容不同的展现工具和数据格式；展现数据接口服务应保证高效的数据输出，应能输出包括 XML、JSON 在内的多种数据类型。

数据展现具备与服务使用机构的交互能力，包括交互变形、交互移动等；能通过缓冲、内存计算、压缩传输等方式保证数据展现具有友好的响应速度和服务使用体验。

数据展现支持结构数据（包括多维分析数据）、半结构数据、非结构数据、GIS 数据等不同数据类型的数据展现服务，具体如下：

① 结构数据应支持丰富的几何图展现方式，例如仪表盘、饼状图、柱状图、曲线图、曲面图、雷达图等多种交互式图表。

② 半结构数据应支持不同类型的展示与解析统计能力，例如常用的 xls、csv、html、txt 等类型。

③ 非结构数据应支持分类与数据浏览功能，例如音频、视频等。

④ 支持主流安全可靠 GIS 平台数据展现，包括 GIS 相关的矢量数据、栅格数据等。

数据展现支持良好的可扩展性，通过二次开发接口，可快速实现电子政务数据展现所需要的类型数据和可视化技术，支持以下应用展现形式。

① 报表展现：支持专业报表、即席报表、企业级复杂报表等多种报表形式。

② 数据分析展现：支持假设分析、多维分析等高级应用。

③ 数据挖掘展现：提供分类、聚类、预测分析、神经网络、关联规则等多种算法组件和相关可视化展示图表。

6.6 数据服务技术要求

电子政务公共平台应提供数据管理的服务技术，方便各部门用户管理、处理和共享所需的各种数据资源。

6.6.1 数据服务发布要求

数据服务的发布应提供服务化的访问方式，支持多种方式的接口封装形式，例如采用 Web 服务或 RESTful Web 服务形式。

数据服务的发布应提供多用户的访问机制，以便不同部门的用户租用到相互隔离的独立的服务实例。

数据服务的发布应提供服务属性的描述机制，属性描述应包括服务的唯一标识符、服务名称、服务基本说明、服务提供机构、服务访问地址、输入/输出数据格式、传输协议等信息。

数据服务的发布应提供服务的注册和发布机制，提供数据服务的编目功能，形成数据服务目录，用户可注册需要发布的各类服务，可根据用户的组织机构、业务应用、服务功能等不同维度进行分类管理，以便用户检索和查询服务资源。

6.6.2 数据服务访问要求

数据服务访问应支持身份鉴别功能，支持电子政务 CA 证书及用户账号和用户密码两种验证方式，验证结果可以返回身份信息或令牌信息。

数据服务访问应支持权限管理功能，可根据用户身份、部门、角色等多种方式，分配服务的访问权限，并能根据服务请求者的身份，确定请求者的访问权限。

数据服务访问的权限应包括可发现权限、可使用权限和可控制管理权限 3 个层次。

数据服务访问应提供服务的查询、导航功能，根据指定的查询条件，返回符合条件的某一注册服务属性信息或一系列服务属性信息的集合。查询条件应支持精确及模糊条件，应支持单一关键字、组合关键字的条件。

数据服务访问应提供服务的使用管理功能，可接受和记录用户的服务访问申请信息，设置或修改用户的服务访问权限。应提供服务使用的查询功能，可以查出某服务的使用者，也可查出某使用者使用的服务。

6.6.3 数据服务变更要求

数据服务变更应提供数据服务变更的管理功能，当服务提供机构对服务进行升级、暂停、废弃等操作时，可记录服务变更的原因和内容，发布服务变更消息或通知服务使用者。

数据服务变更应提供数据服务注册信息的版本管理功能，可以保留服务注册的不同版本，并可以根据用户需要，恢复到历史版本。需要时，可支持不同版本服务的并行。

数据服务变更应提供数据服务变更通知机制，当发生服务变更事件时，调用指定的通知机制，例如服务变更事件的发布/订阅、电子邮件通知等，通知服务使用者。

6.6.4 数据服务监控要求

数据服务监控应监控服务运行的状况，可获取服务运转的关键性能指标及其事件信息，主要内容包括但不限于以下情况。

① 获取服务启用状态：服务当前的启用、暂停、废弃的状态。

② 获取服务运行状态：已启用接受服务请求并做出响应的状态，例如当前服务中会话请求的并发数量，服务调用请求的接受、排队、处理、拒绝、出错等信息，某时段内服务吞吐量，服务响应的最大时间、最小时间及平均时间等。

③ 获取服务事件信息：调用某服务时出现的各种出错、异常、告警等事件信息。

数据服务监控应提供服务的配置功能，可完成对服务的参数配置、启动、停止等操作，主要内容包括但不限于以下情况。

① 配置度量参数：配置所需捕捉的服务度量参数。

② 配置访问策略：配置服务访问的优先级、并发量控制等策略参数。

③ 启动服务：将服务置于运行状态。

④ 停止服务：将服务置于停止状态。

⑤ 日志管理：提供处理和记录服务的运行状态的日志。

⑥ 事件管理：提供对捕捉事件的处理、通知、存储、审计等功能。

数据服务监控应提供服务的统计功能，可生成服务访问的统计报告，可提供服务的访问次数、访问时间分布、服务响应时间、服务调用的成功/失败比、服务吞吐量情况等方面的统计结果。

6.7 数据管理目录技术要求

数据目录服务技术应按照 GB/T 21063—2007《政务信息资源目录体系》系列标准进行目录的各项功能设计，并按照公共平台规范要求对各功能进行服务化设计。

6.7.1 目录技术要求

电子政务公共平台提供的目录服务系统应按照多用户的模式，不同服务使用机构可以申请逻辑独立的目录服务；提供自动目录生成功能，目录生成应支持积累式生成和增量式生成等，也可以通过对元数据的管理自动实现目录的生成与使用。

目录技术支持自动建立相关对象目录，包括自动建立数据采集对象目录、自动建立数据存储目录、自动建立数据服务目录等。

目录技术应提供目录缓存功能，快速响应服务使用机构的使用需求。

6.7.2 元数据采集技术要求

部署或迁移到电子政务公共平台上的政务应用系统应具有数据属性描述，支持自动采集元数据的功能，便于电子政务公共平台对数据的元数据进行管理维护。

提供根据元数据模型或元数据自动识别和自动关联关系的功能，便于元数据的共享重用或目标数据的自动发现。

在实际运行中，元数据采集功能应能以服务的方式提供。

6.7.3 元数据存储技术要求

电子政务公共平台提供元数据库，用于元数据的持久化存储及维护，元数据库应支持数据库管理系统、文件系统等不同物理存储方式。

电子政务公共平台提供元数据缓存，用于元数据的高效使用；应采取相关同步策略和同步过程，确保元数据在缓存与持久化存储之间保持一致。

元数据库应提供存取接口，以获取系统信息、版本信息，以及库中建立的不同服务使用机构的逻辑存储空间信息；元数据库应支持逻辑存储空间的隔离能力，以便为不同政务服务使用机构或应用系统划分不同命名的逻辑存储空间；元数据库应支持逻辑存储空间管理，支持创建和删除逻辑存储空间，支持对多逻辑存储空间的操作；逻辑存储空间中应支持树状结构元数据的存储，以适应电子政务应用中常见的部门结构、资源目录的组织形式。

6.7.4 元数据查询技术要求

元数据查询应提供对元数据、元数据统计情况、元数据使用情况、元数据变更情况、元数据版本和生命周期变化情况等信息的查询；查询支持类 SQL 查询语言，以便服务使用机构或业务应用系统采用熟悉的关系数据库访问方式，以多种方式查询元数据库的各种类型对象及属性。

元数据查询支持对文本类数据类型的全文检索功能，提供查询结果的对象元组集的过滤、排序等功能，查询结果应至少支持对象视图和表格视图两种报告组织形式，应支持查询结果的分页组织功能。

查询功能应受到服务使用机构操作权限限制，如果会话没有对元数据库中某部分内容操作的权限，那么这部分内容不会被查到。

6.7.5 元数据变更控制技术要求

元数据变更支持变更通知功能，当元数据库中服务使用机构的逻辑存储空间的持久化内容变更时，应用程序或服务使用机构可以接收到变更通知。

元数据变更支持版本管理功能，对不同时期进入元数据库的同一实体的元数据进行版本和内容区分。基本功能要求是能够显示同一实体的元数据的修改历史，并且能够对单个元数据版本进行管理操作，具体如下。

① 创建新的版本，提交新版本内容，添加、查询、删除版本的标签，查询版本历史，恢复指定版本，删除版本，版本分支与合并等。

② 版本操作应支持事务回滚，即当事务回滚时，版本操作也可回滚。

③ 支持元数据操作/修改的加锁功能，可使一个服务使用机构临时性防止其他服务使用机构修改一个元数据或一组元数据的内容。

元数据变更提供身份鉴别功能，可根据服务请求者的身份信息或令牌信息，鉴别请求者的身份。

元数据变更支持权限控制功能，包括以下内容。

① 权限发现：确定一个服务使用机构在一个对象上的权限。

② 赋予访问控制策略：用访问控制策略指定一个服务使用机构在一个对象上的权限。

元数据变更应提供基于流程的元数据管理能力，以便服务使用机构管理和跟踪元数据的整个生命周期状态；元数据写入操作应提供事务与回滚功能，即只有当事务提交时才向存储层进行持久化写入操作，而当写入失败时，可以进行回滚。

6.8 数据交换共享技术要求

数据交换共享技术在 GB/T 21062—2007《政务信息资源交换体系》系列标准要求的功能基础上，实现交换共享功能的服务化，并实现政务云平台内部应用系统间及政务云平台内部、外部应用系统间的交换服务。

6.8.1 数据交换共享技术要求

数据交换共享支持电子政务公共平台的多服务使用机构管理功能，为不同服务使用机构提供逻辑上独立的软件运行环境和数据交换存储区，提供安全访问控制机制，确保不同服务使用机构交换流程和数据存储的隔离。

数据交换共享支持电子政务公共平台的控制中心与前置系统的数据交换模式，为不同数据存储区提供前置适配的共享交换功能，确保数据共享交换的安全访问控制；交换共享服务应能以服务的方式提供。

6.8.2 数据交换共享监控技术要求

数据交换共享监控提供面向服务使用机构的数据交换监控服务，服务使用机构可监视其租用的电子政务公共平台数据交换环境，掌握虚拟机 CPU、内存、存储、网络通信的状态，监视其配置的电子政务公共平台数据交换流程的执行情况，获取告警和事件信息。

数据交换共享监控提供面向服务使用机构的数据交换管理服务，服务使用机构可以进行交换流程的启动、停止等管理操作，并配置交换流程的运行参数等。

数据交换共享监控提供电子政务公共平台的统计服务，对监控信息提供基本统计功能，用于评价电子政务公共平台数据交换的运行效能。

数据交换共享监控提供特定交换流程的状态信息，包括交换流程是否阻塞、等待交换数据条数、当前的交换速度、一定时间段内交换数据的总条数及总字节。

6.9 数据质量管理技术

6.9.1 数据质量指标管理技术要求

数据质量指标管理提供数据质量指标的定义、升级、废除和归档等功能；提供数据质量可度量性指标，且能够在离散值域范围内量化。

数据质量指标管理提供数据认责功能，当数据质量指标证明数据质量不能满足要求时，应通知平台服务的提供机构，并安排执行适当的纠错任务；提供对定义数据质量指标符合度的跟踪机制,确保对数据质量的可持续预测。

6.9.2 数据质量规则管理技术要求

数据质量规则管理支持数据质量规则的定义、执行、结果反馈管理;支持 SQL 命令、谓词逻辑、正则规则、字典规则和值域规则等形式;支持批量导入和交互输入的质量规则形成方式;支持对规则的语法正确性进行检查和结果反馈,对不正确的规则进行更正编辑;支持对数据特征、特征属性及特征关系存在或不存在等属性的数据完整性管理;支持对数据结构、数据格式和属性编码正确性、拓扑关系等的数据一致性管理;提供数据唯一性、数据时效性和数据异常值等检查规则管理。

6.9.3 数据质量检测技术要求

数据质量检测支持根据数据质量规则进行定量检测和分析的功能;检测过程中,支持多种分析形式,例如单列分析(例如列值关键特征分析、最大值、最小值、均值分析)、跨列分析(例如不同列值之间的关联性分析、依赖分析)、跨表分析(例如不同实体之间的外键关系重合值分析);支持向下钻取实现对数据质量的进一步调查分析。

数据质量检测支持数据质量规则在整个数据集的数据验证、评估频率分布和相应的度量;支持数据质量分析结果形成、图形展现和检测报告;支持测量和监控数据项对数据质量规则的符合度进行评估,并根据数据的服务等级协议的要求,提供纠正数据错误的建议和操作手段。

数据质量检测支持流动式和批量式两种控制方式,实现对数据创建处理时可持续的数据质量检测和对永久存储数据的批量检测。

6.9.4 数据质量评估技术要求

数据质量评估通过对全部数据进行扫描或抽样检测,测量数据集对数据质量业务规则的满足程度,使用数据质量检测工具提供检测服务,收集并形成评估检测成果。

数据质量评估能通过评审数据质量事件所反映的问题,跟踪错误数据的血缘关系、诊断问题的类型及其起源、确定问题潜在的根源,形成处理数据质量问题的可选方案;能定期形成数据质量管理运行过程和执行结果的报告,并具备这些报告的发布机制。

第 7 章

基于云计算的电子政务公共平台的应用部署和数据迁移

7.1 概述

电子政务公共平台统一承载资源、提供服务，接受服务使用机构的应用申请，按需为其配置所承载的资源和所提供的服务，满足服务使用机构部署应用和迁移数据的需求。

为满足服务使用机构的应用需求，电子政务公共平台应提供应用部署和数据迁移服务。应用部署服务保证服务使用机构在电子政务公共平台上进行服务选择、应用组装和应用生成。数据迁移服务包括数据迁入和数据迁出两个基本过程。

7.2 应用部署

应用部署利用电子政务公共平台提供各类服务，实现应用在电子政务公共平台上的加载运行。应用部署应包括服务选择、应用组装和应用生成3个基本过程。

① 服务选择过程：为形成所需服务清单，至少包括服务的查询、体验和选择等活动。

② 应用组装过程：为形成待部署的应用，至少包括将相关服务进行个性化配置、组装及验证等活动。

③ 应用生成过程：为形成可访问的应用，至少包括将待部署应用置于所需的运行环境、实现应用发布和后期的运行保障等活动。

为了完成应用部署，上述3个基本过程分别包含不同的应用部署活动。

服务选择过程包含以下应用部署活动。

① 查询活动：查询所需服务的基本信息，基于电子政务公共平台提供的多种检索方式查出服务的基本信息，至少包括服务的名称、使用情况、服务提供机构等。

② 体验活动：体验服务的基本能力，基于电子政务公共平台提供的多种体验方式对服务进行体验，至少包括使用说明、服务保障、使用记录、使用评价及试用等。

③ 选择活动：选择所需服务，将满足需求的服务加入服务清单，并分类管理服务清单。

应用组装过程包含以下应用部署活动。

① 配置活动：为服务清单中的服务配置相关的资源和服务，生成服务清单中服务的配置定义，至少包括运行环境、运行参数、数据及服务间互操作等。

② 组装活动：组装服务清单中的服务，将服务清单中的服务装配成应用，至少包括能进行服务的分类展现、应用的样式及布局调整的图形化用户界面。

③ 验证活动：检验应用的正确性及有效性，在应用部署完成后验证所生成应用的正确性及有效性，至少包括预览等临时检验方式。

应用生成过程包含以下应用部署活动。

① 发布准备活动：配置应用运行环境，准备所需的运行环境并将待部署的应用置于运行环境中。

② 发布活动：生成可访问应用，完成应用在电子政务公共平台上的信息注册，并取得应用的访问地址。

③ 运行保障活动：维护应用的运行，完成对应用的运行监控和故障修复，至少包括对运行资源的使用情况、用户访问量、网络流量等的监控。

为了完成上述3个基本过程，电子政务公共平台应提供必要的基本应用部署服务，与应用部署活动相对应。

在服务选择过程中应提供的基本应用部署服务包括以下内容。

① 服务仓库服务：应具备所有候选服务的管理能力，至少包括服务的分类、服务的展现及统计分析等。

② 服务查询服务：应具备多种方式的服务查询能力。在查询结果中必须显示服务的基本信息，至少包括服务的名称、使用情况、服务提供机构等。

③ 服务详情展现服务：应提供指定服务的使用说明、服务保障、使用记录、使用评价等具体信息。

④ 服务选择服务：应具备将指定服务加入服务清单并分类管理的能力。

在应用组装过程中应提供的基本应用部署服务包括以下内容。

① 服务运行环境配置服务：应具备服务运行所需资源的配置能力，至少包括计算、存储、网络和安全等资源的配置。

② 服务运行参数配置服务：应依据服务对运行参数的需求，提供运行参数配置界面。

③ 服务数据配置服务：应依据服务对数据的依赖需求，提供数据源的配置界面。

④ 服务互操作配置服务：应依据服务对其他服务的依赖需求，提供服务互操作的配置界面。

⑤ 服务组合推荐服务：应具备不同服务间组合的推荐能力，提供服务组合模板及模板的管理功能。

⑥ 图形化用户界面模板服务：应具备多种终端的图形化用户界面模板管理能力，至少包括计算机、智能手机等终端。

⑦ 图形化用户界面编辑服务：应具备服务在多种终端的图形化用户界面中的嵌入能力，支持图形化用户界面样式、布局等的编辑，支持个性化定制。

⑧ 图形化用户界面管理服务：应具备对应用所需的多种终端的图形化用户界面的管理能力，至少包括新建、编辑、删除、保存、备份等管理功能。

⑨ 应用预览服务：应具备应用所需的图形化用户界面及服务临时运行的能力，提供运行出错的定位功能。

在应用生成过程中应提供的基本应用部署服务包括以下内容。

① 发布准备服务：应具备检测或新建应用所需运行环境的能力。支持将应用所需的图形化用户界面及服务复制到运行环境的指定位置，提供待发布应用间的边界控制和安全隔离等功能。

② 发布服务：应具备应用的发布管理能力，至少包括名称、发布人、发布时间等基本信息，在电子政务公共平台上的注册功能、应用的域名申请与使用功能、应用在多种终端上的访问地址生成功能、应用的访问权限功能，以及对已发布应用的查找功能。

③ 运行保障服务：应具备应用的运行监控和故障修复能力，至少包括对应用的运行状态及资源使用情况的监控管理、故障修复、日志记录、统计分析、灾备恢复和应急响应。

7.3 数据迁移

数据迁移是指应用的数据从外/内部向电子政务公共平台内/外部转移，发挥已有数据的价值。数据迁移应包括数据迁入和数据迁出这两个基本过程。

① 数据迁入过程：为实现数据从外部向电子政务公共平台内部迁移，应至少包

括数据迁移的评估、设计、实施和保障等活动。

② 数据迁出过程：为实现数据从内部向电子政务公共平台外部迁移，应至少包括数据迁移的评估、设计、实施和保障等活动。

数据迁入和数据迁出过程应包括以下数据迁移活动。

① 评估活动：形成数据迁移评估报告。完成对应用数据的评估工作，至少包括对数据现状及增量的评价、估算、分析、审核等。

② 设计活动：形成数据迁移方案。完成对数据迁移的设计和审核工作，至少包括数据迁移的策略、步骤、方法、时间、环境、团队组织和应急措施等内容。

③ 实施活动：形成可访问的数据资源。建立数据迁移环境，完成数据的迁入或迁出工作。

④ 保障活动：保障数据迁移环境和过程的安全可靠。

为了完成数据迁移，电子政务公共平台应提供以下基本数据迁移服务。

① 数据迁移评估报告生成服务：提供数据迁移评估报告模板，至少包括对数据库、日志和备份等数据的类型、容量、增量频率和存储方法等情况的评估，并生成数据迁移评估报告。

② 数据迁移方案生成服务：提供数据迁移方案模板，至少包括数据迁移的策略、步骤、方法、时间、环境配置、团队组织、保障设施和应急预案等内容，并生成数据迁移方案。

③ 数据迁移环境生成服务：依据数据迁移环境配置方案，提供数据迁移的运行环境。

④ 数据导入/导出服务：具备文件系统和数据库之间的数据导入/导出（或装载/抽取）能力，至少包括数据导入/导出的权限及数据范围等参数配置、数据同步、断点续传及数据完整性校验。

⑤ 数据导入/导出监控服务：具备数据导入/导出的实时监控能力，至少包括导入/导出的数据类型、数据内容、地址、剩余时间及异常信息等内容的显示。

⑥ 数据检查服务：具备对迁移数据的多方面检查能力，至少包括数据格式、长度、区间范围、默认值、关联完整性及一致性等检查项。

⑦ 数据清洗服务：具备对问题数据的纠正和删除能力，至少包括应对数据重复、数据残缺、违反业务或逻辑错误等问题情况的能力。

⑧ 数据转换服务：具备异构数据库间的数据导入/导出能力，提供异构数据库间的命名、数据类型和数据模型的转换功能。

⑨ 数据校验服务：保障迁移过程中数据的完整性和正确性，至少提供 SHA256 或 SM3 校验、循环冗余校验等校验方法。

⑩ 数据备份及恢复服务：具备迁移过程中数据的备份和灾难恢复能力，至少提供全量、增量和差分等备份方式。

⑪ 数据迁移安全保障服务：保障数据迁移的安全性，至少对数据迁移环境和迁移过程提供安全保护。

⑫ 数据迁移报告生成服务：提供数据迁移报告模板，至少包括数据迁移配置、数据迁移实施情况以及数据迁移完成情况等内容，并生成数据迁移报告。

第 8 章

基于云计算的电子政务公共平台的服务分类和编码

8.1 服务分类

电子政务公共平台的服务覆盖规划、设计、建设、运行、维护等全生命周期过程，为政务部门提供IT资源服务、运维与部署服务、咨询与设计三大类服务，共分为八小类，包括基础设施服务、支撑软件服务、应用功能服务、信息资源服务、安全服务、应用部署服务、运行保障服务和实施设计服务。

8.1.1 基础设施服务

基础设施服务包括计算服务、存储服务、网络服务、备份及容灾服务、混合云服务5种服务。

（1）计算服务

电子政务公共平台通过弹性云服务器提供计算服务，弹性云服务器应包括虚拟机和物理机。弹性云服务器规格包括处理器规格、内存规格、硬盘规格、操作系统等指标。计算服务目录见表8-1。

表8-1 计算服务目录

服务类型		服务描述	服务规格参考			
			处理器规格	内存规格/GB	硬盘规格/GB	操作系统
弹性云服务器	弹性云服务器（通用型）	提供通用型虚拟服务器服务	CPU核数	内存容量	不要求	操作系统类型
	弹性云服务器（CPU+GPU）	提供通用CPU与GPU组合的虚拟服务器服务	CPU核数+GPU型号	内存容量	不要求	操作系统类型
	物理服务器	提供物理服务器服务	CPU型号	内存容量	硬盘容量	操作系统类型

（2）存储服务

电子政务公共平台通过块存储（云硬盘）、对象存储、文件存储等方式提供存储服务，并支持对政务部门原有存储设备的统一管理。

块存储（云硬盘）服务规格包括容量、读写性能等指标。对象存储服务规格包括容量、网络流量、请求次数等指标。文件存储服务规格包括容量指标。存储服务目录见表8-2。

表8-2 存储服务目录

服务类型		服务描述	服务规格参考			
			容量/GB	读写性能（IOPS）	访问量	
					网络流量	请求次数
块存储（云硬盘）	一级块存储服务	以基于SATA硬盘的读写性能提供的块存储服务	磁盘容量	建议大于1000	不要求	不要求
	二级块存储服务	以基于SAS硬盘的读写性能提供的块存储服务	磁盘容量	建议大于1000	不要求	不要求
	三级块存储服务	以基于SSD硬盘的读写性能提供的块存储服务	磁盘容量	建议大于1000	不要求	不要求
	四级块存储服务	以基于SSD阵列的读写性能提供的块存储服务	磁盘容量	建议大于1000	不要求	不要求
对象存储		以RESTful API形式提供非结构化数据的存储服务	磁盘容量	不要求	下载流量	访问请求次数
文件存储		以文件协议（例如NFS等）访问的方式向用户提供数据文件的持久化存储服务	存储容量	不要求	不要求	不要求

（3）网络服务

电子政务公共平台提供负载均衡、弹性 IP 地址、互联网带宽、专线、VPN、VPC、CDN 等网络相关服务。网络服务目录见表 8-3。

表 8-3 网络服务目录

服务类型		服务描述	服务规格参考
负载均衡	软件负载均衡	对外部访问请求及流量自动分发到多个弹性云服务器，扩展对外服务能力	带宽（Mbit/s）/流量（GB）/服务时长
	硬件负载均衡		不要求
弹性IP地址		为弹性云服务器分配的公网IP地址，可根据需求与弹性云服务器绑定或解除绑定	IP地址数量
互联网带宽		提供访问公众互联网的带宽资源	带宽（Mbit/s）
专线		利用MSTP/传输专线、裸光纤、MPLS VPN等技术提供从本地政务数据中心到公有云数据中心的专用网络连接通道	带宽（Mbit/s）
VPN		利用IPSec等技术提供从本地政务数据中心到公有云数据中心的安全加密传输通信隧道	服务时长
VPC		在多租户的云计算资源池中提供安全隔离的、用户自主配置和管理的网络环境	VPC数量/子网数量
内容分发网络（CDN）		提供CDN服务，使用户就近获取所需内容，降低网络拥塞，提高用户访问响应速度和命中率	带宽（Mbit/s）/流量（GB）

（4）备份及容灾服务

电子政务公共平台提供对弹性云服务器的整机备份服务，包括虚拟机及物理机的备份服务。电子政务公共平台应根据用户要求提供容灾服务，包括同城及异地容灾。备份及容灾服务目录见表 8-4。

表 8-4　备份及容灾服务目录

服务类型		服务描述	服务规格参考
备份服务	虚拟机备份服务	提供虚拟机整机（包括系统和用户数据）的定期本地或异地备份服务	按需
	物理机备份服务	提供物理机整机（包括系统和用户数据）的定期本地或异地备份服务	按需
	卷备份服务	提供对块存储卷的数据本地或异地备份服务	按需
容灾服务	弹性云服务高可用	通过双活机制实现弹性云服务器在遭遇故障、灾害等情况时服务不中断	按需
	同城容灾服务	在同一城域范围内按照用户的数据、应用恢复要求提供灾备服务	按需
	异地容灾服务	在非同一城域范围内按照用户的数据、应用恢复要求提供灾备服务	按需
	容灾演练服务	制定容灾预案，根据需求定期开展容灾应急演练	按需

（5）混合云服务

电子政务公共平台支持本公共平台与第三方公共云服务平台或其他电子政务公共平台构成混合云架构，实现不同平台之间的资源统一管理和按需调度。混合云服务目录见表 8-5。

表 8-5　混合云服务目录

服务类型	服务描述	服务规格参考
公共云混合云服务	实现电子政务公共平台与第三方云平台弹性云服务器、存储、VPC 等服务资源的统一管理和发放	按需
公共平台间混合云服务	实现本电子政务公共平台与其他电子政务公共平台之间弹性云服务器、存储、VPC 等服务资源的统一管理和发放	按需

8.1.2　支撑软件服务

支撑软件包括操作系统、数据库、中间件，因此，支撑软件服务包括操作系统服务、数据库服务、中间件服务和数据分析服务。

（1）操作系统服务

电子政务公共平台在弹性云服务器服务中提供预装的操作系统，并保证操作系统及时升级。

（2）数据库服务

电子政务公共平台提供关系数据库服务和非关系数据库服务，数据库服务的规格包括数据容量、读写能力等指标。数据库服务目录见表8-6。

表8-6 数据库服务目录

服务类型	服务描述	服务规格参考	
		数据容量/GB	读写性能
关系数据库服务	提供商业或开源关系数据库服务	容量	I/O性能
非关系数据库服务	提供商业或开源非关系数据库服务	容量	读写次数

（3）中间件服务

电子政务公共平台提供Web中间件、消息队列等中间件服务，中间件服务的规格包括部署模式及性能指标等。中间件服务目录见表8-7。

表8-7 中间件服务目录

服务类型		服务描述	服务规格参考	
			部署模式	性能指标
中间件服务	Web中间件服务	提供Web中间件服务	单例、集群	平均响应时间、QPS[1]
	消息队列服务	提供消息中间件服务	单例、集群	I/O性能、吞吐量

注：1.QPS（Queries Per Second，每秒查询率）。

（4）数据分析服务

电子政务公共平台提供基于开放、开源架构的数据分析平台部署及数据分析等服务，数据分析服务的规格是指分析平台所使用的资源规模。数据分析服务目录见表8-8。

表 8-8 数据分析服务目录

服务类型	服务描述	服务规格参考
处理分析平台服务	提供数据分析平台服务部署	资源使用量
数据仓库服务	提供数据仓库的部署,具备性能监控和安全防护能力,支持高并发的查询及海量数据分析	资源使用量
机器学习服务	提供机器学习框架的部署,通过内置数据预处理、机器学习、图计算、文本分析等算法,提供机器学习模型训练、海量文本分析等能力	资源使用量

8.1.3 应用功能服务

应用功能包括办公应用服务和政务专用应用服务。

(1)办公应用服务

电子政务公共平台提供包括但不限于云桌面、电子邮件、即时通信等通用的办公应用服务,为政务部门提供基本的办公环境和工具支持,办公应用服务的规格包括资源使用量及实例数等。办公应用服务目录见表 8-9。

表 8-9 办公应用服务目录

服务类型	服务描述	服务规格参考	
		资源使用量	实例数
云桌面	基于虚拟化技术的虚拟操作系统桌面服务,用户可随时介入云桌面办公,提供与物理计算机相似的操作环境和性能水平	基础资源规模(服务器、存储等)	桌面实例数
电子邮件	提供电子邮件系统的托管服务	基础资源规模(服务器、存储等)	邮箱实例数
即时通信	提供在线即时消息(包括文本、音频、视频等)通信工具服务	基础资源规模(服务器、存储等)	用户数
视频会议	提供支持多种终端接入能力的在线视频会议系统	基础资源规模(服务器、存储等)	用户数
云盘服务	提供在线云盘服务	基础资源规模(服务器、存储等)	用户数

（2）政务专用应用服务

电子政务公共平台应提供（或由专业厂商提供）电子公文传输系统、电子签章系统、门户网站统一技术平台、地理信息系统、舆情分析系统等政务专用应用服务。服务内容及规格根据实际需求确定。

8.1.4 信息资源服务

信息资源服务包括数据交换共享服务和数据开放服务。

（1）数据交换共享服务

电子政务公共平台提供不同政务部门之间人口库、法人库、电子证照库、地理信息库等基础数据库及主题库的数据交换，并提供数据共享服务接口，为跨政务部门的政务应用提供支撑。

数据交换服务规格可根据大数据平台、前置交换系统、数据处理系统等关键模块的资源使用量和实例数来按需确定。数据交换共享服务目录见表8-10。

表8-10 数据交换共享服务目录

服务类型		服务描述	服务规格参考	
			资源使用量	实例数
中间件服务	目录分类	为政务部门进行信息资源的分类	按需	
	目录管理	对政务信息资源目录新增、删除、修改、审核等管理服务	按需	
交换共享平台	大数据平台	提供基础大数据分析平台	基础资源规模（服务器、存储等）	租户数量
	前置交换系统	实现不同政务部门数据的桥接、传输和交换，将数据汇总至同一中心数据库中	基础资源规模（物理服务器、虚拟机数量等）	租户数量
	数据处理系统	完成数据集成过程中的数据抽取、转换、清洗、装载、比对等功能	基础资源规模（物理服务器、虚拟机数量等）	租户数量

续表

服务类型		服务描述	服务规格参考	
			资源使用量	实例数
交换共享服务	数据质量管理	对数据实现端到端追踪管理，对参与交换的数据实现发现、获取、跟踪及核对等管理	基础资源规模（物理服务器、虚拟机数量等）	租户数量
	数据汇聚服务	建立数据标准，汇聚经过数据转换的数据，形成权威、准确的基础库	基础资源规模（物理服务器、虚拟机数量等）	租户数量
	应用支撑系统	将权威数据包装成标准数据接口服务（包含数据的注册、创建、运行、管理、监控等），向其他应用提供数据服务	基础资源规模（物理服务器、虚拟机数量等）	租户数量

（2）数据开放服务

电子政务公共平台通过统一数据开放共享网站提供数据开放服务。数据开放服务目录见表8-11。

表8-11 数据开放服务目录

服务类型	服务描述	服务规格参考
数据开放目录	根据政务部门需求和保密要求，提供可开放的数据分类和编目	按需
数据开放服务	通过统一数据开放共享网站，以API连接、下载、推送等方式提供数据的展示及检索查询	按需

8.1.5 安全服务

电子政务公共平台提供符合政务系统安全要求的基础安全服务能力，包括但不限于入侵检测、漏洞管理、日志审计等，并具备进行安全态势分析等高级安全服务能力。安全服务目录见表8-12。

表 8-12　安全服务目录

服务类型		服务描述	服务规格参考
基础安全服务	应用防火墙服务	为部署在公共平台上的政务应用提供Web应用层防火墙能力	功能及带宽
	入侵检测服务	为弹性云服务器提供暴力破解、异常登录、网页后门等的检测与防护服务	按需
	漏洞管理服务	对弹性云服务器操作系统进行漏洞扫描与检测，定期更新漏洞库	按需
	堡垒机服务	为公共平台租户提供堡垒机服务	按需
	渗透测试服务	在公共平台用户的授权和监督下模拟黑客的攻击方法，对用户的系统和网络进行非破坏性质的攻击性测试，发现系统漏洞和弱点	按需
	防病毒服务	为弹性云服务器提供病毒防护服务，并定期更新病毒库	按需
	日志审计服务	对公共平台系统日志、操作日志、安全日志等进行收集与分析，生成审计报表	按需
	应用与数据库审计服务	对用户应用及数据库的日志信息进行收集与分析，生成审计报表	按需
	网页防篡改服务	对网站系统中各类资源（包括静态网页、动态脚本、图片、视频、文档等）进行实时的监控和防护，在网页被篡改的情况下实时进行文件恢复	按需
	密钥管理服务	为公共平台租户提供密钥生命周期管理服务，支持通过密钥对存储在公共平台上的数据进行加密	按需
	证书管理服务	通过第三方数字证书服务机构，提供安全套接字层（Secure Sockets Layer，SSL）证书和传输层安全协议（Transport Layer Security，TLS）证书的全生命周期管理服务，实现网站的可信身份认证与安全数据传输	按需
	Web安全监测服务	提供网站可用性检测、内容检测、挂马检测、暗链检测、敏感字检测、脆弱性检测等服务	按需
	Anti-DDoS服务	通过专业的防DDoS设备为政务互联网应用提供抵御DDoS攻击的能力（例如CC、SYN Flood、UDP Flood等）	功能及带宽
	网闸服务	以软件或硬件的方式提供在网络间进行安全的应用数据交换的服务	按需

续表

服务类型		服务描述	服务规格参考
高级安全服务	程序运行认证服务	基于可定制的白名单机制，监视弹性云服务器中程序的执行，保障弹性云服务器的安全性	按需
	安全评估服务	提供对租户云环境的安全评估，提供安全配置检查，并给出安全实践建议	按需
	安全态势分析	基于大数据挖掘及机器学习技术，对海量安全信息日志数据及安全情报信息进行智能分析，为用户提供安全态势状况	按需

8.1.6 应用部署服务

应用部署服务包括系统部署服务和应用迁移服务。

（1）系统部署服务

电子政务公共平台应根据需要提供操作系统、数据库、中间件、应用软件等的部署服务。应用部署服务目录见表8-13。

表8-13 应用部署服务目录

服务类型	服务描述	服务规格参考
操作系统	提供各类商业和开源操作系统的部署服务	工作量（人/日）
数据库	提供各类商业和开源数据库的部署服务	工作量（人/日）
中间件	提供各类商业和开源数据库的部署服务	工作量（人/日）
应用软件	提供各类系统应用软件的部署服务	工作量（人/日）

（2）应用迁移服务

电子政务公共平台应根据需要提供原有系统、应用向公共平台的迁入和迁出服务。应用迁移服务目录见表8-14。

表8-14 应用迁移服务目录

服务类型	服务描述	服务规格参考
应用迁入服务	提供对已有各类政务应用向公共平台迁移的服务	工作量（人/日）
数据迁入服务	提供通过迁移工具或手动方式将各类应用系统向公共平台迁移的服务	工作量（人/日）
应用迁出服务	提供将公共平台上运行的服务向其他系统平台迁移的服务	工作量（人/日）

8.1.7 运行保障服务

运行保障服务包括维护管理服务和应急管理服务。

（1）维护管理服务

电子政务公共平台应提供 IT 基础环境、应用等的维护和管理服务。运维管理服务目录见表 8-15。

表 8-15 运维管理服务目录

服务类型		服务描述	服务规格参考
数据中心托管	数据中心机柜租用	提供数据中心机柜出租服务	机柜功率、机柜数量等
	数据中心运维服务	提供对数据中心机房基础设施（例如，供电、制冷、安防、配线等）的维护管理服务	工作量（人/日）
IT基础环境管理	服务器管理服务	提供对公共平台中服务器的维护管理服务，包括但不限于定期巡检、性能管理、上线割接等	工作量（人/日）
	中间件管理服务	提供对用户中间件的维护管理服务，包括巡检维护、性能优化等	工作量（人/日）
	数据库管理服务	提供对用户数据库的维护管理服务，包括巡检维护、配置变更、上线割接、性能管理、安全审计、安全加固等	工作量（人/日）
IT应用管理	应用运维服务	提供对用户应用的监控、配置与维护服务	工作量（人/日）
	应用开发服务	根据用户需求提供定制化的应用开发、测试服务	工作量（人/日）
	应用微服务治理服务	提供面向SOA的原生云应用进行微服务治理和开发	工作量（人/日）
	移动App管理	提供对用户移动App的统一管理（包括软件分发、故障监控等）	工作量（人/日）

（2）应急管理服务

电子政务公共平台应根据需要提供应急响应、应急演练等服务。应急管理服目录见表 8-16。

表 8-16 应急管理服务目录

服务类型	服务描述	服务规格参考
应急响应服务	制定预案，并提供网络攻击、系统故障等情况的响应处置服务	按需
应急演练服务	制定预案，并定期提供网络攻击、系统故障等情况的处置演练	按需

8.1.8 实施设计服务

电子政务公共平台应根据需要向用户提供政务应用系统的咨询、集成、项目管理和人员培训等服务。实施设计服务见表 8-17。

表 8-17 实施设计服务

服务类型		服务描述	服务规格参考
咨询服务		提供政务应用系统的规划、设计等咨询服务	按需
集成服务		提供政务应用系统的系统集成服务	按需
项目管理服务		提供政务应用系统开发项目生命周期管理服务	按需
人员培训服务	IT基础知识培训服务	提供IT基础知识、产业技术发展等内容的培训	按需
	平台操作培训服务	提供公共平台管理、操作、运维等方面的培训	按需

8.2 服务编码

8.2.1 服务编码标识符的组成

基于电子政务公共平台的服务编码标识符由前段码（5 位字母数字）和后段码（不定长的字符串）两个部分组成，前段码和后段码之间用字符"/"隔开，服务编码标识符的组成如图 8-1 所示。

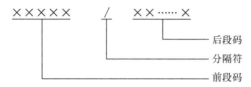

图 8-1 服务编码标识符的组成

8.2.2 前段码

前段码用来标明为电子政务公共平台服务分配后段码的实体。该实体可以是拥有并提供公共平台服务的机构。

电子政务公共平台前段码共 5 位，由 GB 18030—2005 中规定的 10 个阿拉伯数字（0～9）和 26 个大写拉丁字母（A～Z）组成。

8.2.3 后段码

后段码用来对同一公共平台下提供的服务资源进行唯一标识。

电子政务公共平台后段码的长度不做规定，所采用的字符可以是 GB 18030—2005 中规定的任意字符。

后段码目前尚未有国家标准进行规范，这里仅给出后段码编码的参考方案。

后段码由 6 位字符组成，第一位为大写拉丁字母，标识第一级服务；第二位为大写拉丁字母，标识第二级服务；第三、四位为阿拉伯数字，标识第三级服务；第五、六位为阿拉伯数字，标识第四级服务，如果对应级别服务为空，则编码为 00。后段码编码参考规则如图 8-2 所示。

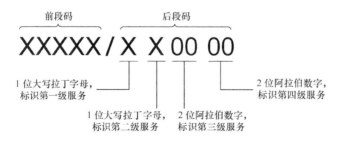

图 8-2 后段码编码参考规则

根据上述编码参考规则,后段码编码方案见表 8-18。

表 8-18 后段码编码方案

第一级服务 (A~Z)	第二级服务 (A~Z)	第三级服务(00~99)	第四级服务(00~99)	编码 (示例)
基础设施服务(A)	计算服务(A)	弹性云服务器(通用型)(01)	(00)	AA0100
		弹性云服务器(CPU+GPU)(02)		AA0200
		物理服务器(03)		AA0300
	存储服务(B)	块存储(云硬盘)(01)	一级块存储服务(01)	AB0101
				AB0102
				AB0103
				AB0104
		对象存储(02)	(00)	AB0200
		文件存储(03)		AB0300
	网络服务(C)	负载均衡(01)	软件负载均衡(01)	AC0101
			硬件负载均衡(02)	AC0102
		弹性IP地址(02)	(00)	AC0200
		互联网带宽(03)		AC0300
		专线(04)		AC0400
		VPN(05)		AC0500
		VPC(06)		AC0600
		内容分发网络(CDN)(07)		AC0700

续表

第一级服务（A~Z）	第二级服务（A~Z）	第三级服务（00~99）	第四级服务（00~99）	编码（示例）
基础设施服务（A）	容灾及备份服务（D）	备份服务（01）	虚拟机备份服务（01）	AD0101
			物理机备份服务（02）	AD0102
			卷备份服务（03）	AD0103
		容灾服务（02）	弹性云服务器高可用（01）	AD0201
			同城容灾服务（02）	AD0202
			异地容灾服务（03）	AD0203
			容灾演练服务（04）	AD0204
	混合云服务（E）	公共云混合云服务（01）	（00）	AE0100
		公共平台间混合云服务（02）		AE0200
支撑软件服务（B）	操作系统服务（A）	Windows操作系统（01）	（00）	BA0100
		Linux操作系统（02）		BA0200
	数据库服务（B）	关系数据库服务（01）	（00）	BB0100
		非关系数据库服务（02）		BB0200
	中间件服务（C）	Web中间件服务（01）	（00）	BC0100
		消息队列服务（02）		BC0200
	数据分析服务（D）	处理分析平台服务（01）	（00）	BD0100
		数据仓库服务（02）		BD0200
		机器学习服务（03）		BD0300

续表

第一级服务（A~Z）	第二级服务（A~Z）	第三级服务（00~99）	第四级服务（00~99）	编码（示例）
应用功能服务（C）	办公应用服务（A）	云桌面（01）	（00）	CA0100
		电子邮件（02）		CA0200
		即时通信（03）		CA0300
		视频会议（04）		CA0400
		云盘服务（05）		CA0500
	政务专用应用服务（B）	门户网站统一技术平台（01）	（00）	CB0100
		电子公文传输（02）		CB0200
		电子签章（03）		CB0300
		地理信息系统（04）		CB0400
		舆情分析系统（05）		CB0500
安全服务（D）	基础安全服务（A）	应用防火墙服务（01）	（00）	DA0100
		入侵检测服务（02）		DA0200
		漏洞检测服务（03）		DA0300
		堡垒机服务（04）		DA0400
		渗透测试服务（05）		DA0500
		防病毒服务（06）		DA0600
		日志审计服务（07）		DA0700
		应用与数据库审计服务（08）		DA0800
		网页防篡改服务（09）		DA0900
		密钥管理服务（10）		DA1000
		证书管理服务（11）		DA1100
		Web安全监测服务（12）		DA1200
		Anti-DDoS服务（13）		DA1300
		网闸服务（14）		DA1400

续表

第一级服务（A~Z）	第二级服务（A~Z）	第三级服务（00~99）	第四级服务（00~99）	编码（示例）
安全服务（D）	高级安全服务（B）	程序运行认证服务（01）	（00）	DB0100
		安全评估服务（02）		DB0200
		安全态势分析（03）		DB0300
信息资源服务（E）	数据交换共享服务（A）	目录服务（01）	目录分类服务（01）	EA0101
			目录管理服务（02）	EA0102
信息资源服务（E）	数据交换共享服务（A）	交换共享平台（02）	大数据平台（01）	EA0201
			前置交换系统（02）	EA0202
			数据处理系统（03）	EA0203
		交换共享服务（03）	数据质量管理（01）	EA0301
			数据汇聚服务（02）	EA0302
			应用支撑系统（03）	EA0303
	数据开放服务（B）	数据开放目录（01）	（00）	EB0100
		数据开放服务（02）		EB0200
应用部署服务（F）	系统部署（A）	操作系统（01）	（00）	FA0100
		数据库（02）		FA0200
		中间件（03）		FA0300
		应用软件（04）		FA0400
	应用迁移（B）	系统迁移服务（01）	（00）	FB0100
		应用迁移服务（02）		FB0200
		应用迁出服务（03）		FB0300

续表

第一级服务（A~Z）	第二级服务（A~Z）	第三级服务（00~99）	第四级服务（00~99）	编码（示例）
运行保障服务（G）	维护管理服务（A）	数据中心托管（01）	数据中心机柜租用（01）	GA0101
			数据中心运维服务（02）	GA0102
		IT基础环境管理（02）	服务器管理服务（01）	GA0201
			中间件管理服务（02）	GA0202
			数据库管理服务（03）	GA0203
		IT应用管理（03）	应用运维服务（01）	GA0301
			应用开发服务（02）	GA0302
			应用微服务治理服务（03）	GA0303
			移动App管理（04）	GA0304
	应急管理服务（B）	应急响应服务（01）	（00）	GB0100
		应急演练服务（02）		GB0200
实施设计服务（H）	咨询服务（A）	（00）	（00）	HA0000
	集成服务（B）			HB0000
	项目管理服务（C）			HC0000
	人员培训服务（D）	IT基础支持培训服务（01）	（00）	HD0100
		平台操作培训服务（02）		HD0200

第 9 章

基于云计算的电子政务公共平台的移动服务应用技术要求

9.1 概述

随着数字化和移动化的快速发展，如何提升电子政务的办公效率成为重要的议题。为了满足用户随时随地办公的需求，电子政务公共平台设计应支持移动政务支撑平台，为移动政务应用提供统一的平台支撑、终端安全、终端接入管理及终端设备管理功能。移动应用支撑平台统筹规划移动应用服务，将公共性、基础性应用功能统一规划、设计和开发并部署在电子政务公共平台上，供各部门在移动终端上使用。

电子政务公共平台支持移动服务的整体框架主要包括终端、安全信道、移动安全网关、服务端管理组件、移动政务应用组件、计量管理、安全服务组件 7 个部分。移动应用服务功能框架如图 9-1 所示。

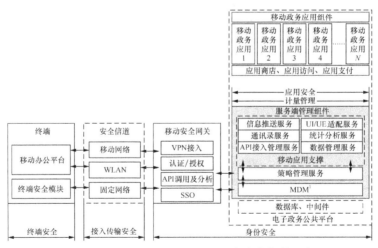

注：1. MDM（Moblie Device Management，移动设备管理）。

图 9-1 移动应用服务功能框架

（1）终端

终端主要包含移动办公工作平台和终端安全模块这两个功能模块。

① 移动办公平台

为政务应用提供统一门户界面及应用商店，基于安全隔离运行环境运行电子政务应用，并通过应用与用户主账号关联，可提供移动政务应用单点登录功能。

② 终端安全模块

通过 TF 密码卡、终端安全加固、终端管理软件等安全隔离运行环境，实现电子政务移动办公的终端安全。终端系统可定制安全能力，可通过软件升级为客户提供不断演进的安全性能和服务。

（2）安全信道

安全信道主要包括移动网络、WLAN 和固定网络 3 个部分。政务移动终端通过 WLAN、4G/5G 等公共移动网络、固定网络接入政务网络，通过安全统一接入网关进行多场景统一移动接入和认证。终端用户通过内外网切换和 WLAN 快速漫游，可实现无缝切换的业务感受。

（3）移动安全网关

移动安全网关是为移动应用服务提供特定的内容，可提供 VPN 接入和在政务网络下访问的 API 调用及分析，同时，提供移动应用服务必需的认证授权等服务功能。

（4）服务端管理组件

服务端管理组件主要包括策略管理服务、移动设备管理（MDM）和移动应用支撑 3 个部分。

① 策略管理服务支持终端接入、终端识别和集中管理等功能，具备为有线、无线、VPN 接入用户提供统一策略控制的功能，能够根据用户认证策略和终端信息进行授权和策略下发。

② MDM 基于运行于终端的前台软件与后台终端管理平台的配合，提供全面的系统监管能力，终端管理层通过多个维度，确保管理的完整性，包括用户自助服务、应用管理、设备管理、资产管理、安全管控、数据管理、后台管理、策略管理和密码管理。

③ 移动应用支撑是针对移动应用所特有的 API 管理、移动数据及通讯录等方面的技术支撑，用于快速访问移动应用系统，通过减少对政务系统的访问来节省资源并提升移动应用的可用性。同时，可以在应用过程中管控用户上网行为，对外发文件及内容进行控制和审计，并对用户信息提供存储和访问，以支持认证、授权或配置。

（5）移动政务应用组件

移动政务应用组件是为政务应用中运行业务流程和逻辑应用提供的程序组件，主要有移动政务支持和常用软件要求两个部分,包括应用商店、应用访问及应用交付。

（6）计量管理

计量管理主要移动政务应用或业务资源的使用情况进行收集、解释和处理,将统计的计费数据发给计费服务器。

（7）安全服务组件

安全服务组件主要包括终端安全、接入传输安全、身份安全和应用安全4个部分,安全服务可以实现对访问的管理,只有授权政务部门可以安全访问移动服务。该组件提供对移动设备和移动应用服务之间的数据保护,并使安全管理服务具备可视性和可操作性。

9.2 移动接入方案设计

为确保安全接入移动政务应用终端,避免非法终端接入,电子政务公共平台提供统一的移动接入方案。针对移动应用服务采用VPN方式提供移动应用的安全接入,从而消除地域差异,实现可移动用户的网络互联及基于互联网的移动应用安全访问控制。

在接入网络部分划出专门的隔离区,与运营商APN连接,分为政务内网和政务外网两个部分,政务内网与政务外网之间的光闸隔离,统一利用外网的MDM进行管理,终端采用VPN方式通过4G、5G、VPDN、Wi-Fi等移动网络接入政务网络。

终端通过4G/5G等公共移动网络或WLAN等公共无线网络接入政务网络时,应采用VPN方式;接入网络中的WLAN网络的AP与AC之间数据通信,应采用基于数据包传输层安全性协议（Datagram Transport Layer Security,DTLS）的CAPWAP隧道;接入网络中的WLAN设备应支持多输入多输出（Multiple-Input Multiple-Output,MIMO）通信技术;接入网络可支持WLAN高密接入,具备智能多用户调度技术、自适应功率调整、自适应信道调整和层次化QoS调度功能。

移动安全网关产品需要具备国家密码管理局资质;移动安全网关链路级、应用级VPN加密须支持国密算法;移动安全网关须配置电子政务认证服务机构发放的设备证书;移动安全网关应支持双机热备功能;移动安全应用与移动安全网关建立连接时,移动安全网应校验数字证书的有效性,支持证书的证书撤销列表（Certificate Revocation List,CRL）或在线证书状态协议（Online Certificate Status Protocol,OCSP）

检测，保证证书的有效和安全，工作密钥交换须使用数字证书保护；移动安全网关应能获取 MDM 控制策略，终端违反安全策略时，网关应阻断其接入网络。

移动安全网关应提供 SSO 服务，SSO 是在通过 VPN 客户端认证成功后，用户请求访问受 VPN 网关保护且支持单点登录的后台应用时，VPN 网关通过匹配的单点登录用户信息重新组装用户访问请求数据包，以实现对后台应用的自动认证，用户无须再次填写用户信息。移动安全网关应提供多种方法和令牌类型来识别、认证和授权用户的功能。移动认证服务应提供处理不同的令牌类型（例如，OAuth 或 OpenID），以及诸如语音 ID 或生物特征技术的能力。移动安全网关在提供 API 的入口点时，需要捕获政务移动应用客户端 API 调用的分析数据，例如，调用 API 频率、调用 API 种类等。

移动服务系统须支持内部办公网络 WLAN 接入的无加密快速漫游，无线侧不加密，切换时间应小于 50ms；移动服务系统须支持内部办公网络 WLAN 接入的 WPA2 与 802.1x 认证结合方式下的快速漫游，保证用户免重新认证和登录，切换时间应小于 80ms；移动服务系统须支持外网 VPN 接入切换至内网 WLAN 接入，保证用户免重新认证和登录，切换时间应小于 4s。

9.3 移动接入管理

（1）策略管理中心

策略服务器支持网络接入设备通过报文重定向或内置探针的方式，获取终端类型、接入方式、接入时间、系统软件、应用软件等信息的能力；支持 MACOUI 规则库，以及 DHCP、HTTP、SNMP、网络连接端扫描软件（Network mapper，Nmap）等协议探针；支持智能终端名称识别功能：能够识别出智能手机和平板计算机类产品名称；支持终端软件系统的识别功能及非智能终端的识别功能，例如，摄像头、打印机、虚拟桌面基础架构（Virtual Desktop Infrastructure，VDI）终端、IP 话机、服务器等；还支持终端接入信息识别的功能，例如，接入时间、离线时间、接入地点、漫游等；还应支持终端资产类型识别的功能。

策略管理中心具备为有线、无线、VPN 接入用户提供统一策略控制的功能，能够根据用户认证策略和终端信息进行授权和策略下发；支持在多系统共同部署时（例如 TSM、MDM），策略引擎可共享；支持基于用户角色、安全状态、位置、时间授权、终端类型、资产类型、认证方式等策略维度限制用户接入权限，控制终端接入安全；

支持自定义Radius属性的功能，允许主流厂家预置私有Radius属性字典，支持导入和更新主流厂家私有Radius属性字典；还支持基于不同的QoS、接入/应用权限、带宽、时间段来进行策略制定和控制。

（2）移动设备管理MDM

MDM基于运行于终端的前台软件与后台终端管理平台的配合，提供全面的系统监管能力，终端管理层通过多个维度确保管理的完整性，包括用户自助服务、应用管理、设备管理、资产管理、安全管控、数据管理、后台管理、策略管理及密码管理。

① 用户自助服务：支持用户通过自助页面查看自己设备的信息；支持用户通过自助页面对自己的终端进行远程擦除；支持用户通过自助页面对自己的终端进行远程锁定；支持用户通过自助页面清除自己设备的锁屏密码；支持用户通过自助页面定位或注销自己设备的位置。

② 应用管理：支持移动办公应用商店客户端，提供应用下载、升级；支持移动办公应用后台管理，例如，应用的上传、删除、查询（查询内容包括应用程序的名称及版本信息）；应支持应用黑白名单，若出现违规，例如，安装了黑名单中的应用，或未安装白名单中的应用，可配置策略禁止使用移动应用平台软件；MDM的管理员需要能查看终端的应用列表，包括程序名称、应用包名、版本、大小等；移动办公应用管理支持应用控制、分发部署、更新和卸载提醒等，确保应用合规并提升应用部署效率；提供托管政务目录及将政务应用程序分发到移动设备的能力。

③ 设备管理：支持通过MDM平台远程下发安全策略；MDM应支持接入控制、远程锁定解锁、应用软件控制等系列安全措施；若检测终端有Root行为，应提供访问限制、审计、提示、警告相应策略；MDM平台支持密码锁屏策略，包括强制设置设备锁屏密码、要求设置"数字—字母—符号"的混合密码、最小密码长度、密码过期时间、自动锁屏时间、密码出错尝试次数限制、不活动时间阈值上限等；支持限制终端硬件模块功能，应能控制摄像头、Wi-Fi、便携式WLAN热点、蓝牙、USB口；通过对终端的合规检查，MDM系统可控制其能否接入电子政务网络。

④ 资产管理：支持设备资产的生命周期管理，从设备发现、注册、准入控制、使用监控、数据管理到挂失注销，全程进行端到端的管理；支持管理员注册单个终端或者批量注册终端；支持设备注销；可以查看设备信息列表以及查看单台设备的详细信息（例如软硬件信息）；支持消息推送，后台能够向终端推送不合规告警。

⑤ 安全管控：支持终端首次使用前注册到MDM系统，并建立设备序列号、证

书序列号、人员和手机号码等绑定关系；支持终端准入检查，可检查配置、密码策略、应用列表等；支持终端接入认证，后端支持与轻量目录访问协议（Lightweight Directory Access Protocol，LDAP）、AD、Radius 和 SecurID 服务器对接；识别用户身份，基于用户进行管理，并支持一个用户绑定多个终端；通过用户分组和关联角色，进行规范化的管理控制；通过对软硬件环境的监控，以及对应用访问的监控，识别出异常的动作，进行事中控制或事后审计；支持强制终端定期登录 MDM 系统，实现对资产的不间断管控；可对终端允许使用的地理区域进行限制。

⑥ 数据管理：支持远程擦除数据，能够远程擦除整机数据，恢复出厂设置；支持移动办公应用数据擦除功能。

⑦ 后台管理：MDM 后台提供策略管理页面；可与安全统一接入网关的管理后台集成；管理终端与管理平台之间必须加密传输。

（3）用户管理

策略管理中心应支持基于用户组下发业务 VLAN、基于用户组下发 ACL 控制策略、基于用户组下发上下行速率控制和基于用户组下发隔离策略。

策略管理中心支持通过用户组进行策略配置，判断用户合法性、根据用户属性进行分组并赋予不同的访问权限；支持对用户进行分权分域管理，网管操作人员可设置管理用户范围和权限；支持用户管理控制，设置账号同时在线数、有效期、上网时间段、时长限制（最长闲置时长）、支持强制下线、账号锁定（可以自动解锁和管理员解锁）功能；支持账号与硬盘序列号绑定、IMSI 绑定，与 AP 的 MAC、SSID 等身份信息绑定认证，增强用户认证的安全性，具备自动学习功能，减少管理员手工录入的工作量；支持用户黑名单管理，例如，客户端认证时连续输入错误密码，达到某个阈值时会被加入黑名单，此时使用正确的密码也不能登录。

（4）访客接入管理

平台系统应支持内部员工为访客申请账号的功能，并通过短信或者 E-mail 把账号发送给访客；访客账号须具有使用时间限制，内部员工申请权限时须支持根据员工类型进行控制的功能；支持访客自助申请账号的功能，并通过短信或者 E-mail 把账号发给访客；支持对访客上下线时间、接入位置进行审计的功能，可以按访客信息查看日志；支持通过采用 CAPWAP 隧道和 GRE 隧道实现对访客的路径隔离；支持访客接入的安全审计功能，包括访客生命周期全流程审计、访客流量隔离、访客上网行为管理和审计。

（5）证书管理及使用

平台系统应支持对终端的强认证功能，即终端内置 TF 密码卡，登录移动办公应用时应进行双因子身份认证。TF 密码卡应具有电子认证服务机构资质的 CA 提供的数字证书，TF 密码卡须支持国密算法。认证信息须保密存储，可使用 TF 密码卡的加密密钥进行保护。移动安全应用与安全统一接入网关建立连接时，安全统一接入网关需要校验数字证书的有效性，支持证书的 CRL 或 OCSP 检测，保证证书的有效和安全，工作密钥交换须使用数字证书保护。

（6）移动应用支撑服务

为了使终端能够全面顺畅地运行政务应用，平台系统应提供必要的移动应用支撑服务，包括 API 接入管理服务、数据管理服务、通讯录服务、统计分析服务、信息推送服务、UI/UE 适配服务。

① API 接入管理服务：API 管理功能是为移动网关提供可访问的可用服务端点，应提供 API 服务目录，提供 API 连接到服务的实现和管理功能，例如 API 版本控制等，同时应提供 API 服务目录/描述文档，可以为用户提供安全查找和使用 API 的功能，并可以提供 API 管理功能，为移动网关、策略管理中心及其他移动应用程序等提供 API 使用的管理视图。

② 数据管理服务：服务端所提供的数据管理服务可为移动服务提供数据存储和访问。应可以处理不同应用来源的数据，如存在于政务系统或者各种其他来源的用户信息。基于适合的形式存储以满足移动应用程序的快速访问。数据管理服务应包括对以下数据的管理：移动应用数据/NoSQL 数据，移动应用程序可以方便、快速地调用和存储数据；文件存储库，提供存储静态文件的功能，例如，PDF 和系统页面内容；缓存数据，提供数据缓存的能力，以便移动应用程序快速访问；API 数据，提供以 API 的方式向其他移动应用开放数据的功能。

③ 通讯录服务：通讯录服务可以基于统一身份管理下的政务通信服务体系，实现多平台同步，移动应用服务应采用统一标准以实现多平台同步，例如与计算机应用的数据同步，本地通讯录实现自动备份，应提供安全保障，保证不会出现用户联系人丢失的情况。

④ 统计分析服务：主要提供通信位置数据分析和使用数据量化分析两种服务。通信位置数据分析提供终端设备的物理位置及位置活动模式的数据分析，便于为移动服务优化操作或辅助优化操作行为，同时，可以提供该位置下的精准内容推送及相关移动通信服务。使用数据量化分析通过移动应用采集的用户信息，提供完整的应用信息可见性，用于构建和管理预警系统，以检测移动用户问题，提供主动检测移动应用程序故障及其他障碍的功能，并通过分析特定移动用户行为或设备属性来

帮助量化或细分影响。

⑤ 信息推送服务：平台服务端应具备向平台中的移动应用提供基于统一标准的消息推送服务的能力。并支持通过短轮询、长轮询或协议连接等方式实现应用与服务端的消息推送。

⑥ UI/UE 适配服务：平台服务端应提供标准化的 UI/UE 适配服务，可为移动应用提供统一的界面语言和交互公共标准，提升政务移动应用访问效率和服务可靠性。

9.4 移动终端安全管理

（1）终端安全

终端具备 Root 检测和防篡改能力，防止被刷机；支持移动办公的敏感数据可被加密存储；支持文档的在线加密和离线加密两种模式，在线加密密钥动态从密钥中心获取，离线密钥根据用户密码及终端硬件信息生成；支持使用数字证书的加密密钥来保护应用层密钥，包括移动办公应用系统密码、数据加密密钥等；提供用户自助平台，在移动办公终端丢失时，可供用户第一时间自助进行远程定位、锁定和删除丢失终端设备中的数据；提供 MDM 防卸载机制，当终端 MDM 被卸载时，移动办公应用及数据也将被锁定或者删除，防止数据泄密；支持应用的所有本地操作和网络行为可被审计；应支持应用注销时，本地数据可被无痕化擦除；具备病毒终端被自动隔离的能力，防止终端数据外泄。

终端硬件主要功能应包括显示、声音、输入、计算、存储、网络连接、定位，并应有必要的容错和故障恢复能力；终端须具有系统安全校验技术，只能安装和升级指定系统软件；终端须支持以 OTA 方式升级系统及安全补丁，须具备对 OTA 升级包进行完整性验证的能力；当软件升级时，系统应对升级包以及版本的合法性进行校验和检查，仅允许升级到具有官方签名的同款产品版本；终端应能够监视 CPU、存储卡、内存、网络等资源的使用情况；终端对应用程序启动、网络访问、配置修改、系统登录等操作行为应可以实时记录监控并生成日志，安全管理员可以随时监督查看日志；终端管理软件须为系统级进程，用户不能自行卸载及终止；终端管理软件应可检测 TF 密码卡、SIM 卡等外部安全物理插件是否正确载入，如果载入不正确或密码输入错误，应停止政务应用的访问或锁屏；终端可根据用户需求定制安全能力，通过软件升级为用户提供不断演进的安全性能和服务。

(2）传输安全

终端支持 4G/5G、WLAN 等多种网络连接，并可支持蓝牙连接。

终端应支持 SSL/TLS、IPSec 等网络安全协议；终端应支持应用级 VPN，在应用启动时自动启动 VPN。通过应用专属的安全隧道，实现移动办公应用之间的安全隔离，应用层数据直接封装进入隧道，防止其他恶意程序窃取、篡改应用数据。

为保证本地加密密钥传输安全性，移动终端与密钥分发中心应通过 SSL VPN 隧道加密；密钥分发中心、主密钥管理中心、备密钥管理中心之间通过 IPSec VPN 隧道加密。

数据传输时，系统应支持基于 RSA 的高安全密钥分发算法；支持 3DES、AES256 高强度算法和国密算法；支持 SHA 完整性验证，确保数据不被篡改。

（3）身份安全

安全移动终端支持屏幕锁定密码，在不活动的时间达到设定阈值时锁定屏幕，阈值上限应由 MDM 管理员设定，也支持由用户发起的屏幕锁定；用户解锁屏幕时用屏幕锁定密码认证，屏幕锁定的密码策略可以由 MDM 系统分发；重新激活终端必须经过解锁密码验证；屏幕锁定密码应支持口令形式的密码，密码应进行加密存储；系统应能设置及检查密码锁屏策略。

在访客接入时，系统应支持采用 Portal 认证方式对访客进行身份认证；在员工接入内部网络时，系统应支持 Portal、802.1x/802.1x 和应用级 VPN 结合的方式进行身份认证；系统应支持开放系统或者共享密钥式等 WLAN 链路认证；在员工远程接入 VPN 时，系统应支持 SSL VPN 或应用级 VPN 的认证方式进行身份认证，技术遵循国家密码管理局提出和归口的《SSL VPN 技术规范》；在接入企业分支时，系统应支持 IPSec VPN 认证方式进行身份认证，技术遵循国家密码管理局提出和归口的《IPSec VPN 技术规范》；在接入哑终端时，系统应支持采用 MAC 的方式进行身份认证；用户在限定的时间段内多次连续尝试身份认证失败时，认证模块执行连续认证失败锁定策略，可采取系统锁定或者删除全部政务应用数据并恢复到初始状态等安全措施。

（4）应用安全

在终端应用运行时，应保证数据安全。数据安全须采用沙箱或者虚拟化的实现方式：以沙箱方式实现移动办公数据和个人应用数据的隔离，其中，移动办公数据加密存储，以避免信息泄露；虚拟化方式终端仅具备显示作用，在服务器端进行数据处理及保存，保证数据安全。虚拟化可包括应用虚拟化和虚拟桌面两种方式。

终端为政务应用运行提供安全隔离运行环境。普通应用和政务应用运行环境之间资源隔离，包括进程隔离互不可见、数据隔离互不能访问、网络隔离互相不能访问等。

终端必须支持上网行为管控的功能，实现对网络应用、站点访问、信息外发、邮件等的权限控制；支持对外发文件类型、大小限制进行控制；支持对外发内容敏感数据进行过滤；支持对外发文件及内容的审计。

9.5 移动应用支撑设计

9.5.1 移动应用支撑

建设移动办公平台，基于安全隔离运行环境运行移动办公应用，通过统一的门户界面，将应用整合到移动办公应用平台。移动办公应用平台实现应用的安全接入、数据的安全传输，建立安全加密的接入管道，并提供 SDK 供其他应用调用，使未来开发的应用可以直接通过安全管道访问政务网。

（1）应用商店

应用商店是在手机上使用的政务移动办公应用商场，根据移动用户端使用特点进行浏览和操作方面的优化，并与网站实现同步更新。移动用户端应用系统可汇聚各层级、各部门政务应用开发者及其优秀的政务 App，为政务移动办事大厅各类手机终端用户提供"一站式"应用软件下载服务。移动用户端应用系统采用开放式应用中心理念，其中的政务 App 由各部门提供，不断进行扩展，意在向社会和各部门提供一个统一、开放的政务应用自助服务平台，以整体的低成本实现行政服务的自助化，使政务服务覆盖范围实现从有限场所到随时随地的扩展，使其便民性、互动性、时效性得到进一步提高。

党政机关单位可建立移动办公应用商店；移动办公应用商店须能设置用户角色权限，控制终端用户可访问的应用列表；移动办公应用商店须能实现电子政务移动办公应用程序的安装、更新和升级提醒；所有移动办公及个人应用软件须通过移动办公应用商店签名发布，并提供下载安装；移动办公应用商店应支持安全浏览器、安全邮件、移动 VDI 和统一通信等应用；移动办公应用商店应支持主流智能设备的移动协作，支持语音、即时消息、数据、视频、会议等的移动协作。

用户安装移动用户端应用系统后，可选择自己需要的各类政务移动应用程序进行下载，下载安装后，即可方便快捷地进行网上申报、网上查询等，随时随地享受政务移动办事大厅的自助服务。政务移动办事大厅接入的各项服务均通过移动用户端的方式予以展示和操作。在移动用户端上，推送所提供的服务事项和事项说明，并提供在线申报和过程交互等全套操作功能。

（2）应用访问

当用户访问移动办公应用时，必须经过 CA 颁发数字证书和登录密码的双因子认证；用户访问移动办公应用时，可支持基于时间属性的访问控制，可以配置允许用户登录业务系统的时间段，只有在允许的时间内，用户才能够登录访问内部网络的资源。

（3）应用交付

移动用户端应用系统应支持移动办公应用用户端由应用商店来提供下载；也支持 Web 移动办公应用部署在移动办公应用平台；系统应支持通过应用虚拟化客户端进行应用访问，现有应用不需要改造；系统应支持通过基于移动的企业应用平台（Mobile-based Enterprise Application Platform，MEAP）对现有应用进行移动化开发，生成原生应用用户端或非原生用户端（例如 HTML5 应用）。

（4）移动办事大厅

移动办事大厅是为了满足广大人民群众日益增长的多样化、多渠道公共服务的需要，用手机办事的虚拟大厅，人民群众可以采用移动智能终端途径获取平台提供的各项服务。

移动办事大厅全面使用互联网、移动互联网等新一代信息网络，运用云计算、大数据等新技术，广泛聚合一定行政区域内的基本民生服务、公共事业服务、公共基础服务及公共安全服务等各类公共服务，并以移动用户端、网站、呼叫中心、电视频道和社区工作站等多种电子化途径推送服务信息和办理各项服务，彻底改变以往业务系统繁多、服务分散、不易获取的情况，创建"一站式"、集约化、可信赖的电子公共服务大厅体系。

移动办事大厅可灵活接入各类政务服务业务系统，包括市、区县各级行政服务大厅的通用审批业务系统、部门专业审批业务系统、行政处罚业务系统，以及电信交通、水电气热、银行金融、文教卫生、社会救助等其他社会机构的公共服务业务系统，并可以与教育云及医疗云等大型应用方便对接。

移动办事大厅针对不同的电子化途径提供不同版本的云应用产品，包括采用网站办事的网上服务大厅、采用手机用户端办事的移动网上服务大厅、采用广播电视网办事的电视网服务大厅和呼叫中心服务平台等。智能手机具有随身携带、随时随地、方便灵活、大众化等优点，因此移动办事大厅是公共服务平台向广大人民群众和政务部门提供服务最便捷的途径之一。移动办事大厅各类服务的接入方式简便、灵活，允许所接入的业务系统使用不同技术环境和异构数据库，在接入过程中不要求修改原有的应用软件设计。

移动办事大厅为每个申请人和政务部门自动开设了个人网络空间和政务部门网络空间，以存储自身历次申报事项信息和领取的全部电子证照批文，建立信息共享推进机制，支持历史信息累积和共享利用。同时，网络空间还能与个人信息总栈和政务部门信息总栈相结合，推送个人和政务部门个性化定制的服务信息，支持组成从信息发布到在线办事的体系化服务。

9.5.2 常用软件要求

（1）安全浏览器

在移动政务应用中，必须安装和使用定制的安全浏览器访问政务应用，不允许使用开源浏览器。安全浏览器底层通过 VPN 或内置应用层隧道与政府移动接入网络建立加密隧道，在用户浏览政府网站时，提供安全通信防护。安全浏览器的上网缓存数据在浏览器退出时可提示进行清除，防止缓存数据泄露。

针对智能终端的屏幕尺寸和操作特点，安全浏览器应提供以下 4 种功能，为用户提供优质的体验。

① 流量精简：对于 Web 页面中的资源进行过滤和内容优化，精简流量。

② 数据保护：支持对离线资源、密码、下载的文件、访问历史、Cookies 和临时文件的在线加解密能力；在退出浏览器时，可按照策略自动清理缓存和配置。

③ 文档浏览：支持文本、图片、压缩文件等办公所需文档的在线或离线安全浏览，实现上述数据与个人数据的隔离。

④ 访问行为管控：基于 URL 黑 / 白名单的管控，并根据策略限制文件上传、下载和保存等行为。

（2）安全邮件

系统平台支持推送技术，为用户提供安全受控的即时邮件推送服务。安全邮件用户端通过移动 VPN 或内置的应用层隧道与政府移动安全统一接入网关设备建立加密隧道，在用户查看邮箱时提供安全通信防护、附件浏览和下载控制。针对智能终端的操作特点，安全邮件用户端应提供以下特性，为用户提供优质体验。

① 邮件协议：支持简单邮件传送协议（Simple Mail Transfer Protocol，SMTP）、交互式

数据消息访问协议第 4 版（Internet Message Access Protocol 4，IMAP4）、EAS[1] 协议系统。

② 邮箱功能：对于单个邮件支持创建、打开、发送、接收、转发、删除、回复、标记和移动、搜索、订阅管理等功能；通过邮件配置自动获取功能简化用户配置，特定情况下实现零配置；支持在线模式下，本地邮件操作同步到服务器；支持邮件实时推送和通知，并支持同步策略和通知方式的配置。

③ 邮件传输加密：传输加密方式支持全系列的 SSL / TLS，支持客户端 / 邮件服务器间传输加密。

④ 邮件附件在线浏览：支持文本文件浏览，支持压缩文件浏览，支持 BMP、PNG、GIF、JPG、JPEG 浏览。

⑤ 邮件加密保存：安全邮件用户端对邮件正文和附件都进行加密保存，缓存的邮件支持周期性清理。

⑥ 邮件策略控制：支持邮件附件的访问、转发策略控制；支持邮件内容发送策略控制；支持离线登录邮箱的权限策略控制。

⑦ 联系人管理：支持个人联系人的查询、增加、删除和修改，以及同步支持政府联系人的查询；支持自动缓存最近使用联系人清单。

⑧ 邮件系统的认证授权：支持邮件服务器的单点登录。

（3）安全即时通信软件

在移动政务应用中，必须安装和使用定制的安全即时通信软件，不允许使用社会化即时通信软件进行相关工作交流。安全即时通信软件通过 VPN 或其他安全物理通道与政府移动接入网络建立安全隧道，针对智能终端和计算机的屏幕尺寸和操作特点，安全即时通信软件提供以下功能，为用户提供优质体验。

① 点对点即时消息：支持点对点聊天，支持聊天过程中发送文字、图片、语音、文件功能；支持消息内容查询功能；支持消息置顶功能；支持转发和批量删除功能。

② 群组消息：支持多人聊天，支持聊天过程中发送文字、图片、语音、文件功能；在群组通信中，当部分成员加入或退出群组时，其他在线成员应收到相应的提示信息；群主能够解散群组，能够转移群主权限。

③ 后台建群：支持后台统一建群，批量导入人员信息；支持后台删除群，添加、删除群成员，冻结 / 解禁个人账号等功能。

④ 安全管控：支持移动端文件传输，传输文件应支持水印添加功能；支持用户

---

1 EAS（Exchange ActiveSync）是一种 Microsoft Exchange 同步协议。

消息界面水印添加功能;支持用户多种权限控制功能,能够根据业务要求进行权限配置;支持用户撤回已发送的消息;支持用户发送的消息在预订时间到达后自动焚毁;支持文字消息、长文本、图片、语音和视频在服务器及终端本地保存时加密;支持屏蔽词安全策略,通过此策略即时通信禁止发送相关内容。系统内的消息不允许外发、分享到外部社会平台。

9.6 计量管理

9.6.1 服务度量计价要求

在移动政务应用中,应设置计费功能模块或计费服务器,对用户使用移动政务应用的情况进行统计,其功能应包括以下内容。

① 负责对会话交互、数据存储信息、网络资源(例如,短信、彩信、分组承载业务)的使用情况进行收集、解释和处理,统计计费数据,发给计费服务器。

② 支持多种计费模式,包括基于移动政务业务流量、事件、业务提供时长、应用类型的计费。

③ 支持在线计费和离线计费这两种计费功能。

④ 根据用户签约信息管理访问(例如,对签约端及网关设备的管理、网络资源的使用能力)。

⑤ 计费功能模块可以根据运营商策略和签约信息为可计费事件配置计费参数,并收集会话交互、对网络资源的使用情况。其中,计费参数包括应用和设备用户等请求发起方、终端及网关等请求接收方、业务类型、政务应用、网络资源的使用、时间戳等。

⑥ 计费功能模块能够确定访问请求的计费数据记录(Charging Data Recording,CDR),发送给计费服务器,以便于计费服务器对请求发起方的本次访问请求进行计费。

⑦ 计费功能模块能够确定数据存储的 CDR,系统周期性地收集数据存储信息,包括移动政务应用和设备用户、存储空间、时长等,发送给计费服务器进行计费。

⑧ 计费功能模块可以根据运营商策略和签约信息为可计费事件配置计费参数。可计费事件可以分为业务功能的调用、资源使用和网络使用 3 类。

⑨ 计费功能模块可以配置可计费事件,包括移动政务应用或设备用户使用业务系统的设备管理、订阅通知、访问控制、群组管理等业务功能模块,系统收到或发

起访问请求消息表示发生可计费事件。

⑩ 移动政务应用或设备用户使用业务平台的资源进行数据存储，其可计费事件是基于定时器触发的政务应用使用网络资源进行通信，包括短信、分组域承载、近距离无线通信、有线通信等。

⑪ 计费功能模块可以同时配置一个或多个可计费事件。计费功能模块可以根据可计费事件配置计费参数，并在发生可计费事件时记录各个计费参数。根据需要从记录中获得计费数据，并以 CDR 的形式记录计费数据。然后计费功能模块会将计费数据传递给计费服务器处理，它们之间的接口可以遵循 FTP、Diameter 等接口协议或者通过运营商的内部接口实现。

9.6.2 计费管理

针对移动服务计费管理流程，要求如下。

① 计费功能模块应配置可计费事件和计费参数。

业务功能模块接收移动政务应用或设备用户对业务资源的访问请求，并将访问请求发送至计费功能模块处理。

② 计费功能模块记录和统计计费数据。

- 计费功能模块根据访问请求确定发生了可计费事件时，应确定并记录与访问请求相关的计费数据，计费数据包括移动政务应用标识或设备用户标识、业务功能标识、流量等。
- 对于在线计费，计费功能模块应将计费数据发送到计费服务器，以便计费服务器确认是否允许移动政务应用或设备用户对业务资源的访问，其中计费数据包括业务功能标识、计费单元等。
- 计费服务器返回响应，允许移动政务应用或设备用户的访问。

③ 移动政务业务平台中的业务功能模块对访问进行处理，并将访问的响应发送至计费功能模块处理。

④ 计费功能模块记录确认访问成功时，应确定并记录与访问响应相关的计费数据，计费数据包括时间戳、检索资源结果、时长、流量等。

⑤ 计费功能模块将计费数据传送到计费服务器，进行批价并生成计费账单。

- 计费功能模块将与访问请求和访问响应相关的计费数据发送到计费服务器，计费数据中还应包括消息序列号、结束符等信息，用于区别不同的计费数据。
- 计费服务器返回响应，说明已成功发送。

第 10 章

基于云计算的电子政务公共平台的信息资源开放共享

10.1 概述

当今世界，信息资源日益成为重要的生产要素和社会财富，以及国家软实力和竞争力的重要标志。2011年以来，美国、英国等国家在全球掀起了政府开放数据的热潮，全球多个国家普遍建立了依托互联网面向社会提供开放数据的统一网站系统，政务部门和公共机构依托数据开放网站实施公共信息资源开放共享。2012年，我国第一个政府数据开放平台在上海推出。随后，从2015年开始，我国高度重视对数据的开放利用，并将政府数据开放提升到"国家战略"地位。2015年，国务院印发《促进大数据发展行动纲要》，明确提出"推动政府数据开放共享"整体要求；2016年印发《政务信息资源共享管理暂行办法》，政府数据开放在我国实现快速发展；2018年印发《公共信息资源开放试点工作方案》，各地方政府相继建立政府数据开放平台，我国政府数据开放实现了从政策到实践的跨越式发展，数据展现出前所未有的重要作用，政府数据开放进程加快推进。2021年11月，工业和信息化部印发《"十四五"大数据产业发展规划》，提出要以推动高质量发展为主题，以供给侧结构性改革为主线，以释放数据要素价值为导向，围绕夯实产业发展基础，着力推动数据资产高质量、技术创新高水平、基础设施高效能。

电子政务信息资源共享主要指的是，两个或两个以上的政务部门或者用户，共享政务部门和公共企事业单位在履行必要的政府职能以及提供公共服务的过程中收集的各种电子政务信息。

（1）关于公共信息资源开放共享

公共信息资源是指政务部门和公共企事业单位所产生或管理的，具有原始性、可机器读取、可供社会化再利用等特征的数据集。公共信息资源开放就是要把分散、封闭、"沉睡"在各级政务部门和公共企事业单位中的信息资源向社会开放，通过再次开发利用发挥其潜在的社会价值和经济价值。

（2）关于开放网站系统

统一的公共信息资源开放网站系统是全国各级政务部门及公共企事业单位开放数

据的互联网平台和门户，是社会获取和利用开放的公共信息资源的统一规范渠道。公共信息资源开发网站系统集中统一建设可以避免重复投资和资源浪费，可以实现数据再处理及信息产品的生产和提供，可以使社会公众方便、低成本地使用、获取开放数据。

依托公共信息资源开放网站系统，构建公共信息资源开放的制度、机制和体制，建立公共信息资源开放的管理体系和信息安全保障体系，实现各级政务部门和公共企事业单位公共信息资源开放的管理。按照社会信息处理的需要，建立公共信息再处理平台和信息产品服务系统，为社会提供高效、便捷的加工、分析、挖掘公共信息资源和各类信息产品的服务，使社会公众更方便地获取信息产品服务，发挥数据价值。

（3）网站系统建设需求

公共信息资源开放网站系统建设要满足以下6个方面的需求。

① 保证开放数据的原始性。要保证在任何情况下，任何网站开放数据的内容和格式不进行任何处理及变更，有利于社会进行数据挖掘和再利用。

② 保证开放数据具有可机器读取的处理形态。有利于开放数据被直接地获取和处理，有利于数据的再利用。

③ 满足开放数据集中便利获取。有利于降低社会获取公共信息资源的成本，有利于提高社会化信息再利用的效率。

④ 实现政务部门和社会开放信息互动。通过公共信息资源开放网站系统实现政务部门与社会的互动，有利于促进政务部门更好地了解社会开放数据需求。

⑤ 实现社会信息再处理和信息产品服务。满足社会处理公共信息资源的需要，向社会提供高效、便捷的加工、分析、挖掘公共信息资源和信息产品的服务。

⑥ 实现开放数据有序管理。通过网站系统实现开放数据的有序管理，有利于保护数据安全和个人隐私。

10.2 信息资源开放共享架构

10.2.1 整体架构

省级开放共享网站经过采集、存储、提供、获取等多个环节，向各类信息使用者提供服务；市/区县/乡镇信息开放者充分利用已有信息资源基础，通过已建开放平台上传和人工上传两种方式开放信息资源。公共信息资源开放共享架构如图10-1所示。

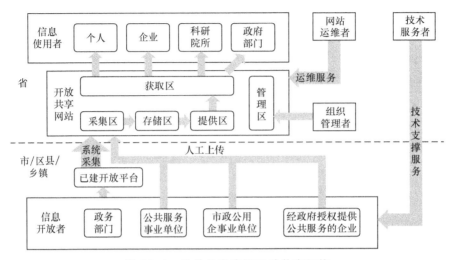

图 10-1　公共信息资源开放共享架构

10.2.2　信息资源开放

　　开放的信息资源为信息开放者提供原始可机读数据。原始可机读数据是指信息系统数据库文件、电子文档、图片、多媒体数据等计算机可识别的电子数据。对于不可机读的数据，由信息开放者录入信息系统或转为电子扫描文件后对公众开放。

　　信息开放者需要将信息资源以数据集的方式提供。数据集是指信息开放者依据实际业务，按照信息类别、地域、时间周期等要素提供的数据集合，而非单条数据。

　　信息资源表现形式包括结构化数据和非结构化数据，结构化数据包括关系数据库文件，非结构化数据包括办公文档、纯文本、表格、网页、图片、音频、视频等。

　　对于由数据库管理的信息资源，信息开放者以数据库文件（DMP文件）或数据库导出的表格文件上传到开放共享网站，并提供配套的数据库表字段说明文件。开放共享网站直接将原始数据库文件进行开放，不进行数据库建库和数据还原。

　　信息开放者在信息资源开放前需要对文本、图片、音频、视频等信息资源进行无损压缩处理，压缩格式为rar、7z、zip等。

　　信息开放者需要对开放的每个数据集进行属性描述，描述内容包括数据集名称、所属部门、时间戳等。

　　对于开放的信息资源，由开放共享网站与已建开放平台进行对接，接口方式、技术协议等需要满足已建开放平台的要求,由开放共享网站开发数据接口,按照信息资源开放规范要求自动完成信息资源采集;对于未开放的信息资源,信息开放者需要依托互联网将信息资源上传到开放共享网站。

信息开放者需要根据信息使用者的不同类别对信息资源的开放使用范围进行授权,包括全部开放、部分开放和政府内部开放。全部开放是指对所有信息使用者开放;部分开放是指对政务部门、市政公用企事业单位、公共服务事业单位、经政府授权提供公共服务的企业等各类信息使用者开放;政府内部开放是指对政务部门信息使用者开放。网站在信息开放者上传信息资源的同时,需要提供页面供信息开放者进行授权设置,并按照信息开放者的授权进行自动归类和访问权限控制。

各级信息开放者负责信息资源的及时上传和更新维护。

10.2.3 统一数据开放共享网站构建

统一数据开放共享网站充分发挥云计算虚拟化、高可靠性、通用性、高可扩展性等优势,充分利用电子政务公共平台已有基础,采用安全可靠的软硬件设备,由省级统一构建,省、市、区县、乡镇 4 级使用。

统一数据开放共享网站需要具备五大功能区,包括采集区、存储区、提供区、获取区和管理区。采集区为信息开放者提供必要的数据提交工具;存储区提供对海量、异构数据的存储、管理和安全防护功能;提供区对数据进行分类和展示;获取区为信息使用者提供必要的数据访问界面和工具;管理区提供与数据相关的统计功能,以及面向各类用户的管理和消息推送功能。

(1)采集区

采集区提供数据提交、描述信息录入和访问权限设定等功能。

① 数据提交。信息采集区需要具备网页上传、API 提交两种提交方式,只面向信息开放者提供。网页上传功能支持断点续传、50MB 以上单个数据文件的上传、文件类型检测和哈希校验功能。API 提交功能提供身份验证、批量文件的上传、多个文件的上传顺序设定、SHA256 或 SM3 算法校验、按时段和类型获取已上传文件列表等功能。

② 描述信息录入。信息采集区需要提供数据描述信息的录入功能。对于网页上传方式,为信息开放者提供数据集名称编辑、主题勾选和时间戳编辑勾选功能。

③ 访问权限设定。信息采集区提供对信息使用者的访问权限设置功能。对于网页上传方式,在数据提交时以勾选方式让信息开放者选择全部开放、部分开放和政

府内部开放这 3 类权限。对于 API 提交方式,提供访问权限的设置接口。

(2)存储区

存储区提供海量、异构数据的统一存储、管理和安全防护功能。

存储区需要同时满足结构化和非结构化数据的存储需求;在物理上明确划分为描述信息区、永久存储区和临时存储区。

存储区需要能够按照信息开放者所设置的数据开放使用范围,在逻辑上将在线数据区划分为全部开放、部分开放、政府内部开放和暂不开放 4 个分区(对于分布式存储,保证上述 4 类不同开放使用范围的数据不会存储在同一个服务器内)。

存储区需要针对网站管理者提供数据的统一管理功能,包括数据的添加、打包、解压、删除、更新,还有信息开放者的变更、数据描述信息的变更、数据开放权限的变更等。

(3)提供区

信息提供区提供对数据进行分类、展示和反馈的功能。

① 数据分类。信息提供区需要按照信息开放者提供的数据开放使用范围等设置进行分类。信息提供区能够按照区域、部门、主题等描述信息自动对数据进行分拣,分拣后的数据归入相应的版块和专区内。

② 数据展示。信息提供区需要对数据的相关信息进行展示,包括下载量、浏览量、评分汇总、发布时间、数据类型、数据大小、数据来源。信息提供区需要提供数据应用案例文本的添加、编辑、删除和展示功能,应用案例需要与相关的数据集建立关联。

③ 数据反馈。信息提供区需要为用户提供对数据进行评分和举报的功能。评分从低到高划分为一星到五星这 5 个等级。举报功能提供消息的编辑和发送功能,以供用户反映数据的违规和违法情况。

(4)获取区

信息获取区提供对数据的检索、获取界面的功能,以及检索和获取环节的权限控制功能。

① 访问界面。信息获取区需要提供多种用户界面,适配多种终端形态(智能手机、平板电脑、个人计算机)、操作系统(苹果、安卓、Windows 等)和浏览器(微软 IE、谷歌 Chrome、火狐 Firefox 等),以满足用户在不同环境下的访问需求。

② 权限控制。信息获取区需要根据数据的开放使用范围对信息使用者进行访问控制,包括检索、浏览、API 访问和下载等环节。对信息资源使用的单位和人员统一使用数字证书验证身份。

③ 数据检索。信息获取区需要提供数据的查询检索功能。针对数据的描述信息，提供基于关键词的基本查询功能，提供基于信息开放者、数据发布时间及类型的高级定向查询功能。针对数据应用案例和文本类数据，提供基本的中英文全文检索功能。对数据检索结果提供基于发布时间、下载量和数据大小的双向排序展示功能。

④ 获取方式。信息获取区需要根据不同用户的访问需求和不同数据的访问限制，提供直接下载和 API 访问两种获取方式。直接下载方式支持断点续传功能。API 访问包括获取数据内容、数据描述信息和数据目录的功能，对以上内容的获取能够提供基本的条件设定。API 需要支持身份认证、缓冲区安全防范等功能。

（5）管理区

管理区为组织管理者提供必要的管理功能，包括信息核查、数据开放情况统计、数据需求统计、用户管理、配置管理、密钥及数字证书管理和消息推送功能。

① 信息核查。管理区需要提供对数据的核查功能，在数据开放后和发布前通过自动检查工具对数据的完整性、信息开放者提交数据所用设备的 IP 地址等进行核查。需要提供核查界面由组织管理者以人工方式对数据进行抽查。

② 数据开放情况统计。针对信息开放者提交数据的情况，管理区需要提供统计功能，包括已提交数据集的数量、已提交数据集的评分、下载量、API 访问量、浏览量、数据开放权限的变更次数、频度。对上述统计数据提供直观的图形、排行榜和报表展现形式，从统计频率上分为周报、月报、年报 3 种。

③ 数据需求统计。针对网站现有数据被使用和被搜索的情况，管理区需要提供统计功能，包括关键词搜索次数和频度，以及用户搜索、浏览、下载、购买或订阅信息资源的历史。根据用户所属行业或专业类别，形成信息资源需求和最终流向的汇总报告。对上述统计数据提供直观的图形、排行榜和报表展现形式，从统计频率上分为周报、月报、年报 3 种。

④ 用户管理。管理区需要提供针对各类用户的管理功能。针对信息使用者，提供注册、登录、下载历史、收藏夹等功能；针对信息开放者，统一注册用户并分配账号和密码，提供数据发布和更新功能，能够编辑已发布数据的访问授权范围；针对组织管理者，提供用户添加／删除功能，能够设定用户对数据的访问权限，包括检索、浏览、API 访问和下载等。

⑤ 配置管理。管理区需要提供对数据目录和信息开放者组织架构表的导入、导出和编辑功能。

⑥ 密钥及数字证书管理。管理区需要提供对各类密钥和数字证书的统一管理功

能，包括分发、变更和加密存储等。

⑦ 消息推送。管理区需要具备面向信息使用者、信息开放者、网站运维者和组织管理者的自动消息推送机制。对于信息使用者浏览或访问过的数据，在其被更新或被删除时主动推送消息通知用户，并为用户提供开启/关闭消息推送的功能。对于信息开放者，能够将数据核查结果、用户评分、用户对数据的需求，以及用户对数据质量的反馈进行自动推送。对于组织管理者和网站运维者，能够将用户对网站本身问题的反馈和建议推送给组织管理者和网站运维者。

10.2.4 互动反馈

统一数据开放共享网站需要设立信息资源开放共享互动反馈专区，对信息使用者提出的信息资源开放需求进行反馈。

信息使用者可通过网站对国家、省、市、区县的各信息资源开放部门提出信息资源开放需求，各级信息开放者通过统一数据开放共享网站对开放需求进行受理和反馈。

统一数据开放共享网站能够展现信息使用者的开放需求和信息开放者的反馈情况，内容包括开放需求的提出者、需求类别、提出时间、需求内容、受理时间、处理结果、反馈时间、用户评价等。

统一数据开放共享网站需要提供对开放需求反馈的查询功能窗口，信息使用者可对需求的反馈情况进行查询。

统一数据开放共享网站需要提供对开放需求反馈的评价功能窗口，信息使用者注册且登录后方可根据需求反馈的结果对相应的信息开放者进行评价。

10.3 信息资源开放共享系统的技术架构

10.3.1 技术架构

信息资源开放共享系统由数据共享服务子系统、数据开放服务子系统、数据再处理子系统、信息产品服务子系统和统一数据开放共享网站组成，用于使用电子政务公共平台的省、市、区县各级政务部门间进行信息共享，以及省、市、区县各级政务部门和各级公共企事业单位向社会开放信息资源。信息资源开放共享系统的技术架构如图10-2所示，粗线部分为相关系统组成。

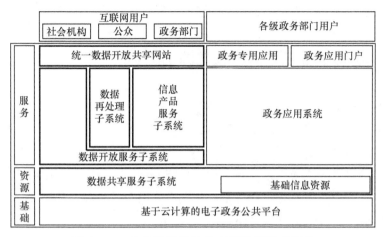

图10-2　信息资源开放共享系统的技术架构

数据共享服务子系统为各政务部门间的数据共享提供服务，并实现基础信息资源在政务部门间的共享。而各政务部门可利用数据共享服务子系统实现政务数据向数据开放服务子系统的传送，进一步实现数据的开放。

根据GB/T 33780.1—2017中规定的电子政务公共平台的体系架构，信息资源开放共享系统在电子政务公共平台的体系架构由服务资源架构的多个服务资源池共同构成，并由其他架构支撑，以实现服务的提供，信息资源开放共享系统在电子政务公共平台体系架构中的位置如图10-3所示。

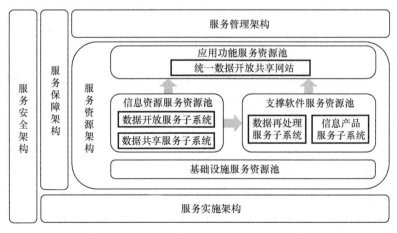

图10-3　信息资源开放共享系统在电子政务公共平台体系架构中的位置

在服务资源架构中，基础设施服务资源池为各资源池提供服务。信息资源服务资源池提供数据开放服务和数据共享服务，支撑软件服务资源池提供数据再处理服务和信息产品服务。应用功能服务资源池可以提供统一的数据开放共享网站服务。

10.3.2 信息资源开放共享系统的功能要求

（1）数据共享服务子系统的功能要求

利用电子政务公共平台构建数据共享服务子系统。数据共享服务子系统由 GB/T 21063—2007《政务信息资源目录体系》系列标准规定的目录体系和 GB/T 21062—2007《政务信息资源交换体系》系列标准规定的交换体系组成，可用于实现政务信息资源和基础信息资源在各级政务部门间共享，以及各级政务部门连接数据开放服务子系统实现可开放信息资源向社会开放。

数据共享服务子系统采用集中与分布相结合的方式提供信息资源目录服务和数据交换服务，主要分为省、市二级节点，国家级节点建设不在本章讨论范围内。信息资源目录分为数据共享目录和数据开放目录。

省级节点存储和提供相关省级信息资源分目录和省级交换服务，省级节点与国家级节点实现互通。

市级节点存储和提供地市级及以下信息资源分目录和地市级及以下交换服务，下级节点应当利用上级节点进行本级政务信息资源目录的注册和跨区域的数据交换。

（2）数据开放服务子系统的功能要求

数据开放服务子系统利用电子政务公共平台统一构建，为省、市、区县各级政务部门和公共企事业单位开通数据专栏和专区，按照数据开放目录进行数据开放。数据开放服务子系统提供数据采集、数据整理、数据脱敏、数据呈现和数据获取等功能。

数据开放服务子系统的功能要求包括以下 5 点。

① 数据采集功能实现从政务部门及公共企事业单位汇集开放数据，安全传输至统一数据开放共享网站。

② 数据整理功能实现开放数据的分类及编目。

③ 数据脱敏功能实现对敏感信息的隐私保护，即按应用需求通过脱敏规则使数据变形，对数据进行标记以及元数据生成，再将数据进行开放。

④ 数据呈现功能实现开放数据的多维度展示及检索查询。

⑤ 数据获取功能实现开放数据的安全数据接口，提供 API 连接、下载和推送等方式。

（3）数据再处理子系统的功能要求

数据再处理子系统利用电子政务公共平台按需构建，对开放数据提供加工处理和再利用服务，包括数据清洗、数据加工和数据整合等功能，使社会用户可以更便捷地利用开放数据。数据再处理子系统的功能要求包括以下内容。

① 数据清洗功能实现开放数据的去噪、查错和补漏，保证数据的准确性、完整性和一致性。

② 数据加工功能实现开放数据的特征识别、提取和转换，提升数据的可用性。

③ 数据整合功能实现根据对象、事件、位置和时间等维度对多源的开放数据进行关联和集成。

（4）信息产品服务子系统的功能要求

信息产品服务子系统利用电子政务公共平台按需构建，为各级政务部门、公共企事业单位和社会公众提供由开放数据再处理形成的公共信息资源产品的展示服务，包括信息产品发布、信息产品审核和用户服务等功能。信息产品服务子系统的功能要求包括以下几点。

① 信息产品发布功能实现信息产品开发者在线提交信息产品，提交或修改相应的信息产品说明和演示。

② 信息产品审核功能实现本子系统的管理员对信息产品的在线审核，通过审核的信息产品可以上线，对于引起社会争议的信息产品进行下线处理。

③ 用户服务功能实现社会公众的用户注册，以及对信息产品进行查找、获取和反馈。

信息产品服务子系统由负责信息资源开放的主管部门按需求进行部署。

（5）统一数据开放共享网站的功能要求

建立统一数据开放共享网站向全社会提供数据开放服务，包括开放数据检索、数据开放专区和专栏管理、数据再利用申请、数据产品服务和在线互动等功能。统一数据开放共享网站的功能要求包括以下内容。

① 开放数据检索功能提供便捷、多维度及模糊方式的数据检索服务，为社会公众和再利用开发者提供开放数据下载 API。应限定每个 API 的使用者访问的频度、下载的数量、访问的次数等。

② 数据开放专区和专栏管理功能为各级政务部门及公共企事业单位开通数据开

放专区和专栏,按规则分配域名及初始空间,进行分类存储及管理。按"省、市、区县"层级和"所属部门"两部分开设栏目,并定位开放数据。

③ 数据再利用申请功能实现授权数据使用者申请使用数据再处理子系统的数据清洗、数据加工和数据整合等工具及服务。

④ 数据产品服务功能实现各级政务部门和社会公众进行信息产品的检索和下载。

⑤ 在线互动功能实现开放主体与社会公众的沟通、互动,收集社会公众对开放数据的意见和建议。

10.4 信息资源开放共享系统的服务要求

10.4.1 组建专业的技术服务机构

由电子政务公共平台服务提供者建立信息资源开放共享专业技术服务机构,负责提供信息资源共享管理、公共信息开放、开放数据处理和信息产品服务等技术服务。专业技术服务机构专事专用,严格遵守国家保密和信息安全规定。

10.4.2 数据共享服务要求

各级政务部门间通过目录系统、交换系统实现数据开放共享服务。

目录系统总体技术架构包括信息库系统和目录内容服务系统。信息库系统由政务部门的共享信息库、目录内容信息库,以及目录服务中心的目录内容管理信息库、服务信息库组成。目录内容服务系统由共享信息服务系统、编目系统、目录传输系统、目录管理系统、目录服务系统组成。具体规定详见 GB/T 21063—2007《政务信息资源目录体系》系列标准。

交换系统技术支撑环境由信息库系统和信息交换系统组成。信息库系统由若干个交换信息库组成。信息交换系统由交换桥接、前置交换、交换传输、交换管理等子系统组成。具体规定详见 GB/T 21062—2007《政务信息资源交换体系》系列标准。

10.4.3 数据开放服务要求

（1）开放数据的要求

开放数据要求包括以下 5 点。

① 原始性：开放数据内容和格式完成脱敏处理后不进行任何处理及变更，有利于社会对数据进行挖掘和再利用。

② 可机读：保证开放数据可以直接获取和利用。

③ 数据格式：开放数据的结构包括结构化数据（关系数据库文件）和办公文档、纯文本、表格、网页、图片、音频和视频等非结构化数据。开放单位需将不易机读的格式转化为可机读格式进行开放。

④ 数据审查：开放数据前完成开放数据国家秘密和个人隐私保护审查制度建设，应明确审查职责，建立审查程序，保证涉及国家秘密和个人隐私的数据不实施开放。

⑤ 集中存储：开放数据进行集中存储，由开放主体负责内容更新与维护，技术服务机构完成防篡改防护技术和数据管控、行为追溯和黑名单等技术管理措施的建设。

（2）开放数据的使用要求

建立网络注册登记和安全防护的管理体系，实行开放主体和使用者在线登记注册，保证开放数据的安全，实施登录申请、审查和注册制度。

统一数据开放共享网站可对用户行为进行追溯，对违规用户建立黑名单。

（3）开放数据的流程

开放数据的流程如图 10-4 所示。

开放数据的要求包括以下内容。

① 省、市、区县各级政务部门和公共企事业单位按照 10.3.2 节所述内容，利用本省电子政务公共平台构建各级数据共享服务子系统，连接数据开放服务子系统，实现信息资源的开放服务。

② 省、市、区县地方政务部门和各级公共企事业单位按照 10.3.2 节所述功能，通过数据开放服务子系统实现本单位的信息资源开放。

③ 按需构建数据再处理子系统，为有需求的社会数据生产机构提供数据处理、加工工具和服务。

④ 按需构建信息产品服务子系统,为社会公众提供信息产品展示和使用服务。
⑤ 开放数据的获取和信息产品服务的获取均通过统一数据开放共享网站。

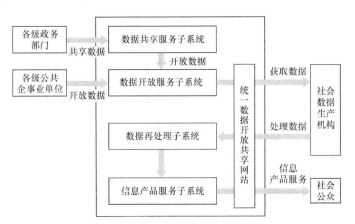

图 10-4　开放数据的流程

第 11 章

基于云计算的电子政务公共平台的安全

11.1 概述

基于云计算的电子政务公共平台顶层设计和服务实施，要坚持"统一管理，保障安全"的原则，统一管理电子政务公共平台的规划、标准、制度和技术体系，采用安全可靠的软硬件产品，综合运用信息安全技术，建立安全可靠的信息安全保障体系，全面提高安全保障能力。

根据国家等级保护的要求，按照基于云计算的电子政务公共平台的资源安全保障、安全服务、安全服务实施、安全运维、安全管理及安全测试等要求，建设完善电子政务公共平台信息安全保障体系，不断提高电子政务公共平台信息安全保障水平。

11.2 总体安全体系框架

电子政务公共平台的安全保障范畴涵盖电子政务公共平台自身软硬件安全、电子政务公共平台安全服务、电子政务公共平台接入安全，具体描述如下。

① 电子政务公共平台自身软硬件安全为其基础环境及其所承载数据和业务提供安全保障，涉及电子政务公共平台的物理环境、网络、主机（物理主机和虚拟主机）、存储，以及其所承载的数据和支撑业务软件等方面。

② 电子政务公共平台安全服务是电子政务公共平台以服务的形式提供安全措施，包括网络安全服务、业务支撑安全服务、系统安全服务、认证服务和数据安全服务等；用户可以根据需要选择相应的安全服务来支撑其应用和业务；服务实施与交付过程也受到电子政务公共平台的安全保障。

③ 电子政务公共平台接入安全主要涵盖外部终端和网络，以及外部业务系统接入电子政务公共平台涉及的安全问题。

电子政务公共平台的安全保障体系分别从电子政务公共平台资源安全保障、电子政务公共平台安全实施、电子政务公共平台安全运维、电子政务公共平台安全管理 4 个维度，对电子政务公共平台自身软硬件资源、电子政务公共平台对外提供的服务和接入安全提出相应的安全技术和管理保障要求，并在这些要求的基础上提供了安全测试方法。电子政务公共平台的安全保障体系包括基础环境安全、业务及数据支撑安全、安全隔离、安全服务、服务安全实施、服务安全运维、服务安全管理，以及服务安全测试，总体安全体系框架如图 11-1 所示。

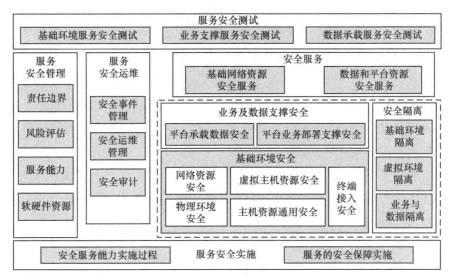

图 11-1　总体安全体系框架

（1）基础环境安全

基础环境安全主要包括网络资源安全、主机资源通用安全、虚拟主机资源安全、终端接入安全、物理环境安全。

（2）业务及数据支撑安全

电子政务公共平台承载数据安全，包括数据传输、数据存储、数据迁移、数据销毁、备份和恢复、存储设备和目录服务的安全。

电子政务公共平台业务部署支撑安全包括电子政务公共平台提供的通用应用服务软件、应用支撑软件、虚拟化软件、应用开发环境、运行环境和资源管理的安全；同时，还包括对电子政务公共平台应用系统部署相关的安全域划分和安全域的访问控制。

（3）安全隔离

安全隔离主要包括基础环境隔离、虚拟环境隔离、业务与数据隔离。

（4）安全服务

安全服务主要包括基础网络资源安全服务、数据和平台资源安全服务。

① 基础网络资源安全服务包括电子政务公共平台网络部署过程中涉及的网络隔离、专网整合、公用互联网接入、基层网络覆盖等安全服务。

② 数据和平台资源安全服务包括业务支撑安全服务、系统安全服务、统一用户认证服务、数据保护服务和托管安全服务。

（5）服务安全实施

服务安全实施包括安全服务能力实施过程、服务的安全保障实施。

① 安全服务能力实施过程包括安全方案设计、安全产品选型、软件开发与外包、工程实施与验收、电子政务公共平台交付与资料备案等关键过程中的安全能力实施过程。

② 服务的安全保障实施包括服务申请、服务审批、服务配置、服务交付、服务运行保障和服务撤销的安全保障。

（6）服务安全运维

服务安全运维主要包括安全事件管理、安全运维管理、安全审计、日志服务和安全运维监控服务。

（7）服务安全管理

服务安全管理主要包括管理责任边界、风险评估、服务能力、软硬件资源。

（8）服务安全测试

服务安全测试主要包括基础环境服务安全测试、数据承载服务安全测试和业务支撑服务安全测试。

11.3 基础环境安全要求

11.3.1 网络资源安全

网络资源安全包括网络拓扑结构安全、网络访问控制、网络互联互通、安全审计、边界完整性检查、入侵防范、网络设备防护、互联网接入、移动/无线网络接入、虚拟网络及设备安全等方面。

（1）网络拓扑结构安全

在电子政务公共平台运行过程中，网络拓扑结构应具备足够的健壮性和安全隔离性，主要网络设备应做到冗余配置，能够保证网络各个部分的带宽满足业务高峰期需要。在业务终端与业务服务器之间进行路由控制，建立安全的访问路径，业务终端和业务服务器应放置在不同的子网内；绘制与当前运行情况相符的完整的网络拓扑结构图，有相应的网络配置表，包含设备 IP 地址等主要信息，并及时更新；网络设备中支持 QoS 配置，对重要的业务流分配较高优先级别，保证在网络发生拥堵的时候优先保护重要主机；网络拓扑结构应做到对设备、节点、端口变化的动态检测与发现；应根据所承载业务系统的工作职能、重要性和所涉及信息的重要程度等因素，在充分调研互联互通、网络隔离等需求的基础上，划分不同的子安全域，划分网段，分配地址。

网络的安全域与公共网络、安全域之间采用防火墙进行隔离，关键安全域与其他网络间采用网闸进行物理隔离。

（2）网络访问控制

网络访问控制是将未经授权的用户和设备排除在专用网络之外的行为。允许电子政务公共平台外部的某些设备或用户访问平台使用网络访问控制来确保这些设备和用户符合平台安全的要求。

电子政务公共平台应在网络边界部署身份认证网关、网闸和防火墙等访问控制设备，启用访问控制功能，设置访问控制机制；网络访问控制设备以数字证书作为实体身份的标识，用户身份采用用户证书进行标识，网络设备身份采用设备证书进行标识。对于外部用户，通过公用互联网访问电子政务公共平台中的设备提供相对安全的访问通道，例如，通过安全 VPN 方式，保证用户和系统之间的访问控制能力，能够允许或拒绝用户对资源进行访问，控制粒度为单个地址或端口等标识；对重要网段应采取技术手段防止地址欺骗，一般情况下，关闭远程拨号访问功能，根据会话状态信息，为数据流提供明确的允许/拒绝访问的能力，在会话处于非活跃时间或会话结束后终止网络连接，能够对进出网络的信息内容进行过滤，并限制网络最大流量数及网络连接数。

访问控制设备可根据访问实体身份权限设置实体对网络的访问控制策略。访问控制设备可根据实体身份及访问权限，设置 MAC 访问控制列表和 IP 访问控制列表，为数据流提供明确的允许/拒绝访问的能力，控制粒度为端口级；访问控制设备可根据实体身份及访问权限，实现对应用层 HTTP、文件传输协议（File Transfer Protocol，

FTP）、TELNET、SMTP、POP3等协议，实现对应用层HTTP、FTP、TELNET、SMTP、POP3等协议命令级的控制。

平台管理系统应对平台资源访问的认证、账号、授权组件实施统一管理，设置统一的网络访问策略，网络访问策略应基于与之配套的网络安全信任体系。

（3）网络互联互通

同等级电子政务系统之间的安全保障是各系统在同等安全等级的基础上进行对等访问控制，协商确定边界防护措施和数据交换安全措施，保障电子政务系统间互联互通的安全。

不同等级电子政务系统间的安全保障是各系统在按照自身安全等级进行相应保护的基础上，协商对相互连接的保护。高安全等级系统要充分考虑引入低安全等级系统后带来的风险，并采取有效措施进行控制。

（4）安全审计

在网络中部署安全网络管理设备，对网络设备运行状况、网络流量、用户行为等进行日志记录，能够提取路由器、交换机和防火墙等网络设备的日志记录，能够根据记录数据进行分析，并生成审计报表。

因此，网络安全审计的内容包括设备安全配置审计、设备账号行为审计、上网行为审计、非法接入与外联审计、网络会话审计、网络数据交换审计、邮件审计、远程连接审计、网络流量审计、协议白名单审计、通信行为审计等，并对上述内容进行日志记录。审计记录包括事件的日期和时间、用户、事件类型、事件是否成功，以及其他与审计相关的信息。

电子政务公共平台能够定义审计跟踪极限的阈值，当存储空间接近极限时，能够提前告警，并采取必要的措施，避免出现无法记录审计事件的情况，能够对审计记录进行保护，避免受到未预期的删除、修改或覆盖等。

电子政务公共平台能够根据日志记录数据进行分析，并生成审计报表；能够根据信息系统的统一安全策略，实现集中审计，始终保持与时钟服务器同步。

（5）边界完整性检查

电子政务公共平台网络中部署网络边界管理设备，以设备数字证书作为设备接入网络的认证标识，能够对非授权设备私自连接到内部网络的行为进行检查，准确定位，并对其进行有效阻断；也能够对内部网络用户私自连接到外部网络的行为进行检查，准确定位，并对其进行有效阻断，例如，可阻断内部用户采用电话拨号、

ADSL[1]拨号、手机、无线上网卡等无线拨号方式连接其他外部网络。

电子政务公共平台内部设备互联，例如，使用局域网，应采用具有网管能力的设备连接终端设备，不能使用集线器设备；采取技术手段对网络边界实现勘验，即能够对网络中的重要节点数据流量与"流量特征"进行取样并分析，用以进一步监测、判定设备与终端的运行状态，实现安全防护，例如，通过防火墙、入侵检测系统(Intrusion Detection System, IDS)设备或流量检测设备监控非法的内联和外联行为。当内部 IP 地址回收后，再分配其他用户之前必须留有足够的时间间隔。

（6）入侵防范

入侵防范主要是对外部网络发起的攻击、内部网络发起的攻击、新型攻击的防范，以及检测到入侵攻击时及时告警，进行多方面考虑，综合抵御各种来源和各种形式的攻击行为。

电子政务公共平台在其 IP 承载网层面应具有抵御常见网络攻击、差错防范和处理的设计，在网络边界部署和启用攻击、入侵防范技术手段（例如，防火墙、入侵检测等安全设备），防范针对电子政务公共平台设备和系统的常见攻击及入侵（例如，端口扫描、木马后门、DoS/DDoS 攻击、缓冲区溢出攻击、IP 碎片攻击、网络蠕虫等）。当检测到攻击行为时，应记录攻击源 IP、攻击类型、攻击目的、攻击时间，在发生严重入侵事件时应及时报警并自动采取相应动作，可使用与防火墙联动的入侵检测系统，检测到攻击行为时与防火墙联动阻断攻击。电子政务公共平台及其承载政务业务系统应当限制和禁用可能造成漏洞的服务和端口，应防止同一电子政务公共平台的租户窃取关键数据，相关软件应及时安装补丁，定期检查更新，及时消除隐患。

另外，建议电子政务公共平台部署流量清洗设备阻止拒绝服务攻击，部署安全网络设备支持恶意代码检测和阻断，并能够支持更新恶意代码库。

（7）网络设备防护

从网络管理角度来看，网络设备可分为 3 类：① 不需要进行配置和管理的网络设备，例如集线器等；② 可通过特殊端口（串口、并口、USB 口）进行配置管理的网络设备，例如交换机等；③ 可通过远程连接 TELNET、网管、Web 等方式进行配置管理的网络设备，例如路由器等。在通常情况下，前两类网络设备自身不会遭到入侵攻击，存在较大安全隐患的主要是第三类网络设备。因此，要针对第三类网络设备可能存在的安全隐患进行防护。

---

1 ADSL（Asymmetric Digital Subscriber Line，非对称数字用户线）。

在网络设备的配置管理过程中，由于参与实际操作的技术人员的技术水平存在一定差异，人为操作中很难避免出现失误，即使技术水平较高也会出现配置失误等情况。常见的安全隐患主要有：在设备密码配置中用空密码、较简单密码或不设置密码，或者将密码设置为明码而没有加密；对远程管理没有进行访问控制，即对远程管理终端地址没有进行适当控制；访问控制配置错误，没有达到预期目的。针对上述问题，可采取以下 8 个安全防护措施。

① 提供并启用用户鉴别信息复杂度检查功能，保证身份鉴别信息不易被冒用；对登录网络设备的用户进行身份鉴别，应删除默认用户或修改默认用户的口令，根据管理需要开设用户口令，不得使用缺省口令、空口令、弱口令。

② 身份鉴别信息应具有不易被冒用的特点，口令应有复杂度要求并定期更换，口令应符合以下条件：数字、大写字母、小写字母、符号混排等无规律的方式；管理员用户口令的长度至少为 8 位；管理员用户口令至少每季度更换 1 次，旧口令 1 年内不得重用；可使用动态密码卡等一次性口令认证方式；采用加密方式存储用户口令信息。

③ 对网络设备的管理员登录地址进行限制。

④ 主要网络设备应支持对同一用户使用多种鉴别技术来进行身份鉴别：通过本地控制台管理主要网络设备时，应采用身份鉴别技术；以远程方式登录主要网络设备，应采用两种或两种以上组合的鉴别技术进行身份鉴别。

⑤ 对网络设备进行远程管理时，应采取必要措施防止身份鉴别信息在网络传输过程中被窃取，应考虑采用专用的访问线路或者其他加密方式的远程访问方式。

⑥ 具有登录失败处理功能，可采取结束会话、限制非法登录次数和当网络登录连接超时自动退出等措施，应对登录失败事件进行统一审计。

⑦ 所有需要远程管理和监控的网络设备应开通 SNMP v3 协议，对于暂时不支持 SNMP v3 版本的网络设备可先开通其 v1 或 v2 版本，并将其部署于非核心位置，以便在设备更新时优先替换。

⑧ 所有需要远程管理和监控的网络设备应开通 SNMP Trap，Trap 报警信息会被就近上报到本安全域管理系统。

网络设备运行的操作系统存在漏洞会导致很多问题，例如，接收特定的非法、畸形数据包后导致系统的拒绝访问、内存泄露、完全瘫痪，甚至出现设备被完全控制等情况。因此，技术人员需要定期对网络设备的操作系统进行漏洞扫描和补丁下载。

通常，一台网络设备在出厂默认情况下，会对外部提供特定的网络服务，例如，HTTP、NTP、CDP 等，这些网络服务都可能作为攻击者的利用条件，为其提供一定的攻击机会。因此，关闭无关网络服务可以提高系统运行服务的有效性。一般情况下，需要对网络设备关闭的服务包括：CDP、HTTP、Finger、BOOTP、ARP-Proxy、IP Directed Broadcast、ICMP、WINS、DNS、udp-small-servers、NTP 等。

没有安全存放的网络设备易受临近攻击，临近攻击主要是指在攻击者物理接近后对设备进行修改、收集设备信息的一种攻击行为。这种攻击主要针对放置在共用、公用场所的某些网络设备。主要攻击方式有非法进行串口连接、非法实施密码恢复默认、非法关机等。

（8）互联网接入

互联网安全接入为电子政务公共平台与公用互联网之间提供网络安全接入、安全防护、安全管理和流量汇聚的功能。在电子政务公共平台与公用互联网运营商互通的接口部署流量清洗设备和安全防护设备，抵御并拒绝服务攻击，提供恶意代码防护、入侵检测与防御等功能，对各类接入网络设备进行鉴别和验证，将所有接入系统网络设备置于统一的管理和配置之下；部署公用互联网接入网关设备，实现公用互联网安全终端和接入用户的身份鉴别和访问控制，实现对各类接入设备、用户的综合安全审计。此外，应采取有效的安全隔离措施，保障公用互联网接入与电子政务公共平台传输网的数据安全交换。

（9）移动/无线网络接入

电子政务公共平台可以通过移动网络、无线网络的方式接入。移动网络接入应选择安全可靠的移动网络，并选择安全可靠的安全认证协议，通过移动接入网关、防火墙等设备，实现移动/无线网络接入安全访问控制。电子政务公共平台应对各类接入设备进行鉴别和验证，将所有接入设备置于统一的管理和配置之下，并实现对各类接入设备、用户的综合安全审计。

电子政务公共平台对移动/无线网络与电子政务公共平台的数据交换采取有效的安全隔离措施，将采集的重要数据以及监控系统运行的相关信息传输给电子政务公共平台，可以从电子政务公共平台查询或下载所需的业务相关数据；上述数据传输过程应通过加密的安全传输通道进行数据交换，必须严格限制可以进行交换的协议、数据类型，并依据预先制定的安全策略对交换的数据进行实时检查和过滤，阻止交换过程中电子政务公共平台内部被入侵，避免病毒的入侵。

（10）虚拟网络及设备安全

随着云计算技术的快速发展，为了满足业务快速部署、业务安全隔离、动态组网等业务需求，网络虚拟化及网络设备虚拟化已经受到越来越多的关注，也逐步在数据中心和云计算平台开始大规模部署，常见的基于 SDN 的业务链就是采用虚拟设备技术进行部署。

电子政务公共平台可以利用虚拟防火墙功能，实现虚拟环境下的逻辑分区边界防护和分段的集中管理和配置；可以创建虚拟交换机，启用交换机的虚拟端口限速功能，通过定义平均带宽、峰值带宽和流量突发大小，实现端口级别的流量控制，同时，应禁止虚拟机端口使用混杂模式进行网络通信嗅探；可以利用现有虚拟基础架构容器（主机、虚拟交换机、虚拟局域网）作为逻辑信任分区或组织分区。

电子政务公共平台能够根据需要创建虚拟网络，虚拟网络安全策略应能够灵活支持虚拟机的加入、离开或迁移，对虚拟网络的重要日志进行监视和审计，及时发现异常登录和操作；在创建客户虚拟机的同时，根据具体的拓扑和可能的通信模式，在虚拟网卡和虚拟交换机上配置防火墙，提高客户虚拟机的安全性。

11.3.2 主机资源通用安全

电子政务公共平台中的主机上应安装终端安全防护系统，实现身份鉴别、访问控制、安全审计、剩余信息保护、入侵防范和资源控制功能；主机上应安装恶意代码防范软件，防止主机受到恶意代码的攻击；主机上应部署入侵防御系统（Intrusion Prevention System，IPS），对入侵主机的行为进行防范并报警。

（1）身份鉴别

主机资源的身份鉴别安全性要求与 11.3.1 节的"网络设备防护"内容类似，要求对登录操作系统的用户进行身份标识和鉴别，提供并启用用户鉴别信息复杂度检查功能，保证身份鉴别信息不易被冒用；启用登录失败处理功能，可采取结束会话、限制非法登录次数和自动退出等措施。

电子政务公共平台应为操作系统和数据库系统中的不同用户分配不同的用户名，确保用户名具有唯一性；操作系统和数据库系统管理用户身份标识应具有不易被冒用的特点，口令应有复杂度要求并定期更换：用户口令应采用数字、大写字母、小写字母、符号混排等无规律的组合方式，口令长度至少为 8 位，口令至少每季度更换 1 次，旧口令 1 年内不得重用，也可以使用动态密码卡等一次性口令认证方式。平台应采用加密方式存储用户的口令信息。

在对服务器进行远程管理时，应采取必要措施，防止鉴别信息在网络传输过程中被窃听。当通过本地控制台管理主机设备时，应采用身份鉴别技术；而以远程方式登录主机设备时，应采用两种或两种以上组合的鉴别技术进行身份鉴别。

（2）主机访问控制

主机终端安全防护系统以用户数字证书和用户名/密码作为用户身份的标识。应启用访问控制功能，根据安全策略控制用户对资源的访问；应根据管理用户的角色分配权限，实现管理用户的权限分离，仅授予管理用户所需的最小权限；应将操作系统和数据库系统特权用户的权限分离，严格限制默认用户的访问权限，重命名系统默认用户，修改这些用户的默认口令，使平台管理系统无法修改特殊默认用户的访问权限，也无法对特殊默认用户重命名，应及时删除多余、过期的用户，避免共享用户名的存在。

电子政务公共平台能够检查内部主机是否采用双网卡跨接外部网络，对重要信息资源设置敏感标记；并依据安全策略严格控制用户对有敏感标记的重要信息资源的操作，并保存用户访问日志以备后续审计。

（3）安全审计

主机安全审计是对单台主机的安全审计。由于主机几乎是所有业务系统的承载体，主机安全关系重大，同时，主机也是最通用的计算单元，功能最复杂，接口最多，因此，主机安全需要审计的内容和格式也多种多样。主机安全审计一般包括主机账号行为审计、非法接入与外联审计、上网行为审计、打印审计、移动存储审计、光盘刻录审计、安全配置审计、文件操作审计、软硬件资产审计、系统日志审计、漏洞和补丁审计等。

主机安全审计范围应覆盖到服务器和重要用户端上的每个操作系统用户和数据库用户，应在保证系统运行安全和效率的前提下，启用系统审计或采用第三方安全审计产品实现审计要求；审计内容应包括重要用户的各种行为、系统资源的异常使用和重要系统命令的使用等系统内重要的安全相关事件；审计记录应包括日期和时间、类型、主体标识、客体标识、事件详细信息和事件的结果等，且应保护审计记录，避免受到未预期的删除、修改或覆盖等，审计记录应至少保存6个月；能够统一设置安全审计策略，实现集中审计。

（4）剩余信息保护

主机终端安全防护系统应能保证操作系统和数据库系统用户的鉴别信息在被释放或再分配给其他用户前得到完全清除；应确保系统内的文件、目录和数据库记录等资源所在的存储空间在被释放或重新分配给其他用户前得到完全清除。

（5）入侵防范

对入侵主机的行为进行防范并报警，应能够对重要程序的完整性进行检测，并在检测到完整性受到破坏后具有恢复的措施。

主机中需部署IPS，能够检测到入侵重要服务器的行为，能够记录入侵的源IP、攻击类型、攻击目的、攻击时间，并在发生严重入侵事件时报警，针对重要服务器的入侵行为检测可通过网络级或主机级入侵检测系统等方式实现。

主机入侵防范应能够对重要程序的完整性进行检测，并在检测到完整性受到破坏后具有恢复的措施，如果不能正常恢复，应停止有关服务，并提供报警。

主机上的操作系统应遵循最小安装原则，仅安装需要的组件和应用程序，并通过设置升级服务器等方式保证系统补丁及时得到更新；持续跟踪厂商提供的系统更新升级情况，应在经过充分的测试评估后对必要的系统补丁进行及时更新；通过升级操作系统补丁来减少系统漏洞；并采用专业安全工具对主机系统（包括虚拟机管理器、操作系统、数据库系统等）定期评估并加固。

（6）恶意代码防范

主机中需部署恶意代码防范系统，对主机中的恶意代码进行检测和清除，并及时更新恶意代码防范软件版本和恶意代码库。对于恶意代码防范软件不支持操作系统的情况，应采取其他有效措施防范恶意代码。支持防恶意代码的统一升级，统一日志报表管理。

主机中部署的恶意代码防范系统，应具备对特定重要业务主机的可信应用、重要目录文件的锁定功能，防止恶意代码的入侵和重要文件被篡改。

恶意代码防范系统应能够对主机中重要应用程序的完整性进行检测，并在检测到完整性受到破坏后具有恢复的措施，如果不能恢复正常，应停止有关服务，并及时报警。

（7）资源控制

主机终端安全防护系统应能对主机的CPU、硬盘、内存、网络等资源的使用情况进行监视；应限制单个用户对系统资源的最大或最小的使用限度；应能够对系统的服务水平降低到预先规定的最小值进行检测和报警，当重要服务器的CPU利用率、内存、磁盘存储空间等指标超过预先规定的阈值后，应实时报警；可以根据安全策略设置登录终端的操作超时锁定。

11.3.3 虚拟主机资源安全

虚拟主机与物理主机在安全方面有很多相似之处，但也存在一定的差异和相互影响的地方，例如，底层物理主机的安全隐患影响所有承载虚拟机、虚拟机之间的虚拟网络，会出现现有的安全策略失效、不同安全等级的虚拟机未进行有效隔离等情况，因此，有必要对虚拟主机的资源安全进行详细规定。

虚拟主机资源安全包括虚拟机基础安全、虚拟机操作系统安全、虚拟机配置与加固、虚拟机安全防护等方面。

（1）虚拟机基础安全

虚拟主机操作系统应选择安全可靠且通过国家安全测评认证的操作系统；虚拟主机管理系统应具备虚拟化系统故障的高效检测和恢复机制；应对休眠虚拟机的系统安全状态进行监控；应保证虚拟机镜像的完整性和可靠性。

虚拟主机管理系统实现虚拟主机的访问控制和身份鉴别，以及特权用户的权限分离；身份鉴别信息应具有不易被冒用的特点；口令应有一定的复杂度（长度至少8位，是数字、大写字母、小写字母、特殊字符中任意3种的组合），并定期（更换周期小于60天）更换；虚拟主机采用集中的证书池管理，作为虚拟主机认证的信任源。

虚拟主机管理系统与物理主机类似，应根据管理用户的角色分配权限，实现管理用户对设备的权限分离，仅授予管理用户所需的最小权限，并依据安全策略严格控制用户对有敏感标记的重要信息资源的操作。

虚拟主机管理系统应对虚拟主机的管理员登录地址进行限制；虚拟主机具有登录失败处理功能，可采取结束会话、限制登录失败次数和当网络登录连接超时自动退出等措施；当对虚拟主机进行远程管理时，应采取必要措施防止鉴别信息在网络传输过程中被窃听；对虚拟主机的远程访问应采用安全协议，使用的SNMP原则应使用SNMP v3并支持VACM和USM等安全机制，对于远程登录应使用SSH以及其他相关加密和认证算法，对于Web管理应使用SSL/TLS等安全协议；支持的SNMP、SSH等服务的应用应在非必要情况下关闭和禁用，应使用SNMP的相关设备，应加强对SNMP write（写操作）的管理控制，可采用增加Community名称的复杂度或是采用访问控制列表（Access Control List, ACL）控制等其他方式。

虚拟机审计内容包括：电源状态（开启、关闭、暂停、恢复）的操作记录等；对硬件配置的更改，登录尝试、权限变更、用户对数据的访问和业务的操作记录等。电子政务公共平台虚拟主机的安全日志应在本地或外部设备上进行记录、输出、存储，并及时、定期审计；日志审计范围应覆盖自身操作维护记录；对外部发起行为的记录，应形成、存储相关的审计文档；能够根据记录数据进行分析，并生成审计报表；保护审计进程，避免受到预期之外的中断。

（2）虚拟机操作系统安全

虚拟机操作系统应在虚拟化层面提供相关安全接口；虚拟机操作系统接口应开

放源代码,并通过国家权威认证机构的源代码进行安全审查;虚拟机操作系统管理软件应兼容多种虚拟化实现方式,提供虚拟层控制接口。

(3)虚拟机配置与加固

虚拟主机管理系统应及时更新虚拟化软件补丁,提升虚拟主机的安全;通过对电子政务公共平台的资源进行监控管理,使虚拟主机管理系统能够控制虚拟机所消耗的服务器资源,保障受到攻击的虚拟机不会对在同一台物理主机上运行的其他虚拟机造成影响;严格限制虚拟机到物理主机的通信,防止并拒绝对服务器进行攻击。

(4)虚拟机安全防护

电子政务公共平台应支持对所承载业务的虚拟主机进行归类,并以机柜为单位进行无边界安全防护;虚拟安全防护措施应资源化、组件化,并能够按需动态部署。

电子政务公共平台应提供虚拟主机的密钥应用管理功能,且能够允许用户对加密算法、强度和方式等参数的可选配置;虚拟主机防护应支持与虚拟化资源管理电子政务公共平台的集成,确保虚拟主机防护自动化部署;虚拟主机的安全防护组件均应集成到安全组件容器中,并可对外提供相应的安全组件管理、配置、通信、远程监控、日志采集和策略下发接口。

虚拟主机防护系统应支持与跨域认证系统的集成,以进行统一的策略下发与集成;单个虚拟主机防护系统应至少支持对 60 台虚拟主机的防护。

虚拟主机防护系统应支持分布式部署,多个虚拟主机防护系统可以进行分级防护策略的制定和下发,满足基于安全域防护措施的联动,整个电子政务公共平台的多个安全组件应支持协同防御。虚拟主机防护系统应实现对常见针对虚拟机恶意攻击的安全防护,且避免虚拟机共同体之间通过共同访问资源进行恶意攻击。

11.3.4 终端接入安全

终端接入安全包括终端通用接入安全、虚拟终端专属接入安全和移动网络环境下终端专属接入安全。

(1)终端通用接入安全

电子政务公共平台应对接入终端提供统一的安全保障措施,并由电子政务公共平台提供技术支撑和一体化的技术工具,终端用户自行实施安全防护;电子政务公共平台应部署统一的功能模块/网关设备负责终端的接入识别、认证授权等,且采用两种或两种以上组合的鉴别技术来进行身份鉴别,并且其中一项认证应基于证书进行认证；对于接入电子政务公共平台的终端进行统一授权管理，分配不同的访问控制权限；对于允许接入电子政务公共平台的终端用户数量设置限制；电子政务公共平台对终端的认证授权等数据交换过程应采取加密措施，防止数据泄露。

终端接入设备应设置唯一编号，并满足终端认证管理要求；电子政务公共平台应及时更新终端系统补丁，提升终端的安全性能；电子政务公共平台应定期对终端授权认证，防止终端授权过期继续使用或非法盗用；终端接入电子政务公共平台后，网络通信内容应采用加密方式保障机密性；电子政务公共平台应设定终端接入方式、网络地址范围等条件限制终端登录；终端接入电子政务公共平台后，应限制该终端的访问权限，并限制其他设备与该终端的非授权通信，电子政务公共平台应定期检查有线终端接入线路的安全性，并输出审计报告。

（2）虚拟终端专属接入安全

电子政务公共平台应控制和检查接入虚拟终端的资源申请要求是否符合总体资源申请限制；电子政务公共平台动态监控接入虚拟终端所消耗的服务器资源，保障受到攻击的虚拟机不会对在同一台物理主机上运行的其他虚拟机造成影响；电子政务公共平台检查虚拟终端的接入网络申请是否符合目前的安全域划分要求；电子政务公共平台应控制虚拟机到物理主机的通信，防止虚拟终端发起拒绝服务的攻击行为。

（3）移动网络环境下终端专属接入安全

移动设备终端接入电子政务公共平台应采用两种或两种以上组合的鉴别技术进行身份鉴别，并且身份鉴别信息至少有一种是不可伪造的；移动设备认证通过后确保身份信息和移动设备硬件捆绑，并具有唯一性。

移动设备终端接入电子政务公共平台后访问的信息应可控，所访问的信息不在移动设备上保存，应用程序关闭后可以清除缓存；移动设备终端接入电子政务公共平台后访问的信息应加密传输；移动设备终端接入电子政务公共平台后应限制通过非授权方式复制、传播，包括复制、截屏、发短信等行为；移动设备接入电子政务公共平台后访问的数据应防止信息从移动设备泄露。

电子政务公共平台应具备技术手段拒绝系统被破解、"越狱"获得 Root 权限的移动设备接入。

11.3.5 物理环境安全

物理环境安全要求包括基本要求、物理位置的选择、物理环境出入控制、物理环境周边安全等多个方面。

（1）基本要求

电子政务公共平台的物理环境安全应符合国家标准 GB 50174—2017《数据中心设计规范》与 GB 50462—2015《数据中心基础设施施工及验收规范》的规定，并参考 GB/T 22239—2019《信息安全技术网络安全等级保护基本要求》中的相应级别物理安全要求。另外，还应符合本章节的以下要求。

（2）物理位置的选择

机房和办公场地应选择在具有防震、防风和防雨等能力的建筑物内，机房或办公场地所在建筑物应具有符合当地抗震要求的相关检测证明；机房外的墙壁如果有窗户，应采用双层固定窗，并作密封、防水处理。

机房应避免设在建筑物内用水设备的下层或隔壁；如果机房周围有用水设备，应有防渗水和疏导措施。如果机房设在建筑物顶层，应采取有效的防水措施和固定措施；如果机房设在建筑物地下室，应采取有效的防水措施；如果机房设在建筑物高层，应对设备采取有效的固定措施。

机房不应选在已知地震带上；机房应远离电气化铁路、高压电站、发射电台及上空有航线等场所；机房应避免设在临近闹市区、重大军事目标等场所。

（3）物理环境出入控制

机房出入口应落实人员职守，并符合 GB 50394—2019《入侵报警系统工程设计规范》、GB 50395—2007《视频安防监控系统工程设计规范》、GB 50396—2007《出入口控制系统工程设计规范》和 GB 20815—2006《视频安防监控数字录像设备》的要求。

机房出入口应安排专人值守并配置电子门禁系统和挡闸设备，控制、鉴别和记录进出的人员，机房出入人员进出记录应至少保存 3 个月，应当采用监控设备将机房人员的进出情况传输到值班点，对外来人员出入机房进行控制、鉴别和记录。

进入机房的来访人员应经过申请和审批流程，并限制和监控其活动范围，来访人员进入机房，应记录其带进带出的设备、进出时间、工作内容，并安排专人陪同其在限定的范围内工作。机房出入口应有视频监控，监控记录至少保存 3 个月。

（4）物理环境周边安全

机房的电力供应应满足以下要求。

① 应提供短期的备用电力供应，至少满足设备在断电情况下的正常运行要求；机房应配备 UPS，UPS 实际供电能力能够满足设备在断电情况下正常运行 2 小时

以上。

② 配电柜、配电箱应有短路、过流保护,其紧急断电按钮与火灾报警联锁。

机房的电磁防护应满足以下要求。

① 应采用接地方式防止外界电磁干扰和设备寄生耦合干扰。

② 机房或机房所在的建筑物应采取接地措施,并且接地电阻应小于 1Ω。

③ 应对关键区域实施电子屏蔽。

④ 电源线和通信线缆应隔离铺设,电源线和通信线缆应铺设在不同的桥架或管道,避免互相干扰。

11.4 业务及数据支撑安全要求

11.4.1 平台承载数据安全要求

电子政务公共平台的业务系统需满足政务业务应用过程中数据传输、数据存储、数据迁移的保密性,同时,保证数据的可用性、完整性、保密性,在业务系统使用数据的过程中,需提供数据防篡改、防破坏、防盗用、防窃取等服务,以及高强度的数据安全保护性能。

(1) 数据传输

电子政务公共平台的各个业务系统应通过采用 VPN 和数据传输加密等技术,实现电子政务公共平台承载业务系统数据传输通道的安全保护。

在对电子政务公共平台内的系统进行维护时,应采用 SSH、SSL 等方式为其内部的维护管理提供数据加密通道,保障管理信息安全。

电子政务公共平台应采用加密或其他有效措施实现虚拟机镜像文件、系统管理数据、鉴别信息和重要业务数据的传输保密性;能够检测到虚拟机镜像文件、系统管理数据、鉴别信息和重要业务数据在传输过程中的完整性是否受到破坏,并在检测到完整性异常时采取必要的恢复措施。

电子政务公共平台中的各个应用系统应能够支持国家密码管理局要求的通信加解密算法和签名验签。

（2）数据存储

电子政务公共平台应采用加密技术或其他保护措施实现虚拟机镜像文件、系统管理数据、鉴别信息和重要业务数据等数据资源的存储保密性。

电子政务公共平台应对承载数据进行机密性保护，支持基于用户密钥的数据加密，并支持用户对加密算法、强度和方式等参数的可选配置；敏感数据加密存储应可配置；承载数据应实现对不同颗粒度（行、列）重要敏感数据的加解密；承载数据的加密存储应对最终用户和数据库完全透明，可以根据需要进行明文和密文的转换工作。

电子政务公共平台应提供有效的虚拟机镜像文件加载保护机制，保证即使虚拟机镜像被窃取，非法用户也无法直接在其他计算资源进行挂卷运行。电子政务公共平台应提供有效的硬盘保护形式，保证即使硬盘被窃取，非法用户也无法从硬盘中获取有效的用户数据。电子政务公共平台应能够检测到虚拟机镜像文件、系统管理数据、鉴别信息和重要业务数据在存储过程中的完整性受到破坏，并在检测到完整性异常时采取必要的恢复措施。

在安全等级可接受的环境中再次使用介质之前，应清除介质上已有的数据，且所有内部存储、缓存或其他可用的存储都应清除干净，以防未经授权的人群访问先前信息。

（3）数据迁移

数据迁移包括数据迁移准备、数据迁移中、迁移验证等过程，需要保证整个迁移过程的安全实施。

数据迁移准备应制定迁移方案，并进行迁移方案可行性评估与风险评估，制定数据迁移风险控制措施，做好数据备份以及恢复相关工作，应保证数据迁移不影响业务应用的连续性。在迁移数据前，应进行网络连接能力评估，保证数据迁移的快速、安全实施。

数据迁移中包括在线迁移和离线迁移，重要敏感数据要求支持在线迁移和离线迁移，其他数据要求支持在线迁移；数据迁移方式应以自动迁移为主，手动迁移为辅，应避免敏感机密数据的复制和物理迁移。

迁移验证应进行数据一致性校验，并保证业务系统正常运行。数据恢复应保证数据还原至原始数据库和数据状态。

各部门迁移到电子政务公共平台中心的存储设备应一并纳入资源池，其资源隶属关系不变，并由电子政务公共平台统一管理，集中使用。

电子政务公共平台应提供不同电子政务公共平台之间的数据迁移能力。

（4）数据销毁

电子政务公共平台应能够受控导出因数据在不同电子政务公共平台间迁移、业务终止、自然灾害、合同终止等遗留的数据。

电子政务公共平台应能够协助清除因数据在不同电子政务公共平台间迁移、业务终止、自然灾害、合同终止等遗留的数据。

电子政务公共平台应能够清除数据的所有副本；应能够禁止被销毁数据的恢复。

（5）备份和恢复

电子政务公共平台应提供数据本地备份与恢复功能、提供快速的虚拟机恢复能力和支持基于磁盘的备份与恢复，按照备份策略定期备份，备份介质场外存放。

电子政务公共平台应具有生产备份中心和同城灾备中心，即双活中心。双活中心应具备基本同等的业务处理能力，并通过高速链路实时同步数据。在日常情况下，可同时分担业务及管理系统的运行任务，并可切换运行。在灾难情况下，应支持灾备应急切换，保持业务连续运行。

电子政务公共平台应具有异地灾备中心，配备灾难恢复所需的通信线路、网络设备和数据处理设备，提供业务应用的实时无缝切换且距离电子政务公共平台300km 以外；灾备中心至电子政务公共平台的网络应采用双运营商的双链路，且每一条链路带宽不低于 500Mbit/s；电子政务公共平台提供异地实时备份功能，利用通信网络将数据实时备份至灾备中心。

（6）存储设备

电子政务公共平台应具有统一管理的存储设备，能够根据承载数据业务的安全需求，制定合理的存储策略，不同安全级别的数据应存放在不同的存储空间中；存储设备应提供完整的数据访问权限控制和实时的安全监控；存储设备应支持故障自动切换和热升级。

（7）目录服务

电子政务公共平台应提供目录服务，目录服务的共享应提供加密措施，并可配置访问控制措施；目录服务的交换应提供认证机制和授权机制，并支持目录服务开放可控的要求。

11.4.2 平台业务部署支撑安全要求

平台业务部署支撑安全需要从两个方面考虑：一方面是业务系统运行的载体；

另一方面是业务系统自身，业务系统自身也包含了提供在业务系统运行的业务资源。

（1）通用应用服务软件

电子政务公共平台应提供自主访问控制功能，依据安全策略控制用户对文件、数据库表等的访问，提供安全通道保障，供业务系统选择使用，能够对一个业务应用占用的资源分配最大限额。

电子政务公共平台应将所部署应用的认证、账号、授权组件化并对所部署的应用系统进行审计；平台应用服务器应支持双向认证；业务系统试运行前应经过安全检查与安全扫描，通过后再接入电子政务公共平台；业务运营期间应定期对业务系统承载的电子政务公共平台的资源进行检查和审核；业务系统要求运行中不存在功能以外的数据调用；业务系统应运行在安全可靠的中间件上。

（2）应用的认证授权

电子政务公共平台应对同一用户提供两种或两种以上组合的鉴别技术实现用户身份鉴别；可以提供用户跨安全域的交叉认证；提供认证登录失败处理功能，可采取结束会话、限制非法登录次数和自动退出等措施；启用身份鉴别、用户身份标识唯一性检查、用户身份鉴别信息复杂度检查，以及登录失败处理功能，并可根据安全策略配置相关参数。

电子政务公共平台对所交付的资源应支持统一的授权管理和使用权限的一次分配，满足电子政务公共平台资源交付可用性的要求；业务资源接入要求结合跨域认证与授权进行应用系统资源的分配及权限控制。

单点登录认证与CA应边界清晰、权责分明，要求CA与单点登录认证系统由不同的承担方建设。

认证、账号、授权管理应组件化，组件之间应支持数据同步，并由电子政务公共平台统一管理，认证系统应支持对承载的应用和资源的认证。

（3）应用开发环境

业务应用系统的开发环境资源访问应受控，业务应用系统的开发环境应在认证授权后才可接入电子政务公共平台进行测试。

业务应用系统的接口应开放，能够进行代码审查；业务应用系统的电子政务公共平台开发接口应通过安全测试。

电子政务公共平台应支持业务系统组件式开发，各个组件均能进行独立的安全检测，并提供业务系统的安全威胁扫描。

(4) 数据库安全环境

电子政务公共平台所承载数据的数据库系统应支持行、列级的细颗粒度加解密，并对高碰撞性字段进行加解密，支持主流数据库的加解密；电子政务公共平台应提供数据库加解密引擎池，并具有电子政务公共平台承载海量数据的处理能力，并可配置数据项、数据隔离等数据加密要求，支持基于用户角色的关键业务数据加密存储服务。

数据库应建立严格的用户认证机制；应限制用户只能进行经过授权的操作；数据库加解密应对应用系统提供完善、灵活的集成接口，并对数据持久层提供良好的支持；应使用虚拟化技术构建高性能的数据库加解密组件，避免海量数据的数据库加解密影响数据库的性能；数据库应支持单实例多用户的数据加密和隔离要求。

(5) 构件库和构件封装

构件库运行要求支持统一认证机制和访问控制措施；构件库的封装者身份应可追溯；构件入库要求使用审核机制，保证构件运行正常，边界清晰；构件在上传和获取时，应使用验证机制。

构件封装过程要求与运行环境一致，构件运行环境需要明确说明，并通过构件环境测试，构件运行前出具测试报告。

(6) 应用迁移支撑

业务应用迁移应事先制定迁移方案，并对风险和资源进行评估；对于重要业务系统，应先在电子政务公共平台备份运行该系统，待备份系统运行稳定后，再将备份系统切换为生产系统；应保证业务迁移不影响原来的业务应用。

核心业务节点应在安全域内受控迁移，不能在安全域间迁移；重要业务节点可在安全域内自由迁移，不能在安全域间迁移；一般业务节点可在安全域内自由迁移，应在安全域间受控迁移；不同安全级别的资源池之间禁止业务迁移；关键电子政务公共平台的支撑节点不可迁移，应支持基于虚拟化的容灾热备。

(7) 业务支撑资源安全

业务系统通信双方中的一方在一段时间内未作任何响应，另一方应自动结束会话；用户登录应用系统后在规定的时间内未执行任何操作，应自动退出系统。

电子政务公共平台应能够对业务应用系统的最大并发会话连接数进行限制；应能够对单个账户的多重并发会话进行限制；应能够对一个时间段内可能的并发会话连接数进行限制；应能够对一个访问账户或一个请求进程占用的资源分配最大限额和最小限额。

电子政务公共平台应能够将业务系统服务水平降低到预先规定的最小值进行检

测和报警；提供服务优先级设定功能，并在安装后根据安全策略设定访问账户或请求进程的优先级，根据优先级分配系统资源；业务资源的配置应有所区别，并可在资源接入端对所属资源进行二次分配；电子政务公共平台应支持不同域的资源共享。

业务虚拟资源应安全可控，虚拟资源应不可泄露，虚拟资源管理应有序可控，虚拟资源的交付应提供资源的授权，虚拟资源的接入应提供身份鉴别和访问控制措施，虚拟资源接入端应采用 VPN 确保传输通道的安全。

（8）应用 VPN 支撑

接入电子政务公共平台的部门应对政务应用根据电子政务公共平台间的安全连接、电子政务公共平台与租户、主机之间的要求动态建立 VPN 和分配 VPN 实例；接入电子政务公共平台的部门应监控、管理其所属的 VPN，并能管理 VPN 的用户账户。

电子政务公共平台应对平台上所有的 VPN 统一进行配置和监控；VPN 应在业务所在安全域内部署密钥池管理，密钥归电子政务公共平台服务提供机构或主机责任方所有，并统一由密钥应用服务管理。

（9）运行许可

业务运行的申请应根据审批流程，由专人进行业务运行的审批，并出具运行测试报告。

业务运行的释放过程应根据审批流程，由专人进行业务运行释放的监管，最终出具业务运行释放报告并归档。

（10）版权管理

电子政务公共平台虚拟化环境应审查运行的第三方虚拟化软件、业务组件和业务系统的版权，并要求出具运行版本测试报告。

版权授权应支持按电子政务公共平台内运行实例的个数进行授权。

11.5 安全隔离要求

11.5.1 基础环境隔离要求

基础环境隔离主要运用网络设备（包括物理网络和虚拟网络设备）和安全设备完成基础环境的物理隔离和逻辑隔离要求，实现电子政务公共平台基础环境的区域性划分和访问控制。基础环境隔离的要求包括以下内容。

① 政务内网与政务外网、副省级以上政务部门的政务内网与副省级以下政务部门的政务内网、电子政务内网与互联网、电子政务内网与电子政务外网均应进行物理隔离。而电子政务外网与互联网之间可以使用防火墙或 VPN 等边界设备进行逻辑隔离。

② 重要网段与其他网段之间采取可靠的技术隔离手段,并将重要网段部署在网络边界处且直接连接外部的信息系统。在机房划分的区域和区域之间设置物理隔离装置,在重要区域前设置交付或安装等过渡区域。

③ 对于机房进行区域划分至少应包括主机房、辅助区、支持区等功能区域,且通过定义策略在分区边界之间对网络流量进行桥接,并设置防火墙保护策略加以隔离;对于机房应当按照消防要求和管理要求进行合理分区,区域和区域之间设置物理隔离装置;而且机房应当设置专门的过渡区域,用于设备的交付或安装;重大业务应用所处的机架必须有专门的位置存放。

④ 应定义策略以在分区边界之间对网络流量进行桥接,设置防火墙保护策略并加以隔离。

11.5.2 虚拟环境隔离要求

电子政务公共平台需要解决基础资源,包括网络环境、物理主机、虚拟主机等基于用户的资源划分,以及对于用户服务主机所有权、分配权等操作权限的配备。云计算环境中的主机,特别是虚拟主机的使用者很多,使用者可能在未授权的情况下访问其他用户的主机资源并盗取其他用户的信息,因此需要在不同用户的主机之间进行资源隔离。虚拟环境隔离的要求包括以下内容。

① 物理主机上的多个虚拟主机应隶属同一个安全域,禁止跨安全域部署,而虚拟主机之间的信息交互按其安全属性要求选择建立 VPN 安全通道、身份认证或访问控制。

② 主机资源系统根据安全等级,关闭或拆除主机的软盘驱动、光盘驱动、USB 接口和串口等接口。

③ 存储空间级安全隔离,租户应建立不同安全等级的安全存储空间。

④ 电子政务公共平台的网络逻辑隔离的实现基于虚拟机安全组的网络隔离,虚拟机之间应采用 VLAN 和不同的 IP 网段的方式进行逻辑上的隔离。

⑤ 在防火墙的配置中对每台虚拟机做相应的安全设置,进一步对它们进行保护和隔离,采用 VPN 方式来保障相互隔离的虚拟机之间信息传输的安全性。

⑥ 虚拟机资源之间的安全隔离手段可以通过 CPU 调度隔离、内部网络隔离、不同虚拟机的内存隔离、不同虚拟机的存储隔离来实现，且只允许符合安全策略的虚拟机之间实现互相访问资源。

11.5.3 业务与数据隔离要求

在虚拟化环境中，大量业务系统集中部署，随着每个业务系统的用户数量增加，要求利用隔离技术对不同业务系统用户的业务数据进行隔离，防止用户的业务数据被未授权访问、泄露。业务与数据隔离的要求包括以下内容。

① 用户端到电子政务公共平台之间的用户数据传输应采用私有 VPN 进行数据隔离。

② 应对虚拟主机进行加固，保证不同主机之间的数据处理隔离。

③ 新上线应用和已有应用提供数据层的数据隔离，并通过配置虚拟资源隔离系统实现。

④ 应提供有效的虚拟机间内存隔离等机制，避免来自同一宿主机上的其他虚拟机破坏数据的完整性。

⑤ 不同的用户数据应根据业务需要进行隔离。

⑥ 同安全域及部门专属业务域之间应实现配置化的跨域认证与授权。

⑦ 对于电子政务公共平台所部署的应用，应建立针对安全域之间和应用服务器之间通信的密钥服务管理系统。

⑧ 安全域内应部署独立的主机密钥池管理，密钥归电子政务公共平台服务提供机构或主机所有者方所有，并支持统一的密钥应用管理。

11.6　安全服务的要求

11.6.1 网络资源安全服务要求

电子政务公共平台的基础网络资源由政务内网和政务外网组成，政务内网和政务外网应物理隔离。电子政务公共平台传输网络资源实施部署的安全要求包括以下内容。

① 政务内网与政务外网物理隔离，政务外网与互联网逻辑隔离。

② 将现有技术条件较好的纵向专网接入电子政务公共平台，与电子政务骨干传输网形成多链路互备、多路由冗余、互联互通的统一电子政务骨干传输网络。各业务应用系统均依托统一的电子政务骨干传输网络运行，不再独立新建部门业务专网。

③ 应按照政务部门互联网安全接入要求，统一技术标准建立公用互联网的安全接入点，各部门就近接入，各部门不再自行接入公用互联网。

11.6.2 数据和平台资源安全服务要求

电子政务公共平台在为电子政务各部门用户提供服务的过程中，用户可以享受以服务形式交付的安全保障内容包括业务支撑安全服务、系统安全服务、统一用户认证服务、数据保护服务和托管安全服务五大类。

（1）业务支撑安全服务的要求

电子政务公共平台需要为用户提供业务支撑安全服务，主要包括以下服务内容。

① 五防服务。对网站提供防病毒、防篡改、防泄密、防攻击和防瘫痪的五防服务。

② 时间戳服务。为业务系统提供可信赖的且不可抵赖的包含标准时间的安全支撑服务。

③ 平台服务间认证服务。为业务系统的统一部署实施平台认证服务，保障服务间相互认证、可信的安全支撑服务，应包括平台服务的认证和授权机制。

④ 平台资源二次分配服务。支持使用和管理已被授权的位于电子政务公共平台的资源，并通过网关的服务方式集中授权租户所能获得的资源。

⑤ 安全监测管理服务。为业务系统用户提供相关安全事件收集、分析、预警、响应和故障处理全过程的监督和合规比对，评判安全运维指标及能力，定期提供相关信息。

⑥ 移动应用安全服务。为电子政务公共平台用户提供统一的移动应用平台安全服务，保障移动办公、移动电子邮件、移动支付、网页浏览和移动搜索等服务的安全，支持隐私数据保护、密文数据查询、数据完整性验证、安全事件预警和内容安全等。

（2）系统安全服务的要求

电子政务公共平台需要为用户提供系统安全服务，主要包括以下服务内容。

① 主机加固服务。针对不同目标系统对主机所承载的应用进行专业的安全评

估，并进行恰当的安全配置。通过打补丁、修改安全配置和增加安全机制等方法，合理增强主机的安全性。

② 操作系统防病毒服务。针对指定操作系统安装多种病毒防护组件，阻止多种类型病毒的入侵，增强操作系统自身安全性的服务。

（3）统一用户认证服务的要求

电子政务公共平台需要为用户提供统一用户认证服务，主要包括以下服务内容。

① 跨域认证服务。提供统一用户数据源管理，还提供统一用户认证服务入口。在区域网络畅通且无阻碍的情况下，支持多区域统一用户认证。

② 应用系统授权管理服务。对接入的应用系统提供应用系统业务访问级权限管理。

③ 数字证书服务。支持强身份认证登录模式，提供数字证书服务接口。

（4）数据保护服务的要求

电子政务公共平台需要为用户提供数据保护服务，主要包括以下服务内容。

① 数据保护服务。提供对平台承载数据的加解密、数据完整性验证、数据灾备服务和数字签名等数据保护措施。

② 数据灾备服务。按照统筹布局、共建共享的原则集中建设，按需提供数据灾备服务，包括同城灾备和异地灾备。

③ 密钥应用服务管理。提供密钥设备、用户密码设备的托管，以及密钥池管理的配置等密钥服务，用于支撑基于密钥的分发和管理，以及密码设备的安全部署。

（5）托管安全服务的要求

电子政务公共平台需要为用户提供托管安全服务，主要包括以下服务内容。

① 设备托管服务。对托管的设备及其物理机房环境提供物理、网络、主机与接入方面的安全保障服务。

② 业务托管服务。对托管的业务应用不仅提供业务支撑环境的安全保障，也提供对业务本身的安全审计、安全检测和风险评估的服务，以保障业务本身的安全。

11.7 服务安全实施要求

服务安全实施由安全服务能力实施过程和服务的安全保障实施组成。

11.7.1 安全服务能力实施过程的要求

面对政务业务系统，根据安全等级的不同、业务类型的不同、政务用户的不同，以及对业务防护、访问和存储等安全等级需求不同而提供不同的安全服务组合。

电子政务公共平台的安全实施基本流程与电子政务公共平台的总体实施流程保持一致，涵盖安全方案设计、安全产品选型、自行软件开发、外包软件开发、工程实施、业务系统迁移、测试验收、电子政务公共平台交付、资料备案和安全服务商选择等。

（1）安全方案设计

在电子政务公共平台顶层设计指南的指导下，制定安全方案。

电子政务公共平台管理机构指定和授权专门的规划设计单位对信息系统的安全建设进行总体规划，制订近期和远期的安全建设工作计划。

规划设计单位根据信息系统的等级划分情况，统一考虑信息安全保障体系的总体安全策略、安全技术框架、安全管理策略、总体建设规划和详细设计方案，并形成配套文件。

电子政务公共平台管理机构组织相关部门和有关安全技术专家论证和审定总体安全策略、安全技术框架、安全管理策略、总体建设规划和详细设计方案等相关配套文件的合理性和正确性，并通过上级信息安全主管部门的审核，完成安全方案后应当由相关机构共同组织验收。

规划设计单位根据等级测评、安全评估的结果定期调整和修订总体安全策略、安全技术框架、安全管理策略、总体建设规划和详细设计方案等相关配套文件。

（2）安全产品选型

对于安全产品的选型要求满足安全可靠的原则，安全产品采购和使用必须符合国家的有关规定，相关保密产品采购和使用应符合国家密码管理局的要求，并指定或授权专门的部门负责产品的采购。

在采购安全产品之前，必须预先对产品进行选型测试，确定产品的候选范围，并定期审定和更新候选产品的名单。对重要部位的产品，应委托专业测评单位进行专项测试，根据测试结果选用产品。

信息系统所使用的操作系统、应用软件、数据库、安全软件和工具软件应是正式版，严禁使用测试版和盗版软件；中间件要求符合电子政务公共平台透明性的要求，满足系统可用性的要求。

（3）自行软件开发

软件开发过程应制定软件开发管理制度，明确说明开发过程的控制方法和人员行为准则；并制定代码编写安全规范，要求开发人员参照规范编写代码。

软件结果应提供软件设计的相关文档和使用指南，并由专人负责保管；应确保对程序资源库的修改、更新、发布进行授权和批准。

软件上线前应确保开发人员为专职人员，开发人员的开发活动应受到控制、监管和审查；软件上线后应确保开发环境与实际运行环境物理分开，开发人员和测试人员分离，测试数据和测试结果受到控制。

（4）外包软件开发

电子政务公共平台管理机构应与外包软件开发商签订服务合同和信息安全与保密协议，明确信息安全与保密责任，要求服务提供机构不得将服务转包；应在外包开发合同中明确开发单位及系统，应包含保密、生命周期、禁止关键技术和设备扩散等方面的条款。

软件开发过程应根据开发要求检测软件的质量；软件结果交付应确保提供软件设计的相关文档和使用指南、测试报告；在软件安装之前必须检测软件包中可能存在的恶意代码；在安装软件之后，外包开发的软件应在本单位存有源代码备份，并已通过软件后门和隐蔽信道等安全性检测。

（5）工程实施

工程项目的实施过程应遵循 GB/T 50326—2017《建设工程项目管理规范》；电子政务公共平台管理机构应指定或授权专门的部门或人员负责工程实施过程的管理，并通过第三方工程监理控制项目的实施过程。

电子政务公共平台管理机构和工程实施单位应联合制定详细的工程实施方案，控制实施过程，并要求工程实施单位能正式地执行安全工程实施方案；应制定工程实施方面的管理制度，明确说明实施过程的控制方法和人员行为准则。

（6）业务系统迁移

应用系统的迁移应按照"安全可靠，逐步推进"的原则，有计划、分步骤地向电子政务公共平台迁移。

应用迁移前应做好调研方案，梳理业务应用对电子政务公共平台各类资源的需求，确定电子政务公共平台的资源配置方案，按照业务部门使用电子政务公共平台资源的深度，提供资源配置方案。

第11章 基于云计算的电子政务公共平台的安全

应用迁移前应预先完成迁移演练,按照迁移方案设计要求,配合业务部门组织相关应用软件提供商,按照方案流程在电子政务公共平台仿真验证环境里进行迁移演练,并测试应急预案。

系统迁移应充分评估已有业务对资源的峰值需求和迁移风险,制定详细、可操作的迁移应急预案;确保数据和计算机设备的安全,规避和控制迁移过程中的各类风险;同时制定完善的保障措施,保证应用系统迁移至电子政务公共平台的业务可用性及业务连续性。

业务系统向电子政务公共平台迁移,应将各级政务部门中业务成熟度高、复杂程度低、技术风险小、影响面不大的业务系统作为优先向电子政务公共平台迁移的系统。对于存在迁移风险、难以保证迁移后安全可靠运行的应用系统,可以采用物理设备整体迁移托管的形式。

应用部署/迁移工作完成后,业务应用开始试运行。在试运行期间,保持迁移的业务应用在原有环境和电子政务公共平台环境内并行运行,以便在突发事件时切换回原有的系统。

(7) 测试验收

在工程实施单位完成电子政务公共平台的开发后,电子政务公共平台管理机构应委托公正的第三方测试单位对系统进行安全性测试,并出具安全性测试报告。

在测试验收前,第三方测试单位应根据设计方案或合同要求等制订测试验收方案,在测试验收过程中应详细记录测试验收的结果,并形成测试验收报告;电子政务公共平台管理机构应指定或授权专门的部门负责系统测试验收的管理,按照管理规定的要求完成系统测试验收工作,组织相关部门和相关人员审定系统测试验收报告,并签字确认。

(8) 电子政务公共平台交付

工程实施单位应制定详细的系统交付清单,并根据交付清单对所交接的设备、软件和文档等进行清点,应提供系统建设过程中的文档和指导用户进行系统运行维护的文档,对负责系统运行维护的技术人员进行相应的技能培训。

电子政务公共平台管理机构应指定或授权专门的部门负责系统交付的管理工作,并按照管理规定的要求完成系统交付工作。

(9) 资料备案

电子政务公共平台管理机构应指定专门的部门或人员负责管理系统实施的相关材料,控制这些材料的使用,并将系统实施及相关材料报系统主管部门备案。

（10）安全服务商选择

在工程实施过程中，电子政务公共平台管理机构应选择符合国家及行业有关规定的服务商开展安全服务，与选定的安全服务商签订安全协议，明确安全责任，并与服务商签订安全服务合同，确保提供技术培训，并明确服务承诺。

11.7.2 服务的安全保障实施的设计要点

（1）服务申请

服务申请要求包括机房环境、基础网络、数据存储的申请要求，并要求明确安全措施的申请，且以服务可选的方式确定。

平台提供的安全服务措施要求包括平台安全接入服务、主机防护服务、数据保护服务、统一认证服务、终端安全服务和安全运维服务等安全措施。

（2）服务审批

服务审批过程要求划定服务边界和责任，例如，甲方将自用业务及相关设备托管在平台机房，并接入电子政务网络，由乙方提供相关服务，并界定服务责任。服务审批过程要求三方进行审核确认，服务审批结果要求备案留档。

服务审批要求对资源共享、冗余和安全保障措施等方面进行安全性评估。

重要和基础数据库、安全基础设施（公钥基础设施、密钥管理、灾备）不能虚拟化。

（3）服务配置

服务配置要求依据服务申请和审核结果进行服务资源的定制，安全服务配置要求在资源申请的范围内，安全服务措施的配置要求根据服务申请进行自动化部署实施，服务配置过程中要求进行认证和审计，服务配置服务资源的结果应该根据审核结果和申请进行安全性验证。

（4）服务交付

服务的最终交付应出具安全性验证报告和服务确认书，要求安全服务作为服务内容的一部分进行服务交付。

（5）服务运行保障

服务运行过程中要求采用统一的认证和访问控制机制，并要求全程监管服务，保障服务业务连续性的要求。

服务运行后，要求定期做安全服务检查，并出具安全检查报告，支持服务安全措施的改进和升级。

服务升级后的新版本不应违反最初的安全策略和设想,应避免在维护、新增或功能升级过程中引入安全漏洞。

服务变更过程根据变更实施流程进行,对变更后的资源形成变更单,并归档保存。

服务续约过程参照安全审批要求进行,对续约后的资源重新签约,并归档保存。

用户和管理员对服务过程的操作要求审计,用户运行承载的数据要求采用数据保护措施,并对服务过程中的敏感数据进行加密和备份。

(6)服务撤销

电子政务公共平台应在服务终止前提前通知用户,给用户充分的准备时间;服务终止过程中要求对服务承载的数据保存一定的期限,并提供数据保护的措施和数据导出的服务;服务终止及数据销毁过程的责任要求提供书面的确认,并归档保存。

11.8 服务安全运维要求

11.8.1 基本要求

电子政务公共平台的安全运维体系的3个主要任务是安全事件管理、安全运维管理和安全审计。这些任务的完成需要通过统一的日志管理系统、统一的安全运维监控系统以及统一的安全审计系统对平台的机房、网络、主机、业务系统等完成基础运维数据的收集和分析。电子政务公共平台安全运维体系框架如图11-2所示,具体包括以下内容。

① 安全事件管理。基于电子政务公共平台业务的风险管理,对平台和平台承载的业务进行风险分析、预警和安全事件的管理。

② 安全运维管理。以平台和平台承载业务的资产为核心的安全运维管理,包括环境安全管理、资产安全管理、介质安全管理、变更管理和备份与恢复管理。

③ 安全审计。负责通过各层面的审计服务,包括网络行为审计、主机审计、数据库审计和业务数据等的审计子系统,在安全审计中心对电子政务公共平台上的活

动或行为统一进行系统的、独立的检查验证，并作出相应的评价。

④ 安全运维监控服务。负责提供实时有效的对平台、网络、主机等的运行状态的监控，保障安全运维状态的有效管理。

⑤ 日志服务。负责电子政务公共平台日志采集、查询、转发，实现安全事件管理、安全运维管理和安全审计中心的互联互通，保障平台安全运维体系日志的完整性和日志的采集性能。

⑥ 审计服务。是各层面的审计服务，包括网络行为审计、主机审计、数据库审计和业务数据审计等，具体要求可参见第11章其他部分的要求。

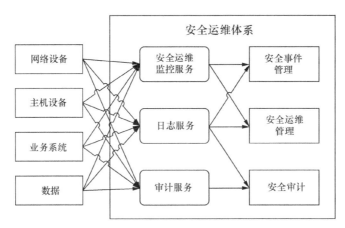

图 11-2　电子政务公共平台安全运维体系框架

11.8.2　安全运维保障及分工

电子政务公共平台基础安全运维由电子政务公共平台运维系统总体协调承担，主要责任如下。

① 骨干传输网络、城域网、互联网接入以及数据中心网络的安全保障。
② 电子政务公共平台物理主机/虚拟主机/存储/系统软件的安全保障。
③ 基础性公共性数据库包括人口、法人、宏观经济、地理信息库的安全保障。
④ 业务系统支撑环境包括构件、数据库、开发环境、运行环境等的安全保障。
⑤ 业务应用安全包括重要门户系统等的安全保障。

业务支撑安全运维由各政务应用的业务主管部门或第三方运维机构负责，主要责任包括各部门专有业务系统的安全管理维护等；而基于电子政务公共平台部署的业务构件、功能构件、系统软件和运行环境等由基础安全运维负责。

对于数据承载的安全运维，电子政务公共平台承载的数据由各政务应用的业务主管部门负责，而基于电子政务公共平台部署的数据运行环境和工具由基础安全运维负责。

11.8.3 安全事件管理

（1）事件分类分级

电子政务公共平台的安全事件，综合考虑网络安全事件的起因、威胁、攻击方式和损害后果等因素，对网络安全事件进行分类，分为恶意程序事件、网络攻击事件、数据安全事件、信息内容安全事件、设备设施故障事件、违规操作事件、安全隐患事件、异常行为事件、不可抗力事件和其他事件 10 类，每类之下再分若干个子类。按照事件影响对象的重要程度、业务损失的严重程度和社会危害的严重程度 3 个要素，将网络安全事件分为特别重大事件、重大事件、较大事件和一般事件 4 个级别，由高到低分别为一级、二级、三级和四级，具体分类分级见 GB/T 20986—2023《信息安全技术　网络安全事件分类分级指南》。

（2）日志管理

电子政务公共平台应具备日志采集配置功能，支持根据采集监控的范围、对象、时间、类型、区域、组织和协议等参数定制采集内容；应对电子政务公共平台的所有安全设备、网络设备、存储设备的日志进行采集、范式化，否则不允许该设备接入电子政务公共平台；应支持对电子政务公共平台网络设备、主机、数据库、安全设备等资源日志的采集；应能够提供安全审计和安全管理的事件责任和判定的原始记录格式依据。

日志采集应以组件化方式实现，支持分布式部署且系统扩展可配置化，支持源数据格式日志的归并、查询和转发，支持海量日志的存储、检索和查询，支持日志的转发，并可将集中采集的日志以原格式转发给安全管理中心和运维中心。

（3）事件监测预警

事件的预警监测与分析应包括以下功能。

① 覆盖电子政务公共平台各个子系统的安全事件监测预警及应急响应处理管理功能。

② 建立网络与信息安全事件信息接收机制。

③ 能够对预警监测收集到的安全事件相关信息进行自动筛选、分类和统计分析，

并根据实际的运行需求,支持对安全事件告警门限的灵活配置。

④ 以承载业务为核心进行风险分析。

⑤ 以安全域、网络和地理位置为单元进行事件分析。

根据监测信息或相关单位提供的预警信息分析研判,对可能发生的网络与信息安全事件进行预警。预警级别分为4级,从低到高为蓝色预警、黄色预警、橙色预警和红色预警,分别对应安全事件的不同等级(一般、较大、重大、特别重大)。

(4)事件预警响应要求

根据不同预警级别制定相应的安全事件应急预案,并根据预案对不同等级的预警采取相应的响应措施。电子政务公共平台管理机构制定安全事件报告和处置管理制度,明确安全事件类型,规定安全事件的现场处理、事件报告和后期恢复的管理职责。

预警信息发布后,各相关部门、单位应依据发布的预警级别,启动相应的应急预案,组织部署技术力量、应急队伍及时响应。在安全事件报告和响应处理的过程中,应收集证据,分析和鉴定事件产生的原因,记录处理过程,制定防止再次发生类似安全事件的补救措施,并妥善保存过程中形成的所有文件和记录。发生可能危害国家安全的重大事件时,应按照有关规定向公安、安全和保密等部门汇报。

在预警报告中提供所发现的安全漏洞和可疑事件,任何情况下电子政务公共平台的用户均不应尝试验证漏洞。

(5)安全事件应急预案管理

在统一的应急预案框架下制定不同安全事件的应急预案,应急预案框架应包括启动应急预案的条件、应急处理流程、系统恢复流程、事后教育和培训等内容;应急预案应符合 GB/T 24363—2009《信息安全技术 信息安全应急响应计划规范》的编制要求。

11.8.4 安全运维管理

(1)运维监控要求

在运维过程中,对资产设备的运行设定阈值,以满足电子政务公共平台资产可用性的要求;资产的阈值应该根据资产的类型进行分类规定(资产类型涵盖了物理环境设备、网络设备、主机设备、存储设备和安全设备等类型)。

① 物理环境设备包括视频及门禁监控、动力设施监测、空调系统、机房环境、

第11章 基于云计算的电子政务公共平台的安全

消防系统和流量监控等。

② 网络设备包括网络流量压力、网络吞吐量、网络时延和网络掉线率等。

③ 主机设备包括 CPU 使用率、网络流量、存储使用率和内存使用率。

④ 存储设备包括存储使用率和存储网络流量。

⑤ 安全设备包括安全设备日志采集状态。

在运维过程中，对业务系统的运行状态设定阈值，以满足业务系统可用性的要求。业务系统应该根据所处的主机、中间件、数据库、客户端访问压力设定不同的阈值。

在运维过程中，对日志告警设定阈值，以满足设备可用性的要求。根据设备的日志处理能力、日志范式化能力和网络传输能力等综合设定阈值。

在运维过程中，对工单处理状态设定状态值，以满足运维管理的要求。工单处理状态应根据工单内容、工单级别、工单重要程度，结合自己的管理需求和等级保护相应级别进行反馈日期的阈值设定。

在运维过程中，按照安全管理系统自身要求设定系统状态阈值，以满足安全管理系统的可用性要求。安全管理电子政务公共平台应根据自身的日志处理能力、存储能力、网络传输能力和运算能力等设置阈值。

运维监控必须检测所有的服务器，确保其补丁、反病毒软件是最新的；在基于承载业务的监控范围内进行监控，要求满足运行监控指标及运维服务能力；能够提供完备的用户数据及隐私安全保障方案，并应与用户就方案中的重要细节达成一致。

在运维中，需要监控数据的存放位置，规定数据（包括所有副本和备份）的物理存储位置；需要监控数据的备份策略，应监控用户数据的备份频率和备份方式等；需要监控数据的保留时间，用户对数据的保留时间要求包括数据备份保留时间、用户服务到期后的数据保留时间等。

（2）环境安全管理

环境安全管理应指定专门的部门或人员定期对机房供配电、空调、温湿度控制等设施进行维护管理，包括每季度对机房供配电、空调、UPS 等设施进行维护管理并保存相关的维护记录，以及每年对防盗报警、防雷和消防等装置进行检测维护并保存相关的维护记录。

在环境安全管理过程中，需要指定部门负责机房的安全，并配备机房安全管理人员，管理机房的出入、服务器的开机或关机等，禁止非电气人员接触动力设备和线路，定期巡检机房的物理环境、设备和业务的安全状况，并形成巡检报告。

在环境安全管理过程中，必须建立机房安全管理制度，对有关机房的物理访问、物品带进和带出机房以及机房环境安全等方面的管理作出规定；对机房和办公环境实行统一的安全管理，对出入人员进行相应级别的授权，监管和记录进入重要安全区域的活动行为。

此外，应加强对办公环境的保密性管理，规范办公环境人员的行为，包括工作人员调离办公室时应立即交还该办公室的钥匙、不在办公区接待来访人员，以及工作人员离开座位时，应确保终端计算机退出登录状态和桌面上没有包含敏感信息的纸质文件等。

（3）资产安全管理

资产安全管理应编制并保存与电子政务公共平台系统相关的资产清单，包括资产责任部门、重要程度和所处位置等内容。

资产安全管理应建立资产安全管理制度，规定电子政务公共平台资产管理的责任人员或责任部门，并规范资产管理和使用的行为。

资产安全管理应根据资产的重要程度对资产进行标识管理，根据资产的价值选择相应的管理措施，对信息分类与标识方法作出规定，规范化管理信息的使用、传输和存储等。

（4）介质安全管理

介质安全管理应建立介质安全管理制度，对介质的存放环境、使用、维护和销毁等方面作出规定。

介质安全管理应确保介质存放在安全的环境中，对各类介质进行控制和保护，实行存储环境专人管理，并根据存档介质的目录清单定期盘点；控制介质在物理传输过程中的人员选择、打包和交付等情况，并记录介质的归档和查询等。

介质安全管理应对存储介质的使用过程、送出维修以及销毁等进行严格的管理，对带出工作环境的存储介质进行内容加密和监控管理，送出维修或销毁介质前应清除介质中的敏感数据，未经批准不得自行销毁保密性较高的存储介质。

介质安全管理应根据数据备份的需要对某些介质实行异地存储，存储地的环境要求和管理方法应与本地相同；对重要介质中的数据和软件应采取加密存储，并根据所承载数据和软件的重要程度对介质进行分类和标识管理；对转作他用的存储介质要消除原来存储的信息，销毁废弃的存储介质。

（5）变更管理

变更管理应确认电子政务公共平台系统中要发生的变更，并制定变更方案，重要系统变更前应制定详细的变更方案、失败恢复方案和专项应急预案。

变更管理应建立变更管理制度,变更系统前,向主管领导申请,变更和变更方案经过评审、审批方可实施,并在实施后向相关人员通告变更情况。

变更管理应建立变更控制的申报和审批文档化程序,控制系统对变更的影响进行分析并文档化,记录变更过程,并妥善保存所有的文档和记录。

变更管理应建立中止变更并从失败变更中恢复文档的程序,明确过程控制方法和人员职责,必要时演练恢复过程。

(6)备份与恢复管理

备份与恢复管理应建立备份与恢复管理相关的安全管理制度,规定备份信息的备份方式、备份频度、存储介质和保存期等。

备份与恢复管理应根据数据的重要性和数据对系统运行的影响,制定数据的备份策略和恢复策略,备份策略须指明备份数据的放置场所、文件命名规则、介质替换频率和将数据离站运输的方法,能够识别需要定期备份的重要业务信息、系统数据及软件系统等。

备份与恢复管理应建立控制数据备份和恢复过程的程序,记录备份过程。对需要采取加密或数据隐藏处理的备份数据,在进行备份和加密操作时要求两名工作人员在场,应妥善保存所有文件和记录。

备份与恢复管理应定期执行恢复程序,检查和测试备份介质的有效性,确保可以在恢复程序规定的时间内完成备份恢复。

备份与恢复管理应根据信息系统的备份技术要求,制定相应的失败变更恢复计划,并对其进行测试,以确保各个恢复规程的正确性和计划整体的有效性,测试内容包括运行系统恢复、人员协调、备用系统性能测试和通信连接等,根据测试结果,修改或更新不适用的规定。

11.8.5 安全审计

电子政务公共平台要求进行统一的安全审计,各个审计子系统统一管理,日志服务管理的内容作为审计依据之一,要求提供各审计子系统的共享数据接口,对安全管理中心和运维中心提供支持,对审计数据建立统一的保存期限备份制度。

审计数据不能被增加、删除和修改。

11.9 服务安全管理要求

11.9.1 安全责任边界和责任划分

电子政务公共平台为基于电子政务公共平台部署的各级政务部门业务应用提供基础性和公共性的安全保障，且限于电子政务公共平台提供的支撑该业务应用的基础环境。由电子政务公共平台主管部门负责保障的物理环境安全、网络安全、物理主机安全和虚拟主机安全应按照 11.3 节的要求。

电子政务公共平台为电子政务公共平台承载的公共数据提供基础性和系统性的安全保障，限于电子政务公共平台提供的公共数据：系统数据库、基础数据库由电子政务公共平台主管部门负责安全保障，其中，主建部门牵头与相关共建部门共同负责共享数据的安全保障；专属数据库安全保障由电子政务公共平台提供工具，数据资源职能部门负责安全保障。

电子政务公共平台提供公共性业务系统运行和部署的安全保障，限于电子政务公共平台提供的该业务应用部署的支撑环境。电子政务公共平台主管部门负责保障业务部署支撑环境满足本规范的技术要求，其中，各主建部门和职能部门负责各自业务系统运行的安全保障。

电子政务公共平台提供网络安全接入、终端安全接入等安全接入电子政务公共平台的安全保障，并提供安全工具和技术支撑，终端用户自行实施安全保护。电子政务公共平台主管部门负责保障：安全工具支持 VPN、身份认证、单点登录、可信连接、FTP、数据加解密、消息提醒、组织结构刷新、即时通信、云端桌面运维、防病毒、网络加速优化、安全客户端补丁升级、客户端自我保护。

电子政务公共平台提供统一的数据灾备和系统容灾。电子政务公共平台主管部门负责保障：容灾统筹规划、共建共享、集中实施，并要求各级政务部门不再单独建设。

数据和业务无论是否位于电子政务公共平台，用户都是数据和业务信息的最终责任人。电子政务公共平台应采取有效措施，确保位于电子政务公共平台上的用户数据和业务的保密性、完整性、可用性，以及互操作性和可移植性。电子政务公共平台应提供措施解除安全隐患，基于电子政务公共平台部署的各级政务部门业务应用应承担以下的安全保障。

① 网络可用。
② 灾难快速恢复。
③ 业务连续性。
④ 安全事件及时响应。
⑤ 管理和技术透明。
⑥ 接口开放，租户不被锁定。
⑦ 提供纵深防御，抵御新风险、新漏洞。
⑧ 租户数据未经授权不得泄露和修改。
⑨ 合同终止后提供清除和迁移服务。
⑩ 接收第三方的审查和监测。
⑪ 法律和监管合规。

11.9.2 风险评估管理

安全风险评估的结果能够为风险处理提供决策支撑，风险处理是指对风险进行处理的一系列活动，如接受风险、规避风险、转移风险和降低风险等，应符合 GB/T 20984—2022《信息安全技术 信息安全风险评估方法》的要求。

安全风险管理的目标是在确保安全合规的前提下，平衡组织发展与信息安全之间的关系。通过全面识别风险、科学评价风险、合理处置风险和持续监视风险，将风险控制在可接受的范围内，应符合 GB/T 24364—2023《信息安全技术 信息安全风险管理实施指南》的相关要求。

11.9.3 服务能力安全管理

（1）人员安全管理

电子政务公共平台的人员安全管理应满足在各安全等级下，管理人员录用、离岗、安全意识教育和培训及外部人员访问的要求，具体见 GB/T 22239—2019《信息安全技术 网络安全等级保护基本要求》中的相应要求。

（2）配置安全管理

电子政务公共平台应建立配置与变更管理制度。

电子政务公共平台应按照安全配置的要求制定安全配置基线，记录、维护电子政务公共平台当前的基线配置；当安装/更新电子政务公共平台系统配置时，以及当系统配置发生重大变更时，应对电子政务公共平台进行及时的基线核查；明确配置变更控制的管理部门，需定期或在配置变更条件下协调和监管配置变更安全控制的相关活动。

（3）安全制度管理

电子政务公共平台的物理环境安全应在第一级安全保障中建立安全制度，在第二、三、四级安全保障下制定安全策略、建立各类安全管理制度、制定和发布安全管理制度并定期论证和审定上述制度的合理性和适用性，及时修订。具体见 GB/T 22239—2019《信息安全技术 网络安全等级保护基本要求》中的相应级别安全管理制度要求。

（4）安全组织机构管理

电子政务公共平台应落实各安全等级下安全组织机构的岗位设定、人员配备、授权审批、沟通合作和审核检查的要求，具体见 GB/T 22239—2019《信息安全技术 网络安全等级保护基本要求》中的相应级别安全管理机构要求。

11.9.4 软硬件资源安全管理

（1）软件安全管理

针对软件的安装和测试，必须满足以下条件。

① 重要的操作系统和主要应用软件必须在安全管理员的监督下安装。

② 安装软件后，须使用可靠检测软件或手段进行安全性测试，了解其脆弱性，并根据脆弱性程度采取措施，使风险降至最低。

针对软件的登记和保管，必须满足以下条件。

① 安装软件后，原件（盘）应进行登记造册，并由专人保管。

② 更新软件后，软件的新旧版本均应登记造册，并由专人保管，旧版本的销毁应受严格控制。

针对软件的使用和维护，必须满足以下条件。

① 应指定专人管理系统，划分系统管理员角色，明确各个角色的权限、责任和风险，权限设定应当遵循最小授权原则。

② 应定期分析运行日志和审计数据，以便及时发现异常行为，至少每月分析运

行日志和审计数据一次。

③ 定期稽核审计操作系统、数据库管理系统及其他相关软件；分析与安全有关的事件，堵塞安全漏洞；更新软件后，需要重新审查系统的安全状态，必要时应调整安全策略。

针对应用软件的开发管理，必须满足以下条件。

① 系统应用软件的开发应根据安全等级，同步进行相应的安全设计，并制定各阶段的安全目标。

② 应用软件开发满足软件生存周期过程中所有与系统有关的各方参与，将用户满意作为最终目标，应符合 GB/T 8566—2022《系统与软件工程　软件生存周期过程》中的相关要求。

（2）设备安全管理

针对设备的购置和安装，必须满足以下条件。

① 凡购回的设备均应在测试环境下测试：经过连续 72 小时以上的单机运行测试；联机 48 小时的应用系统兼容性运行测试。通过上述测试后，设备才能进入试运行阶段。

② 试运行时间的长短可根据需要自行确定，通过试运行的设备，才能投入生产系统正式运行。

针对设备的登记，必须满足以下条件。

① 对所有设备均应建立项目齐全、管理严格的购置、移交、使用、维护、维修和报废等登记制度。

② 应确保信息处理设备经过审批才能被带离机房或办公地点。

针对设备的使用和管理，必须满足以下条件。

① 应对终端计算机、工作站、便携机、系统和网络等设备的操作和使用进行规范化管理，按操作规程实现设备（包括备份和冗余设备）的启动/停止、加电/断电等操作。

② 应禁止个人或私有的便携式计算机、家用计算机或手持设备的接入。

③ 每台（套）设备的使用均应指定专人负责并建立详细的运行日志。

针对设备的仓储管理，必须满足以下条件。

① 设备责任人应保证各台（套）设备在出厂标称的环境下存储，环境参数包括温度、湿度、电压、电磁干扰和粉尘度等。

② 安全产品及保密设备应单独存储并有相应的保护措施。

11.10 服务安全测试要求

11.10.1 基础环境服务安全测试

（1）物理环境安全

物理环境安全测试主要包括物理位置的选择、物理环境出入控制、物理机房群安全监控、物理环境周边安全、电力供应和电磁防护。各项指标的具体要求如下。

① 物理位置的选择测试方法。
- 现场查看机房和办公场地是否选择在具有防震、防风和防雨等能力的建筑内。
- 现场查看机房场地是否避开了用水设备的下层或隔壁建设是否具有防渗水和疏导措施。
- 现场查看建设在建筑物顶层和地下室的机房场地是否具有防水措施和有效的固定措施。
- 现场查看支持区及其辅助用房面积的总和是否大于等于主机房面积的 2 倍。
- 现场查看机房具备机柜设置部位的荷载是否不小于 $1000 kg/m^2$。
- 平台管理员对平台用户进行外网访问权限的分配，平台用户可进行外网操作，浏览网页。

② 物理环境出入控制测试方法。
- 查看机房出入口是否落实人员值守，并符合 GB 50394—2019《入侵报警系统工程设计规范》、GB 50395—2007《视频安防监控系统工程设计规范》、GB 50396—2007《出入口控制系统工程设计规范》和 GB 20815—2006《视频安防监控数字录像设备》的要求。
- 查看机房出入口是否配备专人值守，并配置电子门禁系统和挡闸设备。

③ 物理机房群安全监控测试方法。
- 现场查看集中安全监控室是否能集中监控。
- 现场查看机房群监控室是否与物理机房隔离，是否设置了防辐射和防噪声的防护措施。
- 查看机房群监控室的出入安全管理是否参照机房的规章要求。
- 查看在不同的监控区域是否安排了不同的监控人员负责监控。

- 查看本区域/非本区域的 IP 网是否可被机房群监控。
- 现场查看机房群监控是否具有市电、开关、UPS、空调、温湿度、水浸、门禁、防盗报警、视频和消防报警等。
- 现场查看机房群监控中心是否能对各机房相关设备的参数和状态进行遥测、遥信、遥调和遥控管理。
- 通过机房群监控中心建立不同的用户及权限（例如，超级管理员和普通用户），随后登录可以看到各自应有的资源。
- 当出现一个故障后，在多个区域的监控中心查看是否被监控且预告警，统一分析后以日志方式展现。

④ 物理环境周边安全测试方法。

- 现场查看主要设备是否安装、固定在机柜内或机架上，主要设备、机柜、机架是否有明显且不易除去的标识，如粘贴标签或铭牌；查看通信线缆是否铺设在隐蔽处；查看机房的出入口、操作台等区域是否有摄像监控且监控录像至少保存3个月。
- 现场查看机房建筑是否装置避雷设备；查看机房是否设置了交流电源地线，且符合 GB 50057—2019《建筑物防雷设计规范》和 GB 50174—2017《数据中心设计规范》的要求。
- 演习火灾事故检测时，机房是否采用了清洁气体自动灭火系统；是否具备火灾自动报警系统；是否能够自动检测火情、自动报警、自动灭火，且机房的火灾消防系统自动向当地公安消防部门备案。
- 现场查看冷冻机房排水系统排水是否顺畅；机房屋顶和活动地板下铺有水管的，是否采取有效的防护措施。
- 现场检查机房开机时机房温度是否控制在 22℃～24℃；开机时机房相对湿度是否控制在 40%～55%；空调制冷设备的制冷能力是否留有 15%～20% 的余量；当计算机系统长期连续运行时，空调系统是否有备用装置；查看新风量是否占室内总送风量的 5%，是否满足工作人员每人 $40m^3/h$；是否维持室内正压所需风量，机房与走廊间 4.9Pa，机房与室外 9.8Pa；查看机房通风系统是否采用地板下送风、上部回风的气流组织方式。
- 现场查看机房各处是否安装疏散指示灯、安全出口标志灯，照度不小于 1lx；机房内、走廊、楼梯口是否装有应急备用照明灯，照度不小于 30lx；照明灯具是否采用嵌入式安装。事故照明是否用备用电源自投自复配电箱，市电与 UPS 电源是否自动切换。

⑤电力供应测试方法。

- 查看中心机房 PUE 值是否满足要求；查看机房的供电线路上是否配置稳压器和过电压防护设备。
- 检测断电情况下是否有备用的电力满足设备在断电情况下正常运行 2 小时以上。并查看是否配备或租用发电机，能否保障持续供电。
- 检查是否设置了冗余或并行的电力电缆线路为计算机系统供电；是否采用双路市电，双路市电应能实现自动切换。
- 现场检查在紧急断电后其配电柜、箱是否有短路、过流保护，其按钮与火灾报警是否联锁。
- 现场查看机房配电系统是否配置指示灯与多功能数字表，以便巡检与维护。

⑥电磁防护测试方法。

- 现场查看机房或机房所在的大楼是否有接地措施，且接地方式是否可防止外界电磁干扰和设备寄生耦合干扰，接地电阻应小于 1Ω。
- 现场查看电源线和通信线缆是否隔离铺设，电源线和通信线缆是否铺设在不同的桥架或管道。

（2）电子政务公共平台安全

电子政务公共平台安全主要测试平台间、平台边界、平台安全域的安全，具体的测试要求如下。

- 在平台的网络边界出口按顺序部署网络边界网关设备。
- 在平台间部署平台 VPN，实现以密文形式传输平台间数据。
- 根据安全域所承担的业务属性，在安全域边界部署防火墙，实施不同的防火墙策略。
- 以机柜为单位部署虚拟主机防护系统，实现对整个安全域的分布式联合防御。
- 将平台的所有安全设备、主机、存储、业务系统纳入安全管理中心统一管理，在安全管理中心可以对平台、安全域和业务系统进行安全风险监控。

（3）主机安全

主机安全主要是测试主机所采用的安全防护措施，具体包括以下内容。

- 验证是否对单个主机部署了安全加固软件。
- 验证是否对一组主机安装了安全防护系统。
- 验证安全管理中心是否采集了主机的系统运行日志。

- 验证是否对主机上运行的关键系统采集了日志。

（4）网络安全

网络安全主要测试网络安全访问控制、网络安全审计、网络边界完整性检查、网络入侵防范要求、网络设备防护、网络安全域隔离、互联网接入安全和虚拟网络安全，各项指标的具体要求如下。

① 网络安全访问控制测试。

- 检查网络边界是否部署了访问控制设备，并且启用访问控制功能验证其是否符合要求。
- 通过外网访问电子政务公共平台中的设备，查看 VPN 是否安全。
- 验证在长期不使用网络或结束网络操作时，网络是否终止连接。
- 验证当网络连接数和流量数达到最大时，网络是否自动断开或被限制使用。
- 检查认证、账号、授权组件是否全平台统一管理，且使用不同账号添加数据，查看不同账号组件之间是否支持数据同步。

② 网络安全审计测试。

- 定期检查安全控制是否合适，评估有效性以及确定其是否符合当前的风险。
- 使用自动化工具核查安全策略的合规性。
- 现场查看是否对网络系统中的网络设备运行状况、网络流量、用户行为等进行日志记录。
- 添加/修改一条数据查看是否被记录并进行分析，生成审计报表。
- 现场查看未预期的审计记录是否被删除、修改或覆盖等。
- 查看信息系统的统一安全策略，是否实现集中审计，时钟是否保持与时钟服务器同步。
- 现场查看审计跟踪极限的阈值是否被定义，当存储空间接近极限时，是否能采取必要的措施；当存储空间被耗尽时，是否可终止审计事件的发生。

③ 网络边界完整性检查测试。

- 能够对非授权设备私自连到内部网络的行为进行检查，准确定出位置，并对其进行有效阻断。
- 能够对内部网络用户私自连到外部网络的行为进行检查，准确定出位置，并对其进行有效阻断。
- 应采用电话拨号、ADSL 拨号、手机、无线上网卡等方式连接其他外部网络，并验证网络是否被阻断。

- 检查平台将某用户地址回收后，是否清除访问遗留的痕迹，同时检查平台再将此 IP 分配给其他用户使用时，新用户是否会获取到原先用户的相关信息。

④ 网络入侵防范要求测试。
- 删除默认用户或修改默认用户的口令登录，查看其是否能够登录。
- 以网络设备的管理员身份访问非法网站，查看其是否被拒绝或自动断开。
- 在 A 区使用一网络设备用户标识访问资源，同时在 B 区也使用该网络设备用户标识访问，查看其是否提示该用户已经存在。
- 应以远程方式登录主要网络设备，查看是否采用两种或两种以上组合的鉴别技术进行身份鉴别。
- 采用加密算法验证存储用户的账号和口令信息是否安全。
- 查看其是否能处理操作登录失败后的数据，是否可采取结束会话、限制非法登录次数和当网络登录连接超时自动退出等措施，是否能够对登录失败事件做出统一审计。
- 采用 VPN 验证专有网络是否安全。
- 建立管理员与普通用户账号，管理员设置特权管理。

⑤ 网络设备防护测试。
- 根据管理需要，注册一个合法设备用户，登录查看其是否登录成功，删除默认用户或修改默认用户的口令登录查看其是否能够登录。
- 用网络设备的管理员身份访问非法网站查看其是否被拒绝或自动断开。
- 在 A 区使用一网络设备用户标识访问资源，同时在 B 区也使用该网络设备用户标识访问查看其是否提示该用户已经存在。
- 应以远程方式登录主要网络设备，查看是否采用两种或两种以上组合的鉴别技术进行身份鉴别。
- 应采用加密算法验证存储用户的账号和口令信息是否安全。
- 查看其是否能处理操作登录失败后的数据，是否可采取结束会话、限制非法登录次数和当网络登录连接超时自动退出等措施，是否能够对登录失败事件做出统一审计。
- 应使用 VPN 验证专有网络是否安全。
- 应验证是否实现设备特权用户的权限分离。

⑥ 网络安全域隔离测试。
- 使用防火墙或 VPN 等边界设备检验电子政务外网是否与互联网/电子政务

外网隔离。
- 查看物理主机中的多个虚拟机是否可以 Ping 通。
- 使用多台虚拟主机进行分类数据信息传输，验证这些数据信息是否按其安全属性来选择 VPN 安全通道、身份认证和访问控制。
- 检查关键节点是否使用单独的安全策略保护信息安全，不可迁移；是否使用支持虚拟化的备份软件实现容灾热备，确保信息不丢失。
- 查看平台是否建立了针对安全域之间、应用服务器之间通信的密钥服务管理系统。
- 为租户建立不同安全等级的安全存储空间，查看存储空间级的内容是否被其他租户看到。
- 检查涉密网络安全域之间的边界划分是否明确。
- 添加一条高等级机密信息，发送给低等级（与添加区域为非同等级安全域）查看其是否被禁止。
- 查看涉密网络信息中的信息是否具有相应的机密等级标识，且不能被篡改。

⑦ 互联网接入安全测试。
- 通过互联网接入网关等设备，验证互联网安全终端和接入用户是否合法。
- 采取有效的安全隔离措施验证互联网接入与平台传输网的数据交换。
- 通过移动接入网关、防火墙等设备，验证移动安全终端和接入用户的身份认证和访问控制。
- 采取有效的安全隔离措施验证移动/无线接入安全平台与电子政务内网的数据交换。

⑧ 虚拟网络安全测试。
- 使用虚拟机平台的防火墙功能，验证虚拟环境下的逻辑分区边界防护和分段的集中管理和配置。
- 使用现有虚拟基础架构容器（主机、虚拟交换机、虚拟局域网）验证逻辑信任分区或组织分区。
- 查看是否在分区边界之间对网络流量进行桥接、设置防火墙保护策略并加以隔离。
- 启用虚拟端口的限速功能，通过定义平均带宽、峰值带宽和流量突发大小，验证端口级别的流量控制，以及是否禁止虚拟机端口使用混杂模式进行网络通信嗅探。

- 监视和审计虚拟网络平台的重要日志，查看是否能够及时发现异常登录和操作。
- 根据具体的拓扑和可能的通信模式，在虚拟网卡和虚拟交换机上配置防火墙，验证是否提高用户虚拟机的安全性。

（5）终端接入安全

① 终端通用接入安全测试。

- 用户选择一台通用的终端设备，将设备编号作为唯一标识，进行统一的认证授权管理，认证授权通过后方可接入平台访问。
- 用户使用已接入平台的终端设备进行访问操作，平台对用户进行身份识别，符合要求的用户可以访问平台，非平台用户则不能访问平台。
- 认证服务能否获取终端设备的识别码，建立加密措施，在更换未授权的设备接入时，不会出现泄密的操作。
- 检验终端是否及时更新终端系统补丁。
- 定期检查终端接入线路的安全性验证。
- 应定期验证接入终端的授权认证，终端设备未发生变化，则可以继续使用；发生变化，则平台终止访问权限，需重新认证。

② 虚拟终端专属接入安全测试。

- 检查接入虚拟终端的资源申请要求是否符合总体资源申请限制。
- 动态监控接入虚拟终端所消耗的服务器资源，保障受到攻击的虚拟机不会对在同一台物理主机运行上的其他虚拟机造成影响。
- 检查虚拟终端的接入网络申请是否符合目前的安全域划分要求。
- 查看虚拟机到物理主机的通信，防止虚拟终端发起拒绝服务攻击。

11.10.2　数据承载服务安全测试

（1）数据传输测试

- 采用加密或其他有效措施实现虚拟机镜像文件、系统管理数据、鉴别信息和重要业务数据传输的保密性。
- 对重要通信采用专用通信协议或安全通信协议，避免基于通用协议的攻击破坏数据保密性。
- 通过对虚拟机镜像文件、系统管理数据、鉴别信息和重要业务数据在传输过程中完整性是否受到破坏的检测，查看其在检测到完整性错误时是否采取必要的恢复措施。

- 采用 VPN 和数据传输加密等技术，检验从用户终端到云存储中心传输通道的安全。
- 采用 SSH、SSL 等方式检验平台内部的维护管理是否通过数据加密通道。
- 查看云存储设备的维护管理操作是否采用加密通道，以保障管理信息的安全性。

（2）数据存储测试

- 查看平台的加密源代码，是否调用加密源代码。
- 在虚拟机镜像文件、系统管理数据、鉴别信息和重要业务数据的存储过程中，进行突然断网、断电、停服务的操作，再恢复后是否能继续传输，且各个数据不会丢失。
- 非法用户直接对其他计算资源进行挂卷运行查看是否失败，验证其虚拟机镜像文件是否加载保护机制。
- 非法用户若不能从硬盘中获取有效的用户数据，则验证硬盘是否具有有效的保护形式。
- 使用漏洞安全扫描工具模拟黑客手段攻击虚拟资源、系统管理数据、鉴别信息和重要业务数据。
- 登录一个账号，查看之前租户所用的存储介质是否已经被清除干净。

（3）数据迁移测试

- 查看平台是否提供详细的迁移方案。
- 制定迁移策略，准备迁移数据，平台将运行自动迁移，完成后没有数据丢失。
- 准备迁移数据，人工手动完成迁移，没有数据丢失。
- 在数据迁移的过程中，对平台业务进行访问操作，业务应用能连续运行且不中断。
- 在数据迁移的过程中，突然断电、断网，影响迁移，再恢复后，平台能继续进行迁移操作，无数据丢失情况。
- 使用多个终端向一个终端进行迁移，并有其独立的存储空间，平台能统一监管。
- 自动恢复迁移后的数据，系统能正常使用。

（4）数据隔离测试

- 每个用户通过私有的 VPN 进行数据传输，客户端到云平台之间不同用户数据传输隔离应采用私有 VPN。
- 通过对虚拟主机进行加固，验证不同主机之间数据是否相互隔离。

- 对虚拟资源隔离系统进行配置，查看全新应用和已有应用是否进行了数据层的数据隔离。
- 使用抓包工具捕获到各用户的数据验证是否加密。

（5）数据终止测试
- 制定清除数据的策略，自动删除因平台迁移、业务终止、合同终止等而遗留的数据。
- 使用安全可靠的数据销毁工具对硬盘数据执行全盘写零的操作。
- 执行全盘逻辑块地址（Logical Block Address，LBA）扇区清零操作/全盘LBA扇区写任意字符覆盖数据操作/全盘LBA扇区随机字符覆盖数据操作。

11.10.3 业务支撑服务安全测试

（1）通用应用服务软件测试
- 使用多种身份鉴别，检查源码，验证用户身份标识的唯一性。
- 在登录平台时，执行登录错误次数限制，连续5次错误，账号将被冻结10分钟。
- 使用合法用户登录后，长时间不操作（时间大于30分钟），用户会被结束此次会话，自动退出。
- 使用安全扫描工具检测平台是否存在网络钓鱼、跨站点攻击、SQL注入等安全隐患。
- 使用审计功能对用户进行操作行为审计和上网行为审计。

（2）应用支撑软件测试
- 选择经过安全加固的操作系统，并及时更新操作系统的安全补丁。
- 选择安全可靠的中间件来支撑平台的运行，多种同类型的中间件均能快速适配平台。
- 测试各个应用开放业务系统的接口，能够进行源代码审查。
- 业务系统要求运行中不存在功能以外的数据调用。
- 使用防篡改功能应提供防篡改校验机制。

（3）数据库安全环境测试
- 对于单实例分配多个用户操作，且操作的数据加密、相对隔离。
- 限制数据库操作用户的权限，用户1只有查询权限，用户2有增加和查询的权限，用户3有增加、删除、修改和查询的权限。

第11章 基于云计算的电子政务公共平台的安全

- 针对不同的应用系统,数据优化连接池的连接数支持大数据量的访问或操作。
- 在数据库中选择一张表,对表中的一行进行加密,对表中的一列进行加密,对表中的关键字进行加密。

（4）构件库和构件封装测试

- 登录平台,用户提交构件,由管理员审核,进行统一认证管理和访问控制。
- 平台对外提供接口,用户可以对构件进行上传、获取的操作。
- 使用并验证以二进制形式交付的构件无源代码。

（5）业务应用迁移支撑测试

- 检测是否提供成文业务应用迁移方案,并进行风险评估和资源评估。
- 选择平台上的一种应用业务,进行IP地址切换,迁移到另一主机上,用户通过域名访问不会受到影响。
- 选择涉密信息,向电子政务内网迁移,迁移后,信息能在内网正确显示,没有丢失。
- 选择一般的业务节点。进行安全域内、安全域外迁移,迁移后能正常使用。
- 选择核心的业务节点进行安全域内迁移,迁移后能正常使用,不能进行安全域间的迁移。
- 选择重要的业务节点进行安全域内迁移,迁移后能正常使用,不能进行安全域间的迁移。
- 选择安全级别为1的业务向安全级别为2的资源池迁移,系统禁止迁移过程。

（6）业务应用资源管理测试

- 当应用系统中的通信双方中的一方在一段时间内未作任何响应,另一方应能够自动结束会话。
- 用户登录应用系统后在规定的时间内未执行任何操作,应自动退出系统。
- 使用性能测试工具对业务应用进行并发会话连接的压力测试,而平台完全能够对压力进行限制操作,从而保证业务系统的正常运行。
- 根据分配策略、安全策略分配资源。
- 业务资源配置有别,并可在资源接入端对所属资源进行二次分配。
- 将各部门的资源接入,平台能对接入的资源进行统一的管理和认证。
- 用户通过VPN服务、平台网关、主机密钥获取密钥,平台能对密钥进行统一的管理。
- 使用业务虚拟资源,平台可对虚拟资源进行授权、认证和控制。

（7）业务应用资源访问控制测试

● 使用不同域的用户，访问非自己域的资源，并发布资源，供其他域访问，进行资源共享。

● 将平台所部署的应用系统进行统一的应用登录审计，实现数据同步，用户能及时看到审计结果。

● 平台认证和授权不同安全域或部门专属业务，支持承载应用的认证、支持平台资源的认证。

● 选择平台上所有的VPN服务进行配置监控，管理VPN上的用户账户，能对平台接入的组织部门提供动态分配VPN服务。

第 12 章

基于云计算的电子政务公共平台的信息资源安全

12.1 概述

电子政务公共平台中的信息资源是指平台承载的业务应用相关的信息数据,包括基础实体数据、用户及权限数据、业务应用数据、业务流转数据、业务输出数据、共享支撑数据、机构目录数据和基础实体数据再处理后的数据等。

电子政务公共平台自身的安全保障遵循国家信息系统等级保护要求,应根据电子政务公共平台建设及运行后的实际情况确定其安全级别,并实施相应的安全保护措施。电子政务公共平台上承载的信息资源以及其所属政务部门(电子政务公共平台服务使用机构)的业务系统,也应依据其系统的职责、目标和重要程度确定安全等级,并由电子政务公共平台以安全服务形式提供满足其安全等级相应要求的安全保障能力。

同时,考虑基于云计算的电子政务公共平台的特性,本章将电子政务公共平台信息资源根据其受访的限制程度分为以下 4 类安全保护场景,详见表 12-1。

表 12-1 信息资源安全保护分类

分类定义	类别
信息资源经过信息资源所有者授权后可对所有社会公众开放	1
信息资源经过信息资源所有者授权后对指定社会公众开放	2
信息资源经过信息资源所有者授权后对指定电子政务公共平台服务使用机构开放	3
信息资源仅对信息资源所有者开放	4

注:"开放"的范围及权限由信息资源所有者决定。

12.2 信息资源安全保护要求

12.2.1 第 1 类信息资源

(1)信息资源访问
- 信息资源的安全访问策略需由授权主体配置,执行最小化授权原则,授予不同平台服务使用机构用户为完成各自任务所需的最小权限，并在它们之间形成相互制约的关系。

- 访问控制的覆盖范围应包括与信息资源访问相关的主体、客体及它们之间的操作。
- 应为电子政务公共平台服务使用机构用户提供服务管理界面，支持云安全域或安全组划分，允许平台服务使用机构用户灵活定义访问控制策略。
- 存储信息资源的环境应具备抵御分布式拒绝服务攻击和应用攻击的防御能力，防御架构应具备高弹性、可扩展能力，保证平台的防御能力不随平台服务使用机构用户的增加而降低性能。
- 应具备异常流量检测、流量调度和流量清洗的能力，为电子政务公共平台提供云服务和为平台服务使用机构用户提供实时恶意流量清洗，清洗范围包括网络层、传输层和应用层的拒绝服务攻击、垃圾邮件等。
- 应严格限制由内部发起的对外连接，对内部采取必要的安全措施，进行内部行为的监控。
- 应在电子政务公共平台边界处提供网络入侵检测措施，检测和预警来自电子政务公共平台外部的入侵事件，并能够记录入侵事件的来源、目的、入侵时间和入侵类型等。
- 应能实时监测和预警来自电子政务公共平台外部和平台内部的应用安全事件，应用安全事件应包括网页被篡改、网页挂马、敏感信息发布和应用可用性故障等，例如可采用流量重定向技术。

（2）信息资源传输

- 应能控制对电子政务公共平台内部主机和应用的访问，防火墙应控制对虚拟机实例的访问，例如可采用虚拟防火墙或流量重定向到物理防火墙技术。
- 应能够检测到信息资源在传输过程中的完整性受到破坏，并在检测到完整性错误时采取必要的恢复措施。
- 应可限制最大网络流量数及网络连接数，限制恶意攻击流量，确保为高级别访问预留足够的带宽。
- 应可以对传输目的地设置灵活的 ACL，从认证、时间、VLAN 和 IP 等多个角度进行限定。
- 应采用数字签名等技术，保证数据在传输过程中不被篡改。

（3）信息资源存储

- 应部署病毒防护系统，查杀承载信息资源的虚拟机实例中的恶意代码与病毒，为平台服务使用机构用户提供病毒检测和查杀服务，病毒查杀时不能明显降低主机性能，可采用虚拟机实例查杀等技术。

- 应部署漏洞扫描系统，对承载信息资源的环境进行漏洞检查，定期对网络、主机和应用实施漏洞扫描，扫描范围应包括操作系统漏洞、数据库漏洞、中间件漏洞和应用系统漏洞等。
- 应确保不同平台服务使用者之间的存储数据安全隔离，保障信息资源的可靠性，例如，可采用碎片化、分布式、离散存储技术或其他安全隔离技术保存平台服务使用机构用户的数据。
- 应提供有效的硬盘保护方法，保证即使硬盘被窃取，非法用户也无法从硬盘中获取有效的平台服务使用机构用户的数据。
- 应能够检测到信息资源在存储过程中完整性受到破坏，并在检测到完整性错误时采取必要的恢复措施。

（4）信息资源备份和恢复

- 应提供本地数据备份与恢复功能，数据备份至少每天一次，备份介质场外存放。
- 应提供异地数据备份功能，利用通信网络将关键数据定时批量传送至备用场地。
- 应提供虚拟机自动恢复能力。
- 应提供主流应用的容灾保护，并支持容灾分权分域管理，根据不同的角色采用不同的容灾策略和恢复计划。
- 在信息资源所有者有相关安全要求的情况下，必要时应建立异地灾难备份中心，提供异地实时备份功能。

（5）信息资源隔离

- 应采用有效技术保证隔离不同云服务器虚拟化实例。
- 应保证云服务对物理资源的调度和管理均在平台虚拟化层内完成，可采用虚拟化重定向技术，隔离平台内承载信息资源的云服务对平台物理资源进行直接访问。
- 应有效隔离同一物理资源主机上的不同虚拟化实例的计算资源，避免不同虚拟化实例争抢计算资源。
- 应保证云服务的虚拟内存地址具备唯一性，可采用内存独占模式隔离平台内同一物理资源主机上的不同虚拟化实例的内存资源。
- 应保证相对隔离的不同平台服务使用机构用户云服务虚拟化实例的防护安全，例如可采用虚拟防火墙或安全组等技术保障不同平台服务使用机构用户的云服务虚拟化实例隔离安全。

- 应通过网络隔离技术和流量清洗技术实现网络资源的隔离和过量占用。
- 应实时监控和审计平台虚拟化层的运维操作，分离系统管理员和审计管理员的账号及权限。
- 在信息资源所有者有相关安全要求的情况下，必要时可采用专用集群或者物理隔离技术，实现不同业务系统之间信息资源的隔离。

（6）信息资源销毁
- 应提供有效的技术手段清除需要销毁的数据及其所有副本，销毁过程应该有记录。
- 应提供技术手段（例如数据覆盖等）禁止被销毁数据的恢复。

（7）信息资源迁移
- 应制定信息资源迁移实施方案，并进行迁移方案可行性评估与风险评估，制定信息资源迁移风险控制措施，做好信息资源备份以及恢复相关工作，保证数据迁移不影响业务应用的连续性。
- 应支持数据的迁入和迁出安全确认机制：迁入数据时，应采用安全扫描技术，确认资源是否被恶意感染，例如，木马、病毒等信息；导出数据时，应防止资源迁出时泄露，可采用安全传输技术，例如，IPSec VPN、安全文件传送协议（Secure File Transfer Protocol，SFTP）或本地传输机制。
- 信息资源迁移应进行数据一致性校验，并保证业务系统正常运行。
- 应对非标准格式的信息资源数据提供转换工具或者技术文档说明专有格式，保证启用或弃用该云服务时，能迁入和迁出数据。
- 数据迁移过程中应根据平台服务使用机构用户的需求提供数据加密迁移能力。

12.2.2　第2类信息资源

（1）信息资源访问
本项要求除第1类要求还应包括以下内容。
- 应采用基于用户组或角色的方法，保障客体访问资源时权限明确。
- 应采用用户名、口令方式，提供信息资源访问的身份鉴别，口令应包含数字、字母（大小写）和特殊符号，口令长度不低于8位，应定期更换口令。
- 应采用必要的措施使平台服务使用机构用户的访问和修改等行为具有不可否认性。
- 应采用加密方式存储平台服务使用机构用户的口令信息。
- 应严格设置登录策略，按安全策略要求具备防范账户遭到暴力破解攻击的能力

（例如，对空口令、连续的某个字符等弱口令的自动检测；限定平台服务使用机构用户连续错误输入密码次数，超过设定次数，对平台服务使用机构用户进行锁定，并设定锁定时间，在锁定时间内，被锁定的平台服务使用机构用户需通过注册时的标志信息或者有效证件重新设定密码）。

- 当更改访问权限（例如，密码重置、密码找回等）时，应设置相关的策略，防止暴力破解攻击。
- 应采用加密或签名等安全技术，保障信息资源访问的应用编程接口安全，访问接口至少应包含访问 ID、签名算法和加密强度等参数。
- 应采用网络、数据库和应用等审计技术监测、记录信息资源。
- 应提供登录统计与分析功能，以发现潜在威胁。

（2）信息资源传输

本项要求除第 1 类要求还应包括以下内容。

应采用传输层加密技术保证平台服务使用机构用户端到平台端的信息资源访问通信安全，例如 SSL、SSH 等。

（3）信息资源存储

本项要求除第 1 类要求还应包括：应信息资源所有者要求，可提供采用符合国家认定的密码算法对数据进行存储加密保护的服务，平台服务提供机构不得掌握密钥。

（4）信息资源备份和恢复

同第 1 类要求。

（5）信息资源隔离

同第 1 类要求。

（6）信息资源销毁

本项要求除第 1 类要求还应包括：应采用磁盘消磁技术实现平台内物理资源主机在弃置、维修前的数据彻底删除，物理粉碎光盘，并无法恢复。

（7）信息资源迁移

同第 1 类要求。

12.2.3　第 3 类信息资源

（1）信息资源访问

本项要求除第 1 类要求还应包括以下内容。

第12章 基于云计算的电子政务公共平台的信息资源安全

- 应采用基于用户组或角色的方法,明确平台服务使用机构用户访问资源时的权限。
- 应采用第三方可信认证证书或动态令牌技术提供信息资源访问的身份鉴别。
- 应采用必要的措施使平台服务使用机构用户访问和修改等行为具有不可否认性。
- 应严格设置登录策略,按安全策略要求具备防范账户暴力破解攻击措施的能力(例如限定平台服务使用机构用户连续错误输入密码的次数,超过设定次数锁定平台服务使用机构用户,并设定锁定时间,在锁定时间内被锁定的平台服务使用机构用户需通过注册时的标志信息或者凭有效证件重新设定密码)。
- 当更改访问权限(例如密码重置、密码找回等)时,应设置相关策略,防止暴力破解攻击。
- 应采用国家密码管理局鉴定的对称加密技术或签名技术,保障信息资源访问的应用编程接口安全,密钥强度不低于128位,访问接口至少应包含访问ID、签名算法、加密强度等参数。
- 应采用登录监控审计技术实时监控信息资源的访问行为,阻断非授权操作;应采用网络访问控制监控系统,自动发现非授权的对外端口开启和通信协议启用。

(2)信息资源传输

本项要求除第1类要求还应包括以下内容。

- 应采用传输层加密技术保证平台服务使用者端到平台端的信息资源访问通信安全,例如SSL、SSH等。
- 应采用虚拟局域网技术或专线互联技术保证平台服务使用机构用户端到平台端的信息资源访问通信安全。

(3)信息资源存储

本项要求除第2类要求还应包括以下内容。

- 应采用碎片化、分布式、离散存储技术保存平台内的信息资源数据。
- 应具备平台内数据完整性验证机制,可检测到虚拟化实例镜像文件、系统管理数据、平台服务使用机构用户身份鉴别信息和平台服务使用机构用户信息资源数据在平台内存储的完整性。
- 应对重要信息资源设置敏感标记,并严格控制对有敏感标记资源的操作。

(4)信息资源备份和恢复

同第1类要求。

(5)信息资源隔离

同第1类要求。

（6）信息资源销毁

本项要求除第1类要求还应包括以下内容。

- 应支持磁盘高级清零技术实现平台服务使用机构用户删除数据的要求。
- 应采用磁盘消磁技术彻底删除平台内物理资源主机在弃置、维修前的数据，并无法复原。

（7）信息资源迁移

同第1类要求。

12.2.4　第4类信息资源

（1）信息资源访问

本项要求除第3类要求还应包括以下内容。

- 应采用第三方可信认证证书、动态令牌技术或多因子身份认证技术提供信息资源访问的身份鉴别。
- 应采用国家密码管理局鉴定的对称加密技术或签名技术，保障信息资源访问的应用编程接口安全，密钥强度不低于256位，访问接口至少应包含访问ID、签名算法和加密强度等参数。
- 应采用网络准入技术和登录监控审计技术来阻止非授权者的入网和访问，记录授权平台服务使用者的操作。
- 应采用必要的措施使平台服务使用机构用户的访问和修改等行为具有不可否认性。
- 应采用访问域限制技术，保障平台服务使用机构用户只能在特定环境下对信息资源访问，例如服务器ID、域名等信息，限制信息资源的访问环境。

（2）信息资源传输

本项要求除第3类要求外还应包括：需采用国家密码管理局鉴定的专用的加密设备保障广域网传输的安全性。

（3）信息资源存储

本项要求除第3类要求还应包括以下内容。

- 应采用国家密码管理局鉴定的密码算法，采用多重密钥保护机制存储加密保护数据。
- 应提供文件级细粒度的安全存储，可单独设置文件的密级、加密算法和加密密钥等。

（4）信息资源备份和恢复

同第 1 类要求。

（5）信息资源隔离

同第 1 类要求。

（6）信息资源销毁

本项要求除第 3 类要求还应包括以下内容。

全程视频记录销毁过程，视频记录长期（至少 6 个月）保持。

（7）信息资源迁移

同第 1 类要求。

12.3 信息资源安全管理技术要求

12.3.1 日常监测要求

电子政务公共平台能够根据监测指令监测电子政务公共平台的双向流量数据，记录发现的违法信息，并形成监测日志及时上报。根据 IP 地址、域名、URL 地址和违法关键词等条件设置监测的规则。

电子政务公共平台能够监测流量异常等状态，分析异常产生的原因；能够定期分析和评审监测和报警记录，发现可疑行为，形成分析报告，并采取必要的应对措施；能够定期分析运行日志和审计数据，以便及时发现异常行为；具备对超大流量数据的监测与过滤能力；具备对信息资源和资源服务可用性的监测功能和备份正确性校验功能，并对备份系统定期进行恢复演练。

电子政务公共平台接入系统对公众发布的信息内容应具备实时安全监控能力，并留存日志。对使用加密传输技术的信息资源，应具备有效的手段发现并处置违法信息。

对电子政务公共平台管理员进行审计，经过认证的管理员才能够登录配置设备，并全程记录管理行为。

12.3.2 安全审计要求

电子政务公共平台应能对以下事件生成审计日志。
- 管理员和平台服务使用机构用户鉴别。
- 管理员和平台服务使用机构用户的操作行为。
- 管理员和平台服务使用机构用户授权序列的记录,以供追溯。
- 网络访问控制,记录及审计平台、虚拟机和数据库的远程连接、远程操作、远程数据传输。

审计日志应包括事件类型、事件时间、事件主体、事件客体、平台服务使用机构用户IP、事件成功/失败和事件详细信息等字段。所有审计日志应能被解析。

电子政务公共平台应提供审计日志的可选择查询功能,支持按事件类型、事件时间、触发事件用户和事件主体条件之一或组合进行查询。平台提供对审计日志的导出和清空功能。

审计日志应存储在掉电非遗失性存储介质中,当存储空间被耗尽时,应采取相应的措施,保证审计日志不丢失。在未被授权时,不得访问、修改和破坏审计日志。

12.3.3 定位溯源要求

电子政务公共平台应建立数据资源定位溯源技术能力,能准确定位存在信息安全问题的应用或服务的源头,并保存相关记录,及时上报相关管理部门。

在日常运行中,平台应启用数据溯源机制,对非溯源数据进行警示,具备出现问题之后可以立即启用溯源的技术手段,确保溯源的及时有效。

12.3.4 日志留存要求

电子政务公共平台应针对流量数据监测行为形成监测日志和过滤日志。监测日志和过滤日志记录至少包括源/目的IP、源/目的端口、违法信息、采集时间,以及触发监测动作的监测指令标识,对HTTP还需要记录URL,存在代理行为的需要记录代理类型和代理IP。

电子政务公共平台应记录系统管理员的操作日志,日志记录至少应包括操作用户、操作时间、操作用户IP地址、操作内容等日志信息,并定期对操作日志进行审计。

平台服务使用机构用户访问日志留存时间不少于6个月，应长期保存对第三、四类信息资源的访问日志和所有类别信息资源操作日志。

电子政务公共平台应提供界面良好的日志查询功能，可依据时间、IP地址、URL等进行独立或条件组合查询。日志留存的信息存储应与其他业务系统有效隔离，日志留存信息以文件形式存储时，应采用安全、便捷的文件存储格式，例如二进制文件格式。

对平台服务使用机构用户信息、日志信息等负有保密义务，不得出售、篡改、故意泄露或违法使用用户及日志信息。

12.3.5 应急处置要求

电子政务公共平台应建立相应的应急处置技术能力，及时处理存在信息安全问题的应用或服务。在紧急情况下，电子政务公共平台能够停止全部或部分服务，并保存相关的记录，及时上报给相关的管理部门。

电子政务公共平台管理机构应制定应急响应预案，并定期进行应急演练。

12.3.6 安全风险评估要求

电子政务公共平台应定期对平台信息资源进行安全风险评估和安全技术加固，并根据风险评估结果制订相应的风险处理计划。

第 13 章

基于云计算的电子政务公共平台的服务质量评估

13.1 概述

服务质量反映电子政务公共平台服务提供机构所提供服务的性能综合效果，服务管理机构应建立服务质量管理制度和标准，制定相应的服务质量评估技术指标，明确服务质量监管的依据和方法，监控和管理事前、事中和事后的服务质量，确保服务提供机构能够有效、持续地提供优质服务。服务提供机构自身也必须建立必要的服务质量保证制度，以保证对服务质量能够进行长期有效的控制管理，听取服务使用机构的意见和建议，自觉改善服务工作。

13.2 服务质量评估的主要内容

为确保电子政务公共平台服务提供机构向服务使用机构和个人用户提供安全可靠的服务，服务质量评估主要内容包括服务质量评价指标体系、评估的组织实施方法、评估实施程序、评估结果与应用、服务质量具体评价方法和评价指标使用方法等方面的要求（包括具体处理过程的方式、方法和措施等）。

13.2.1 评价指标体系

服务质量评价指标是反映电子政务公共平台服务性能综合效果的一组指标，服务管理机构或服务使用机构等可以用这些指标来表征用户群体对服务提供机构所提供服务的满意程度。服务质量评价指标体系由服务提供质量评价指标、基础设施资源利用率评价指标和服务使用满意度评价指标组成。

服务提供质量评价指标是反映电子政务公共平台服务准确性、有效性、响应性、安全性、可靠性和友好性的一组指标，这些指标主要反映的是技术因素，服务管理机构或服务使用机构可以用这些指标来评价用户群体享用某种服务效果的好坏，电子政务公共平台服务提供质量评价指标见表 13-1。

基础设施资源利用率评价指标是衡量机房设施利用率、网络资源利用率、计算资源利用率、存储资源利用率和安全可靠化率等电子政务公共平台基础设施资源使用情况的综合指标,电子政务公共平台基础设施资源利用率评价指标见表 13-2。

服务使用满意度评价指标是衡量服务提供机构服务质量的综合指标,是从服务使用机构的角度评价服务产品或服务质量的一种指标体系,电子政务公共平台服务使用满意度评价指标见表 13-3。

表 13-1 电子政务公共平台服务提供质量评价指标

一级指标	指标权重	二级指标	指标权重
服务准确性	ω_1	服务实现的完备性	ω_{11}
		服务的可度量性	ω_{12}
		网络接入性能	ω_{13}
		业务功能符合性	ω_{14}
		数据可迁移性	ω_{15}
		应用部署的准确性	ω_{16}
服务有效性	ω_2	网络的长期服务质量	ω_{21}
		网络互联互通性能	ω_{22}
		业务弹性	ω_{23}
		业务可用性	ω_{24}
		平台管理可用性	ω_{25}
		存储系统可用性	ω_{26}
		存储系统响应能力	ω_{27}
		异地容灾服务可用性	ω_{28}
		业务容灾可用性	ω_{29}
		数据库软件的效率	ω_{210}
		平台用户容量	ω_{211}
		多用户模式	ω_{212}
		应用可配置性	ω_{213}

续表

一级指标	指标权重	二级指标	指标权重
服务响应性	ω_3	服务的及时响应性	ω_{31}
		服务互动沟通机制	ω_{32}
		服务投诉解决率	ω_{33}
		机房资源配置及时性	ω_{34}
		网络资源配置及时性	ω_{35}
		计算资源配置及时性	ω_{36}
		虚拟机迁移时间	ω_{37}
		应用迁移时间	ω_{38}
		业务资源配置及时性	ω_{39}
		业务资源配置自动化	ω_{310}
		部署服务请求的响应率	ω_{311}
		运维事件响应率及解决率	ω_{312}
		业务开通响应率	ω_{313}
		定制化服务响应及时性	ω_{314}
服务安全性	ω_4	数据/信息保密性	ω_{41}
		数据的可销毁性	ω_{42}
		数据/信息隔离性	ω_{43}
		数据的知情权	ω_{44}
		数据库数据隔离	ω_{45}
		资源、业务、网络与数据的分级权限	ω_{46}
		业务的可审查性	ω_{47}
		网络隔离与访问控制	ω_{48}
		网络安全防护服务与防病毒	ω_{49}
		用户接入认证	ω_{410}
		安全审计服务	ω_{411}
		应用部署的安全性	ω_{412}
		平台告警有效性	ω_{413}
		国家要求的信息安全等级保护服务	ω_{414}
		信息资源等级保护服务	ω_{415}

续表

一级指标	指标权重	二级指标	指标权重
服务可靠性	ω_5	服务的可用性	ω_{51}
		服务的恢复能力	ω_{52}
		数据存储的持久性	ω_{53}
		数据备份的高效可靠性	ω_{54}
		数据容灾的高效可靠性	ω_{55}
		操作系统运行的稳定性	ω_{56}
		数据库系统运行的稳定性	ω_{57}
		数据库系统运行的可靠性	ω_{58}
		中间件运行的可靠性	ω_{59}
		网络、网络设施及链路可靠性	ω_{510}
		业务资源的可靠性	ω_{511}
		灾备系统的有效性	ω_{512}
		应急情况的响应措施	ω_{513}
		应用迁移可靠性	ω_{514}
		运维人员流失率	ω_{515}
服务友好性	ω_6	服务接入访问的网络广泛性	ω_{61}
		按需定制化服务	ω_{62}
		服务监控	ω_{63}
		服务趋势分析	ω_{64}
		操作的可追溯性	ω_{65}
		运维事件的监控	ω_{66}
		人员团队的专业性	ω_{67}
		运维保障兼容性	ω_{68}
		运维系统的全局可视化实时监控	ω_{69}
		基于政务部门的可视化实时监控	ω_{610}
		应急预案及演练	ω_{611}
		备份恢复演练	ω_{612}

续表

一级指标	指标权重	二级指标	指标权重
服务友好性	ω_6	服务报告	ω_{613}
		服务内容的告知	ω_{614}
		平台App库	ω_{615}

表13-2 电子政务公共平台基础设施资源利用率评价指标

一级指标	指标权重	二级指标	指标权重
机房设施利用率	φ_1	机房集中率	φ_{11}
		机房动力电使用率	φ_{12}
		机房空调功耗占比	φ_{13}
		统一运维监控覆盖率	φ_{14}
		主机的托管率	φ_{15}
网络资源利用率	φ_2	出口链路带宽利用率	φ_{21}
		网络整合率	φ_{22}
计算资源利用率	φ_3	主机计算资源利用率	φ_{31}
		计算型服务器的虚拟化率	φ_{32}
存储资源利用率	φ_4	磁盘利用率	φ_{41}
安全可靠化率	φ_5	安全可靠资产比率	φ_{51}
		网络及安全设备的安全可靠化比率	φ_{52}
		主机设备的安全可靠化比率	φ_{53}
		系统软件的安全可靠化比率	φ_{54}
		常用支撑软件的安全可靠化比率	φ_{55}

表13-3 电子政务公共平台服务使用满意度评价指标

一级指标	指标权重	二级指标	指标权重
服务态度	ρ_1	对服务提供机构服务支持人员的服务态度和服务意识的满意度	ρ_{11}
		对服务提供机构技术服务人员与服务使用机构用户沟通效果的满意度	ρ_{12}
		对服务提供机构值班人员的服务态度及服务意识的满意度	ρ_{13}
		对服务提供机构客服售后支持热线的拨通率和等待时长的满意度	ρ_{14}

续表

一级指标	指标权重	二级指标	指标权重
服务态度	ρ_1	对服务提供机构技术服务人员的服务规范性的满意度	ρ_{15}
服务能力	ρ_2	对服务提供机构服务支持人员的专业技能的满意度	ρ_{21}
		对服务提供机构提供的运维服务的稳定性和速度的满意度	ρ_{22}
		对服务提供机构提供运维服务的应用系统的稳定性的满意度	ρ_{23}
		对服务提供机构故障诊断与解决的技术水平的满意度	ρ_{24}
		对服务提供机构提供解决方案的效果的满意度	ρ_{25}
		对服务提供机构提供应急响应能力的满意度	ρ_{26}
服务时效	ρ_3	对服务提供机构事件响应的时效性的满意度	ρ_{31}
		对服务提供机构处理问题的时效性的满意度	ρ_{32}
服务管理	ρ_4	对服务提供机构服务管理规范性的满意度	ρ_{41}
		对服务提供机构服务合同履行效果的满意度	ρ_{42}
		对服务提供机构提供的相关培训的满意度	ρ_{43}
		对服务提供机构提供的服务报告的满意度	ρ_{44}
		对服务提供机构服务流程的满意度	ρ_{45}
服务便捷性	ρ_5	对服务提供机构分析用户需求、主动推送相关信息和服务的满意度	ρ_{51}
		对服务提供机构能否围绕用户服务需求,将相关服务事项和信息资源进行关联向用户展示提供的满意度	ρ_{52}
		对服务提供机构政务移动应用的满意度	ρ_{53}

13.2.2 评估的组织实施

(1) 组织评估

通常情况下,由服务管理机构负责组织实施电子政务公共平台服务质量评估、编制实施纲要并确定评估机构,由服务管理机构负责评估组织实施方法和具体的实施程序。评估机构主要负责电子政务公共平台服务质量评估实施,主要内容包括编制实施方案、开展评估和形成评估报告。

（2）编制实施纲要

电子政务公共平台服务质量评估实施纲要由服务管理机构编制。评估实施纲要的主要内容包括实施单位、责任分工、评估重点指标、评估步骤、时间安排和保障措施等，服务管理机构按照一定的步骤和时间统一组织评估实施工作。

（3）确定评估机构

评估机构应符合以下要求。

- 服务管理机构选择专业评估机构开展电子政务公共平台服务质量评估工作。
- 选择的专业评估机构需满足相应的资质要求。
- 专业评估机构应主要承担以下工作：协助服务管理机构开展评估实施方案编制、培训等工作，独立开展数据汇总、统计分析工作，评定出具体评估结果，确定被评估的电子政务公共平台的服务质量水平；根据实际情况，多角度、多层次地分析被评估的电子政务公共平台服务质量中存在的问题。

（4）组织开展评估

组织开展评估的要求如下。

- 服务管理机构定期或不定期部署与实施电子政务公共平台服务质量评估工作，评估工作除了例行的常规性评估，还应综合考虑新上业务、新上系统和新制度等方面变化所带来的影响。
- 考核标准应由国家信息化主管部门统一确定或由地方信息化主管部门统一确定。

（5）评估实施程序

服务质量评估实施流程分为评估准备、现场评估和完成评估报告3个步骤，每个步骤的具体要求如下。

① 评估准备步骤要求如下。

服务提供机构提交本区域"电子政务公共平台运行服务报告"，并附服务使用满意度报告及相关意见，内容必须真实可靠，如果有服务质量事故或服务使用机构投诉的情况，必须及时向服务管理机构报告。

评估机构审核服务提供机构提交的相关资料，与服务管理机构共同制订评估方案及计划、准备评估工具及协调相关工作，完成评估记录表格的设计。

② 现场评估。

评估机构按照评估方案及计划对服务提供机构进行现场测评。

③ 完成评估报告步骤如下。

- 评估机构与服务管理机构协同完成评估报告。

- 按照 13.2.3 所述方法进行服务质量综合评估。

根据综合得分，按照电子政务公共平台服务质量的评估水平划分标准（A、B、C、D、E、F），可以确定该公共平台的服务质量水平。

13.2.3 评价指标使用方法

对服务提供质量、基础设施资源利用率和服务使用满意度的综合评估可以利用层次分析法对各部分各个指标进行综合评估。每一类的评价指标应按层次划分，从底层开始，逐层向上评估，最终对整体做出评估。

以服务提供质量评价指标为例，具体的评价步骤如下。

（1）确定评价指标集合

根据当前的情况，确定评价指标集合如下。

I={服务准确性；服务有效性；服务响应性；服务安全性；服务可靠性；服务友好性}

（2）确定评语集合

根据各部分的服务质量，可分为 A、B、C、D、E、F 这 6 个等级。由此确定的评语集合如下。

$$V=\{A, B, C, D, E, F\}$$

（3）确定评价指标权重

在利用层次分析法进行综合评估时，各指标的权重会对最终的评估结果产生很大的影响，因此，确定权重应尽量客观。假设第一层指标的权重如下。

$$\theta=\{\theta_1, \theta_2, \theta_3, \theta_4, \theta_5, \theta_6\}$$

每个指标的权重可以通过构造判断矩阵来确定，由 n 个指标组成的判断矩阵 $A_{n \times n}$ 的构造方法为通过对 n 个指标两两比较确定各指标对于目标的重要程度，$A_{n \times n}$ 的元素值 a_{ij} 可以通过矩阵判断标准（1～9 标度法）确定，而且满足 $a_{ij}=1/a_{ji}$，$a_{ii}=1$，判断矩阵元素标度方法见表 13-4。构造出判断矩阵 A 后，再计算权向量 θ。权向量 θ 的每个元素 θ_i 为每个指标的权重。θ_i 的计算方法如下。

$$\theta_i = \frac{1}{n} \sum_{j=1}^{n} \frac{a_{ij}}{\sum_{k=1}^{n} a_{kj}}$$

其中，n 代表指标的个数，a_{ij} 为判断矩阵 $A_{n \times n}$ 的元素。

表 13-4　判断矩阵元素标度方法

指标x, y比较	数值
x和y同等重要	1
x比y稍微重要	3
x比y明显重要	5
x比y十分重要	7
x比y极其重要	9
x比y介于上述相邻判断之间	2，4，6，8

在实际使用评价指标的过程中，可以根据当前电子政务公共平台的建设情况、当前工作重点等因素，适当地调整判断矩阵中各个元素的重要性，这样可以使不同指标的权重发生变化。

为了检验逻辑上的合理性，需要对判断矩阵进行一致性检验，检验步骤如下。

① 计算一致性指标 CI。

$$CI = \frac{\lambda_{\max} - n}{n - 1}$$

其中，$\lambda_{\max}$ 为判断矩阵 A 的最大特征值。

② 查表确定相应的平均随机一致性指标 RI。

RI 可通过查表 13-5 得到。

矩阵阶数与平均随机一致性指标 RI 对应见表 13-5。

表 13-5　矩阵阶数与平均随机一致性指标 RI 对应

矩阵阶数	RI
1	0
2	0
3	0.58
4	0.90
5	1.12
6	1.24
7	1.32
8	1.41
9	1.45
10	1.49

续表

矩阵阶数	RI
11	1.51
12	1.54
13	1.56
14	1.58
15	1.59

③ 计算一致性比例 CR。

$$CR=CI/RI$$

下面进行一致性判断。

① 当 $CR < 0.1$ 时，判断矩阵的一致性是可以接受的，将计算出来的 θ_i 作为第 i 个指标的权重。

② 当 $CR > 0.1$ 时，判断矩阵不符合一致性要求，需要对判断矩阵进行修正，重新计算 CR 并进行判断，直至满足矩阵的一致性要求为止。

表13-5所列为平均随机一致性指标 RI 的前15阶取值，当判断矩阵的阶数＞15时，采用以下算法计算 RI。

假设判断矩阵阶为 n，RI 的计算步骤如下。

① 对 n 阶判断矩阵中的每个元素，从1，2，…，9和 $\frac{1}{2}$，$\frac{1}{3}$，…，$\frac{1}{9}$ 共17个数中按照平均概率随机抽取，构成 n 阶成对比较矩阵 A。

② 计算矩阵 A 的一致性指标 CI。

③ 重复运行多次，以产生充分多个 n 阶随机判断矩阵样本（例如1000个样本）并计算每个样本的一致性指标，最后求多个样本一致性指标的算数平均值即为 RI。

（4）做出综合评估

计算一级指标在各等级上的得分 r_{ij}（$0 \leqslant r_{ij} \leqslant 1, 1 \leqslant i \leqslant 6, 1 \leqslant j \leqslant 6$）设其组成的矩阵为 $\boldsymbol{R}_{6 \times 6}$，那么各部分的总体得分如下。

$$(d_1, d_2, d_3, d_4, d_5, d_6) = \boldsymbol{\theta} \cdot \boldsymbol{R}$$

利用最大隶属度原则，如果 $R_k = \max(d_1, d_2, d_3, d_4, d_5, d_6)$，则各部分总体评估等级为 k 级。对于多层次的指标体系，先从最低层指标开始，计算其所隶属的上层指标在各个等级的得分，组成新的评判矩阵，逐层向上，直至计算出（d_1，d_2，d_3，d_4，d_5，d_6），从而确定各部分的综合评估等级。

13.2.4 评估结果与应用

评估结果如下。

- 服务管理机构负责审核电子政务公共平台服务质量评估报告，汇总评估报告，发布评估结果。
- 服务质量评估报告的主要内容包含评估方法、服务提供质量评估结果、基础设施利用率评估结果、服务使用满意度评估结果和改进建议等部分。
- 评估方法应明确评估结果的具体产生方法，包括评估的指标、指标权重、计算方法及评估标准等。
- 专业评估机构应按照电子政务公共平台服务质量的评估水平划分为 A、B、C、D、E、F 级共 6 级，评定出具体的评估结果，确定被评估地区的电子政务公共平台的服务质量水平。
- 改进建议部分应根据实际情况多角度、多层次地对被评估地区的电子政务公共平台服务质量存在的问题做出分析并提供改进建议。

评估结果分级要求如下。

- 按照服务质量评价指标体系进行评估而获取的质量评估结果是服务质量分级的唯一依据。
- 本章建议有 A、B、C、D、E、F 级共 6 个服务质量级别。这些级别构成以 A 级为最高级，F 级为最低级的层次结构。服务质量级别见表 13-6。

表 13-6　服务质量级别

服务质量级别	对应实际评估值区间	评估结果描述及表示方法
A 级	$95 \leqslant X$	五星 ★★★★★
B 级	$90 \leqslant X < 95$	四星 ★★★★
C 级	$80 \leqslant X < 90$	三星 ★★★
D 级	$70 \leqslant X < 80$	二星 ★★
E 级	$60 \leqslant X < 70$	一星 ★
F 级	$X < 60$	无星

注：X 为按照服务质量评价指标体系进行评估而获取的评估结果值。

评估结果应用要求如下。

● 服务管理机构应每年定期公开公布电子政务公共平台服务质量评估报告以及服务使用满意度。

● 服务管理机构根据一年中服务使用机构的评估，年终时对服务提供机构的服务质量进行汇总和总体评估，服务管理机构根据最终的评估结果与服务提供机构协商。

13.3 服务质量评估的使用对象及使用解析

（1）服务管理机构

服务管理机构是负责对电子政务公共平台的各项工作进行管理和指导的信息化主管部门，通常是地方经济和信息化委员会等主管部门。服务管理机构是服务质量评估工作的组织方和实施方。

服务管理机构依据相关的服务质量评估规范来组织实施评估，结合本区域的电子政务发展水平，调整每年评估的内容，组织评估机构编写具体的评估方案，并按要求处理评估报告。

服务管理机构的工作主要有以下两个方面。

① 管理。对服务提供机构如何提供有效服务需要制定切实有效的管理方法；对于服务提供机构提供的服务是否符合预期的要求，需要制定相应的评估方法；对于整个管理和评估的具体实施需要有一套完整的规章制度。

② 实施。服务管理机构可以根据《服务质量评估规范》定期组织服务使用机构、服务提供机构、评估机构开展评估工作，根据评估结果与评估机构共同完成评估报告并对外公布，督促服务提供机构根据评估报告进行服务完善与整改。服务管理机构可以根据本地区的实际发展情况，对每年的评估方案进行调整，以反映当年电子政务工作的重点。

（2）服务使用机构

服务使用机构是利用电子政务公共平台开展政务应用的各个政务部门，通常是政府各个部门。服务使用机构是服务质量评估工作的配合方。

服务使用机构通过分析相关的服务质量评估规范来明确要评估的对象、内容及整个组织过程，积极配合评估机构完成评估工作。

服务使用机构遵守国家和信息化主管部门的有关政策、法规使用平台资源，配合服务管理机构进行平台服务质量测评，审阅相关服务报告并提出意见。

（3）服务提供机构

服务提供机构是负责提供和保证电子政务公共平台正常运行和服务的专业技术服务机构，通常是各级信息中心或外包服务支撑机构等技术服务单位。服务提供机构是服务质量评估工作的评估对象和配合方。

服务提供机构建立健全服务质量保证体系，必须按规定的时间和内容向服务管理机构、服务使用机构汇报电子政务公共平台服务应用情况、部署业务应用情况及基础设施资源使用情况，编制"电子政务公共平台运行服务报告"，配合服务管理机构进行平台服务质量测评，建立与服务使用机构沟通的渠道，进行服务使用满意程度测评，听取服务使用机构的意见和建议，自觉改善服务工作。

（4）评估机构

评估机构是指具备国家相关资质的对外提供测评服务的第三方权威机构。评估机构是服务质量评估工作的具体工作承担方。

评估机构依据相关的服务质量评估规范开展具体的评估工作、统计分析评估结果和出具最终的评估报告。

评估机构负责平台服务质量的监督管理，包括与服务评估有关的服务监督、检查工作；配合服务管理机构做好平台服务评估工作和服务评审工作。

评估机构在服务管理机构的指导下，编写可执行的有针对性的评估方案；在确定评估方案后，开展服务提供质量、基础设施资源利用率和服务使用满意度方面的评价，进而得到每一个具体指标的得分，通过层次分析法算出每级指标的具体得分，然后汇总得到整体得分。通过对整体得分的判断，明确当年服务质量所处的等级。

13.4 服务质量评估在顶层设计中的应用

地方政府在建设电子政务公共平台的过程中，依据本地电子政务的实际建设情况，编写切实可行的服务质量评估规范，通过服务质量评估规范对顶层设计的可行性进行检验。通过顶层设计的电子政务公共平台，在建设验收之后，需要检验电子政务公共平台与顶层设计中原则要求的契合度，服务质量评估规范的执行在一定程度上可以完成该项工作。

第13章 基于云计算的电子政务公共平台的服务质量评估

对于顶层设计中要求的各种具体的服务设计，服务质量评价规范均有对应的评估项目进行测评（但并不是完全一一对应和完全包含的关系）。

针对基础设施服务设计，服务质量评估规范提供了网络接入性能、网络互联互通性能、存储系统可用性、存储系统响应能力、机房资源配置及时性、网络资源配置及时性、计算资源配置及时性、虚拟机迁移时间等指标。

针对支撑软件服务设计，服务质量评估规范提供了操作系统运行的稳定性、数据库系统运行的稳定性、数据库系统运行的可靠性、数据库软件的效率、中间件运行的可靠性等指标。

针对应用功能服务设计，服务质量评估规范提供了服务准确性、服务实现的完备性、业务功能符合性等指标。

针对信息资源服务设计，服务质量评估规范提供了信息资源等级保护服务等指标。

针对信息安全服务设计，服务质量评估规范提供了异地容灾服务可用性、业务容灾可用性、数据/信息完整性、数据的可销毁性、数据/信息保密性、数据的知情权、数据库数据隔离、业务的可审查性、网络隔离与访问控制、网络安全防护服务与防病毒、数据备份的高效可靠性等指标。

针对应用部署服务设计，服务质量评估规范提供了数据可迁移性、应用部署一致性、应用部署准确性、应用迁移时间等指标。

针对运行保障服务设计，服务质量评估规范提供了平台管理可用性、服务互动沟通机制、服务投诉解决率、运维事件响应率及解决率、运维人员流失率、运维事件的监控、运维保障人员的稳定性、人员团队的专业性、应急预案及演练等指标。

第 14 章

基于云计算的电子政务公共平台的服务度量计价

14.1　概述

电子政务的发展已从"建设阶段"走向"服务阶段",如何完善电子政务技术服务体系,建立信息服务运营机制,保障基于云计算的电子政务公共平台在"一体化"资源整合的基础上发挥更大价值,是目前亟待解决的问题。基于云计算的电子政务公共平台以提供信息技术服务为核心,因此,监测服务所消耗的成本、度量服务的价值、评价服务的质量,是电子政务公共平台运营的前提。

目前,信息技术服务主要以两种方式来体现。

① 分散系统的运维服务:每个信息系统都是单独建设、单独运维的。建设模式类似于工程建设,每个单位都会对自己不同的应用系统配置或购买不同的运维服务。

② 传统的数据中心运行模式:基础架构层面设备之间通过标准化连接和协议互通,保证了计算、存储、网络设备的管理系统之间相互独立,使不同的运维团队可以按照自身业务发展与架构演进的趋势不断完善和深化各自的管理规程,以满足数据中心业务不断发展的需求。

引入云计算技术以后,基于公共平台的电子政务模式构建政务应用服务计价需要科学合理的方法对涉及的服务进行准确度量。基于云计算的电子政务公共平台运行模式是运用云计算技术,统筹利用已有的机房资源、计算资源、存储资源、网络资源、信息资源、应用支撑等资源和条件,发挥云计算虚拟化、高可靠性、通用性、高可扩展性,以及快速、按需、弹性的服务等特征,为各政务部门提供基础设施、支撑软件、应用功能、信息资源、运行保障和信息安全等电子政务综合性服务。因此,服务度量计价是对电子政务公共平台提供的服务按照统一的计量单位制,并确定实际提供的服务量值并将其计算为服务产值的活动。服务度量计价的结果是服务提供机构和服务使用机构达成服务交易的取费根据。服务度量计价的结果必须是准确的、可靠的。

(1) 服务度量与服务监控

服务度量主要指实现单位统一和量值准确可靠的活动,具有准确性、一致性、溯源性、法制性的特点，内容包括：度量基准以及标准的构建和使用；度量原理、度量方法、度量确定度，以及度量器具的度量特性；度量人员团队建设；度量法制和管理等。

服务监控是指针对服务运行的实时数据进行采集并分析，评估服务可能出现因故障而导致失效的情况，包括对服务及其所占用资源的动态监测和由此带来的故障告警。

（2）服务计价与建设造价

服务计价是指服务提供机构将服务及其运行时所占用的资源转变为利润，通过计价系统对政务部门的应用系统在电子政务公共平台上运行时产生的费用进行计算，基于软硬件资源和各类服务可以综合产生多种计价算法和模式。

信息系统工程的建设造价内容涵盖了信息技术的整个生命周期，包括信息系统的基础设施建设费用、硬软件资源购置费用，以及系统运维、管理、治理的人工费用等，侧重于建设造价费用构成。

14.2 度量要求

14.2.1 度量准则

度量的根本目标是为了提升基于云计算的电子政务公共平台的服务能力，实现电子政务公共平台的可持续发展。因此，度量过程需要用目标驱动度量，而不是为了度量而进行度量。

通用度量准则包括以下内容。

① 度量目标必须明确，度量对象必须清晰。

② 度量指标项应无遗漏、不重复，具有客观性、无二义性。

③ 度量方法应简单实用。

④ 度量结果具有唯一性、准确性和可重现性。

⑤ 度量结果与度量过程应公开接受监督。

电子政务公共平台上的度量除了需要坚持以上通用的度量准则外，根据电子政务公共平台的自身特征提出了3个特有度量准则。

（1）以服务度量公共平台

电子政务公共平台的核心价值和最终目标是向各政府机构在平台管理人员的辅助下按需提供各类服务产品，因此，度量电子政务公共平台的基本要素即为服务。服务种类和数量的多少、服务质量的优劣、服务用户满意度的高低直接决定了电子政务公共平台的用户体验及其效能发挥。

（2）服务按需度量

基于云计算的电子政务公共平台与其他公共平台的显著不同是能够动态调度资源，满足不同用户服务对各类资源在不同时间的差异化需求，从而起到削峰填谷的作用，即为满足某一用户对某类资源在某时间段上的巨大需求，可以从其他对该类资源需求较低的用户服务处调拨出来，从而既不需要添置新的资源，又能满足用户服务对资源的峰值需求，同时还能对利用率较低的资源充分利用。因此，在度量服务时必须基于服务对资源和人力的实际消费，而非仅考虑服务在资源和人力方面的基础配置。

另外，复杂服务可以由简单服务构成，因此，对复杂服务的度量也必须考虑其对简单服务实际消费的度量。

（3）基于度量基准进行度量

为确保针对度量对象的某一度量指标项的度量结果有意义，度量结果必须基于一定的度量基准，并以此为基本尺度，获取相对该基准的相对值。度量基准形成度量指标项的单位，度量所得相对值连同度量单位共同构成度量指标项的度量结果。

度量基准的确立有利于电子政务公共平台内部以及不同电子政务公共平台中具有相同语义解释的度量指标项之间度量结果的换算和比较，从而为电子政务公共平台的容量规划、运行优化和项目估算等创造了所需的条件。

14.2.2 度量对象

基于云计算的电子政务公共平台构建政务应用时，需要重点考虑如何度量公共平台所能提供的服务，从而得出相应的计价估计与服务评估等结论。

因此，度量对象应是依托电子政务公共平台所提供的各类服务，包括硬件资源服务（环境、计算、存储和网络）、软件资源服务（系统软件、中间件和应用软件）、人力资源服务（设计、管理、规划、运维、研发和日常事务等）行为。

14.2.3 度量基准

度量基准与单位包括基本度量基准（基本单位）和复合度量基准（复合单位）。基本度量基准描述了度量原理中出现的基本度量项的基准，其单位作为基本单位。

复合度量基准描述了度量原理中依赖基本度量项组合出的复合度量项的基准，其单位为复合单位。

14.2.4 度量模型

依据度量准则，综合考虑电子政务公共平台的度量需求，建立相关度量模型。该模型包括度量对象、度量类、度量指标项，以及度量基准和单位：度量对象明确了本度量模型在设计、实施度量时关注的对象；度量类明确了针对度量对象的度量维度；度量指标项（简称度量项）则表明了度量对象时需要度量的指标项；度量基准和单位则是设计、实施度量的基础，度量项的度量结果是以度量基准为参照得到的相对值同时辅以描述度量基准的单位而形成的。度量模型如图14-1所示。

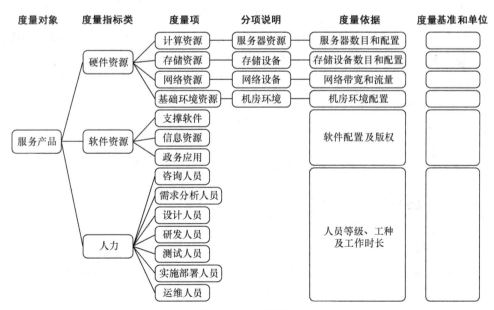

图14-1 度量模型

14.2.5 度量元素分类分级

电子政务公共平台的度量元素可以分为硬件资源、软件资源和人力。

（1）硬件资源分类分级

硬件资源分类包括计算资源类、存储资源类、网络资源类和基础环境资源类。

硬件资源按照其规格标准和性能可分为企业级、标准级和入门级，不同级别的资源的费用价格按照级别区分，具体价格参照当地的市场水平。

（2）软件资源分类分级

公共平台的软件资源采购主要是通过购买软件使用版权，而对政务部门提供的是所采购软件的实例化应用。

软件资源分类包括支撑软件类、信息资源类和政务应用类。

软件资源按照其规格标准和性能可分为企业级、标准级和入门级，不同级别的资源的费用价格按照级别区分，具体价格参照市场水平。

（3）人力分类分级

人力指的是电子政务公共平台所能提供的人力服务，从人力资源的人员分类可分为咨询人员、需求分析人员、设计人员、研发人员、测试人员、实施部署人员和运维人员。

每类人员按照其技术技能掌握程度和实际经验的不同，可分为专家级、高级、中级和初级，各级人员的人力资源成本也不尽相同，具体费用参照当地的市场水平。

14.3 计价要求

14.3.1 扁平服务计价要求

（1）按次数计价

用户根据使用公共平台服务产品的次数计价。按次数计价的方式可分为两类，一类是通过软硬件资源来提供服务，另一类是通过人工来提供服务。

（2）按时长计价

根据用户使用服务的时长计价，不关心用户使用服务时所占用的资源。

14.3.2 按需服务计价要求

记录用户的服务等级和资源的使用情况，例如内存大小、存储空间的容量、数据包的数量和优先级、预留带宽的大小等，以此作为计价的依据。其计价参数包括以下内容。

用户服务用量（Usage）：基本单位可以是核、GB、数据包等。

用户获得的服务质量（QoS）：用户获得的服务质量越高，单位用量的价格越高。

网络资源状况（Resource）：网络的拥塞程度。当网络处于非拥塞的状态，用户单位用量的价格较低；网络拥塞程度增强，用户单位用量的价格提高。

服务提供机构的优惠措施（Discount）：服务提供机构对用量大的用户提供优惠。

14.3.3 服务产品的分类计价

在实际服务实施的过程中，根据服务产品的类别和所需要的资源，选择其对应的计划方式，服务产品与计价方式的对应见表14-1。

表14-1 服务产品与计价方式的对应

服务产品类别	所需资源类别	计价方式
咨询设计服务	人力	按次数计价
基础设施服务	硬件资源、人力	按时长计价/按需服务计价
支撑软件服务	软件资源、人力	按时长计价/按需服务计价
应用功能服务	软件资源、人力	按时长计价/按需服务计价
信息资源服务	软件资源、人力	按时长计价/按需服务计价
信息安全服务	硬件资源、软件资源、人力	按次数计价
应用部署迁移服务	硬件资源、软件资源、人力	按次数计价
运行保障服务	硬件资源、软件资源、人力	按次数计价
实施服务	人力	按次数计价

14.4 度量计价实施要求

14.4.1 度量计价框架

电子政务公共平台的服务度量计价框架应包括服务、对象、要素和方法。

度量计价的服务包括电子政务公共平台提供的所有服务。

度量计价的对象是服务所使用的资源。对象必须规定其度量计价要素和方法。

度量计价的要素应包括对象的类别、指标项、单位、等级、计价方式、数量和价格，具体内容如下所示。

① 类别：本章基于服务的资源属性，将度量计价对象分为基础设施资源服务、软件资源服务和人力资源服务 3 个类别。

② 指标项：指标项是对象的资源属性。

③ 单位：对指标项进行度量时应按照统一的计量单位制。

④ 等级：应有但不限于以下两类分级模式。

- 基础设施资源服务和软件资源服务的等级可分为基础级、标准级和增强级。
- 人力资源服务的等级可分为初级、中级和高级。

等级划分应参照资源相应的标准，等级划分的级别、方式和依据参见 14.4.3 节。

⑤ 计价方式：可分为约定计价、实测计价和混合计价。

⑥ 数量：为实际度量所取得的量值。

⑦ 价格：价格应参考服务成本、效益和市场需求来确定价格。

度量计价的方法是以度量计价要素为参数，计算出服务产值的计算公式。

14.4.2 数据采集要求

度量计价是一项智力活动，因此，数据的采集离不开人的观察和报告。

数据采集方式主要分为人工采集、自动采集和第三方工具采集三类。

人工采集指的是公共平台管理人员、测试人员、服务提供机构和用户必须在表格中记录原始数据，主要用于记录人力等级资质和工作时长等。这种人工记录方式可能会出现有意或无意的偏差以及误差、遗漏和延迟情况，因此自动采集数据的做法不但是可取的，而且是必不可少的。

自动采集是指公共平台软硬件本身带有采集数据的功能，从而能提供所需要的原始数据。与此同时，第三方数据作为一种有效的监管机制，数据的采集同样需要其介入，以确保其原始数据的真实、准确和可靠。

度量工具的使用在提高度量效率的同时，也可以尽可能规避度量偏差和误差。对于度量工具，需要做好检定工作，即通过其他方式来检定度量工具本身采集的数据是尽可能正确的。

为了确保原始数据的准确和完整，必须在开始进行度量和获取数据之前设计采集工作，主要设计原则有以下内容。

① 规程简单。
② 避免不必要的记录。
③ 在记录数据方面和使用规程方面对人员进行培训。
④ 对在主要采集点采集的数据进行确认和分析。

数据采集主要包括以下步骤。

① 确定需要采集数据的对象。
② 确保采集对象处于配置控制之下。
③ 设计采集方案，用于识别采集过程中包含的实体对象。
④ 为表格处理、数据分析和结果报告建立一套完整的规程。

14.4.3 服务度量等级参数

服务度量等级及参数见表 14-2。

表 14-2 服务度量等级及参数

服务产品	等级划分	等级参数	备注
环境服务	基础级	标准型机房标准：机柜进风区域温度（18℃～27℃）、露点温度（5.5℃～15℃）、相对湿度<60%；冷冻水供水温度（7℃～12℃）、冷冻水回水温度（12℃～18℃）；不间断电源系统电池室温度（20℃～30℃）；主机房空气粒子浓度（每立方米空气中≥0.5um的悬浮粒子数量少于17600000粒）；稳态电压偏移范围（-10%～+7%）；稳态频率偏移范围（±0.5Hz）；输入电压波形失真度（≤5%）；不间断电源系统配置（UPS：N）；冷冻机组、冷冻水泵、冷却水泵、冷却塔按照N设置；室内精密空调按照N设置。	参考国家标准GB 50174—1993《电子计算机机房设计规范》

续表

服务产品	等级划分	等级参数	备注
环境服务	基础级	配置环境、设备监控系统和电磁环境要求：工频磁场＜800A/m；在0.15MHz～1000MHz，辐射骚扰场强＜126dBuV/m	参考国家标准GB 50174—1993《电子计算机机房设计规范》
	标准级	冗余型机房标准：机柜进风区域温度（18℃～27℃）、露点温度（5.5℃～15℃）、相对湿度＜60%；冷冻水供水温度（7℃～12℃）、冷冻水回水温度（12℃～18℃）；不间断电源系统电池室温度（20℃～30℃）；主机房空气粒子浓度（每立方米空气中≥0.5um的悬浮粒子数量少于17600000粒）；稳态电压偏移范围（-10%～+7%）；稳态频率偏移范围（±0.5Hz）；输入电压波形失真度（≥5%）；柴油发电机燃料存储量可维持发电时间24h；不间断电源系统配置［UPS：（N+1）］；不间断电源系统电池备用时间（15min，柴油发电机可维持发电时间作为后备电源时间）；宜由双路市电进线供电；后备柴油发电机按照N设置（供电电源只有一路时）；冷冻机组、冷冻水泵、冷却水泵、冷却塔按照N+1冗余设置；室内精密空调按照N+1冗余设置。 配置环境、设备监控系统和电磁环境要求：工频磁场＜800A/m；在0.15MHz～1000MHz，辐射骚扰场强＜126dBuV/m	
	增强级	容错型机房标准：机柜进风区域温度（18℃～27℃）、露点温度（5.5℃～15℃）、相对湿度＜60%；冷冻水供水温度（7℃～12℃）、冷冻水回水温度（12℃～18℃）；不间断电源系统电池室温度（20℃～30℃）；主机房空气粒子浓度（每立方米空气中≥0.5um的悬浮粒子数量少于17600000粒）；稳态电压偏移范围（-10%～+7%）；稳态频率偏移范围（±0.5Hz）；输入电压波形失真度（≤5%）；柴油发电机燃料存储量可维持发电时间72h；不间断电源系统配置［UPS：$2N$或M（N+1）冗余（M=2，3，4……）］；不间断电源系统电池备用时间（15min，柴油发电机可维持发电时间作为后备电源时间）；允许断电持续时间（0～10ms）；应由双路市电进线供电；后备柴油发电机按照N或N+X冗余（X=1～N）设置；冷冻机组、冷冻水泵、冷却水泵、冷却塔按照N+X冗余（X=1～N）设置；室内精密空调按照N+X冗余（X=1～N）设置。 配置环境、设备监控系统和电磁环境要求：工频磁场＜800A/m；在0.15MHz～1000MHz，辐射骚扰场强＜126dBuV/m	

第14章 基于云计算的电子政务公共平台的服务度量计价

续表

服务产品	等级划分	等级参数	备注
CPU计算服务	基础级	2标准核CPU	满足一个最低单核计算性能（包含整数以及浮点数计算性能）要求的CPU核称为一个标准核，其中如何测量提供的CPU核是否满足标准核计算性能的方法请参见14.4.4节
	标准级	4标准核CPU	
	增强级	8标准核CPU	
	自定义		
内存服务	基础级	4GB DDR3-1333、内存带宽需＞10GB/s	如何测量提供的内存资源所属级别的方法请参见14.4.4节
	标准级	8GB DDR3-1333、内存带宽需＞15GB/s	
	增强级	16GB DDR3-1333、内存带宽需＞20GB/s	
	自定义		
网络服务	基础级	互联网出口10Mbit/s独享，单模接入，保证最大端到端时延＜200ms，接入交换机不可用时间＜200秒/年，端口速率1000MB/s，交换机时延30ms～60ms	按照单双模、传输带宽、连接方式、性能参数［光纤最大传输距离/m、交换机时延/s、交换机端口速率/（MB/s）、交换机无故障工作时间/s］进行等级划分
	标准级	互联网出口100Mbit/s共享，单模接入，保证最大端到端时延＜150ms，接入交换机不可用时间＜100秒/年，端口速率1000MB/s，交换机时延20ms～70ms	
	增强级	互联网出口200Mbit/s独享，单模接入，保证最大端到端时延＜100ms，接入交换机不可用时间＜50秒/年，端口速率10000MB/s，交换机时延10ms～30ms	
	自定义		
存储服务	基础级	采用IP SAN架构，共享4GB存储缓存，RAID 5磁盘组、容量动态扩充，实际传输存储带宽＞1Gbit/s（非接口速率）	如何测量提供的存储资源传输带宽所属级别的方法请参见GB/T 34077.2—2021附录D
	标准级	采用IP SAN架构，共享6GB存储缓存，RAID 5磁盘组、容量动态扩充，实际传输存储带宽＞4Gbit/s（非接口速率）	
	增强级	采用SAN架构，共享8GB存储缓存，RAID 5磁盘组、容量动态扩充，实际传输存储带宽＞8Gbit/s（非接口速率）	
	自定义		

续表

服务产品	等级划分	等级参数	备注
操作系统软件服务	基础级	标准版操作系统，不支持故障切换群集，最大支持2标准核CUP、内存32GB	
	标准级	标准版操作系统，不支持故障切换群集，最大支持4标准核CUP、内存64GB	
	增强级	企业版操作系统，支持故障切换群集，不少于8标准核CUP，最大支持内存2TB	
	自定义		
虚拟化软件服务	基础级	支持单主机执行一至多个虚拟化服务	
	标准级	支持多主机实现多个虚拟化服务，增强支持网络融合虚拟化技术	
	增强级	支持多主机实现多个虚拟化环境，增强支持网络融合虚拟化，增强安全边界防护技术	
	自定义		
数据库软件服务	基础级	单实例，内存最大支持32GB	
	标准级	独立节点，多实例，内存最大支持64GB	
	增强级	多节点，多实例，支持网络集群，内存最大支持2TB	
	自定义		
中间件软件服务	基础级	中间件单实例运行	
	标准级	中间件多实例运行	
	增强级	中间件多实例运行、支持网络集群	
	自定义		
应用软件服务	基础级	用户数30~100，支持并发数50~60，支持同时在线数不少于200	
	标准级	用户数50~300，支持并发数50~200，支持同时在线数不少于500	
	增强级	应用软件集群方式运行，用户数300~1000，支持并发数300~800，支持同时在线数不少于1000	
	自定义		
信息安全软件服务	基础级	防入侵、防病毒功能	
	标准级	防入侵、防病毒、防瘫痪功能	
	增强级	防入侵、防病毒、防瘫痪、防窃密、防篡改、安全审计功能	
	自定义		

续表

服务产品	等级划分	等级参数	备注
平台服务	基础级	① 参照厂商给出操作系统、数据库、中间件的标准版/基础版（一般为单用户、32位、扩展功能少；硬件支持低于4GB内存、4核）。 ② 平台可提供迁移部署服务	根据市场、厂商对操作系统类、数据库类、中间件类进行版本划分
	标准级	① 参照厂商给出操作系统、数据库、中间件的标准版/基础版（一般为单用户、32位、扩展功能少；硬件支持低于4GB内存、4核）。 ② 平台可提供迁移部署服务、统一用户和组件服务	
	增强级	① 参照厂商给出操作系统、数据库、中间件的企业版（一般为多用户、32/64位、扩展功能多；硬件支持高于4GB内存、4核）。 ② 平台可提供迁移部署服务、统一用户、组件服务、开发部署服务和数据资源服务	
	自定义		
咨询服务	初级	服务人员学历职称构成占比（初级技术人员60%、中级30%、高级10%）；工作年限占比（2年60%、5年30%、8年10%）；占用人力数<5人、5个工作日	根据国家、行业的规范分类，结合技术等级和各地人力资源成本综合考虑
	中级	服务人员学历职称构成占比（初级技术人员50%、中级35%、高级15%）；工作年限占比（2年50%、5年35%、8年15%）；占用人力数<15人、20个工作日	
	高级	服务人员学历职称构成占比（初级技术人员40%、中级40%、高级20%）；工作年限占比（2年40%、5年40%、8年20%）；人力数<50、150个工作日	
	自定义		
设计服务	初级	服务人员学历职称构成占比（初级技术人员60%、中级30%、高级10%）；工作年限占比（1年60%、3年30%、5年10%）；占用人力数<5人、10个工作日	根据国家、行业的规范分类，结合技术等级和各地人力资源成本综合考虑
	中级	服务人员学历职称构成占比（初级技术人员50%、中级35%、高级15%）；工作年限占比（2年50%、5年35%、8年15%）；占用人力数<15人、工作日<30	
	高级	服务人员学历职称构成占比（初级技术人员40%、中级40%、高级20%）；工作年限占比（2年40%、5年40%、8年20%）；占用人力数>20、工作日>30	
	自定义		

续表

服务产品	等级划分	等级参数	备注
开发服务	初级	服务人员占比（系统分析员≤1人、高级工程师≤1人、工程师≤2人、美工≤1人、文档编写员≤1人）；开发人力月≤10个月	根据国家、行业的规范分类，结合技术等级和各地人力资源成本综合考虑
开发服务	中级	服务人员占比（系统分析员≤2人、高级工程师≤2人、工程师≤5人、美工≤2人、文档编写员≤2人）；开发人力月<30个月	
开发服务	高级	服务人员占比（系统分析员≥2人、高级工程师≥2人、工程师≥5人、美工≥2人、文档编写员≥2人）；开发人力月≥30个月	
开发服务	自定义		
实施服务	初级	服务人员占比（高级工程师≤1人、工程师≤2人）；实施人力月≤2个月	根据国家、行业的规范分类，结合技术等级和各地人力资源成本综合考虑
实施服务	中级	服务人员占比（高级工程师≤2人、工程师≤5人）；实施人力月<10个月	
实施服务	高级	服务人员占比（高级工程师≥3人、工程师>5人）；实施人力月≥10个月	
实施服务	自定义		
运维服务	初级	服务人员学历职称构成占比（初级技术人员60%、中级30%、高级10%）；工作年限占比（2年60%、5年30%、8年10%）；运维时长<半年、服务次数为每周>3次	根据国家、行业的规范分类，结合技术等级和各地人力资源成本、服务频次综合考虑
运维服务	中级	服务人员学历职称构成占比（初级技术人员50%、中级35%、高级15%）；工作年限占比（2年50%、5年35%、8年15%）；运维时长一年、服务次数为每日1~2次	
运维服务	高级	服务人员学历职称构成占比（初级技术人员40%、中级40%、高级20%）；工作年限占比（2年40%、5年40%、8年20%）；运维时长1~3年、服务次数为每日>5次	
运维服务	自定义		
管理服务	初级	服务人员学历职称构成占比（初级技术人员60%、中级30%、高级10%）；工作年限占比（2年60%、5年30%、8年10%）；管理服务时长<半年、服务次数为每月≥5次	根据国家、行业的规范分类，结合技术等级和各地人力资源成本、服务频次综合考虑
管理服务	中级	服务人员学历职称构成占比（初级技术人员50%、中级35%、高级15%）；工作年限占比（2年50%、5年35%、8年15%）；管理服务时长<3年、服务次数为每月≥5次	

续表

服务产品	等级划分	等级参数	备注
管理服务	高级	服务人员学历职称构成占比（初级技术人员40%、中级40%、高级20%）；工作年限占比（2年40%、5年40%、8年20%）；管理服务时长≥3年、服务次数为每月≤5次	根据国家、行业的规范分类，结合技术等级和各地人力资源成本、服务频次综合考虑
	自定义		

14.4.4 典型服务的度量计价要求

基于所采集的数据，设计一套计价软件，通过公式计算将采集的数据转换为使用服务的度量。

（1）基础设施资源服务度量计价

基础设施资源是承载电子政务公共平台的基础条件，包括机房、计算资源、存储资源和网络资源等。基础设施资源服务度量计价要素见表14-3，基础设施资源服务度量计价方法见表14-4。

表14-3 基础设施资源服务度量计价要素

序号	服务	对象		要素			
				指标项	单位	等级	计价方式
1	基础设施资源服务	环境资源		机房面积	平方米	基础级/标准级/增强级	约定计价/实测计价/混合计价
				机柜空间	机柜单位U		
2		计算资源		单位计算能力	浮点运算数、CPU内核数		
3		网络资源	固网	带宽	Mbit/s或Gbit/s		
4			移动网络	流量			
5		存储资源		存储容量与带宽	GB/TB与Mbit/s		

表 14-4 基础设施资源服务度量计价方法

计价公式：$P = F + p \times d \times n \times t$

序号	对象	P	F	p	d	n	t
1	环境资源	总价/元	—	机房面积×时长复合计算单价/[元/(平方米·月)或元/(平方米·年)]；机柜空间×时长复合计算单价/[元/(U·月)或元/(U·年)]	等级系数	机房面积/平方米；机柜空间/U	机房使用计时量/(月或年)；机柜使用计时量/(月或年)
2	计算资源		服务使用权费/元	单核计算能力×时长复合计算单价/[元/(核·月)或元/(核·年)]		CPU内核数量/核	服务使用计时量/(月或年)
3	内存资源		服务使用权费/元	满足相应等级带宽性能的内存容量×时长复合计算单价/[元/(容量·月)或元/(容量·年)]		使用内存容量/GB	服务使用计时量/(月或年)
4	存储资源		服务使用权费/元	满足相应等级带宽性能的存储容量×时长复合计算单价/[元/(容量·月)或元/(容量·年)]		使用存储容量/(GB或TB)	服务使用计时量/(月或年)
5	固网		—	带宽×时长复合计算单价/[(元/月)或(元/年)]		—	网络资源使用时长/(月或年)
6	移动网络		—	移动网络流量单价/(元/GB)		移动网使用流量/GB	—

（2）软件资源服务的度量计价

软件资源服务是部署在电子政务公共平台上所有软件资源所提供的服务，包括操作系统、数据库、中间件和应用软件等。软件资源服务度量计价要素见表14-5，软件资源服务度量计价方法见表 14-6。

表 14-5 软件资源服务度量计价要素

序号	服务	对象	要素			
			指标项	单位	等级	计价方式
1	软件资源服务	操作系统软件	用户版权	每用户	基础级/标准级/增强级	约定计价/实测计价/混合计价
2		虚拟化软件	虚拟机实例数	台/套		
3		数据库软件	数据库实例数	每例		
4		中间件软件	中间件实例数	每例		
5		应用软件	应用软件实例数	每例		
6		信息安全软件	信息安全软件实例数	每例		

表 14-6 软件资源服务度量计价方法

计价公式：$P=F+p \times d \times n \times t$

序号	对象	P	F	p	d	n	t
1	操作系统软件	总价/元	服务使用权费/元	用户版权×时长复合计算单价/[元/（用户·月）或元/（用户·年）]	等级系数	实际用户数/例	服务使用计时量/（月或年）
2	虚拟化软件			虚拟机台×时长复合计算单价/[元/（台·月）或元/（台·年）]		实际使用台数/例	
3	数据库软件			数据库实例×时长复合计算单价/[元/（每例·月）或元/（每例·年）]		使用数据库实例数/例	
4	中间件软件			中间件实例×时长复合计算单价/[元/（每例·月）或元/（每例·年）]		使用中间件实例数/例	

续表

序号	对象	P	F	p	d	n	t
		计价公式：$P=F+p\times d\times n\times t$					
5	应用软件	总价/元	服务使用权费/元	应用软件实例×时长复合计算单价/[元/（每例·月）或元/（每例·年）]	等级系数	使用应用软件实例数/例	服务使用计时量/（月或年）
6	信息安全软件			信息安全软件实例×时长复合计算单价/[元/（每例·月）或元/（每例·年）]		使用安全软件实例数/例	

（3）人力资源服务的度量计价

人力资源服务是指提供咨询、设计、开发、实施、运维和管理等服务，人力资源服务度量计价要素见表14-7，人力资源服务度量计价方法见表14-8。

表14-7 人力资源服务度量计价要素

服务	对象	要素			
		指标项	单位	等级	计价方式
人力资源服务	人力资源	人力资源及其工作时长	人/日或人/月	初级/中级/高级	约定计价/实测计价/混合计价

表14-8 人力资源服务度量计价方法

对象	P	p	d	n	t
人力资源	特定类别人员服务总价/元	特定类别服务人员单价/[元/（人·日）或元/（人·月）]	等级系数	人力数/人	人力服务计时量/（人/日或人/月）

14.4.5 度量计价实施原则

度量计价的实施应遵照以下原则。

① 框架图表原则。应根据度量计价框架为每一项服务设计度量计价框架图表。

② 分解要素原则。根据度量计价框架分解和定义服务度量计价的要素。

③ 自动化度量原则。度量应通过自动化采集工具完成,并能够实时提供服务度量数据,能够满足服务按需获取、实测计价的要求。

④ 自动化计价原则。计价应通过自动化计价工具完成,并能够实时提供服务计价数据。

⑤ 检定认证原则。所有用于自动度量计价的工具、软件或仪表应有国家规定的计量检测、检定校准的认证。

14.5 服务定价的基本原则

14.5.1 基本定价原理

3C+R 定价策略适用于服务类产品的定价,可以作为基于云计算的电子政务公共平台服务的基本定价原理。

3C:指成本(Cost)、顾客(Customer)和竞争(Competition),是平衡定价的 3 个基本因素。

R:定价规则(Regulation),是约束定价的外部条件。

成本、顾客、竞争和定价规则构成定价的约束机制,是量化取费应依据的基本原理。

(1)成本

成本是价格的底线,是经营者最关注的盈亏点,是价格的刚性要素。成本的结构因产品或商品的属性不同而有所不同,但最基本的成本结构至少应包括直接成本、生产成本、管理成本和营销成本等。

(2)顾客

顾客或称用户,是产品或商品的购买方。产品或商品的价格需要获得顾客的认可并接受。顾客对产品或商品的接受度取决于其需求强度和价格承受力,可以认为顾客的接受度和承受力是价格的底线。顾客是一个群体，顾客的群体属性决定了他们对产品或商品的接受度和价格承受力是一个有一定区间范围的变动量。因此，顾客是价格的弹性要素。

（3）竞争

产品市场尤其是产品的细分市场存在竞争是经营管理必然要面对的社会现实。产品或商品的取费、定价必须考虑市场竞争因素。竞争为产品或商品的取费、定价提供了一个或多个"参照对象"，是制定定价策略的必要条件。在产品或商品的性能和使用价值相当的情况下，除了"品牌"，价格是顾客购买行为的决定性因素。在政务云计算/服务的市场环境中，如何看待和处理价格的竞争要素是一个需要研究的课题，应当依据政务云计算/服务的管理制度和法规评估云产品/服务的量化原则和基准。

（4）定价规则

定价规则是指国家为规范市场而颁发的有关价格控制约束的法律、法规、价格系统与限定，以及对不正当定价行为的界定与管制。企业为规范管理也需要建立自身的定价规则、价格体系和报价原则。

14.5.2 基本定价模式

（1）成本核算结构模式

对产品、服务、资源和保障的直接成本、管理成本、生产或营运成本、分摊成本和营销成本等，通过结构性解析提出各成本在总量中所占有的额度，作为相应类别的成本总量核算基础。

带有开发设计需求的产品或服务，除了上述各项成本，附加相应的开发设计的直接成本或对上述直接成本按智力因子计算一个附加值记入生成最终的计量数值。

（2）比例核算结构模式

对产品、服务、资源和保障的直接成本、管理成本、生产或营运成本、分摊成本和营销成本等，通过结构性解析提出各成本在总量中所占有的比重，从而建立各项成本占有的比例，以直接成本计量数据为基础，按比例计算其他成本的量值并累计出总的计量数值。

带有开发设计需求的产品或服务，除了上述计算总量数值，再按智力因子计算一个附加比例值并记入生成最终的计量数值。

（3）性能分级核算模式

针对产品、服务、资源和保障，按性能差异规范成阶梯等级并为每一等级规范其成本结构组成模式，再按成本核算结构模式或比例核算结构模式计量各类、各级计量数值。

14.5.3 基于定期定制定价

（1）定期定制用户量评估

概算采用此类模式的用户总量和服务系统可承担的最大用户量，其数值可以是一个通过市场分析评估测算出的用户数，也可以按服务平台可承担的最大用户并发量计算。

（2）用户占用资源的投资分摊概算

定期定制用户占用资源的摊销计算可采用的方法包括以下内容。

① 按折旧率计算。

电子类产品的折旧率按每年 20% 计算。例如，硬盘存储设备的使用寿命通常以 5 年计算。

折旧到购置投入的 20% 时转入净收益期，以此方式递进折旧的周期为 6 年。

② 按使用生命周期计算。

电子设备的概算生命周期计算方式如下。

$[(MTBF) \div (365 \times 24)] \times (1 + Rc)$，单位为年。

其中，$MTBF$ 为设备的标称平均无故障间隔时间，是设备供应商应提供的可靠性指标，单位是小时。

Rc 为产品可靠性设计的宽裕度系数，不同设备供应商在可靠性设计时所取的宽裕度系数不同，取值范围一般是 0.1～0.3。

③ 定期定制用户服务的资源开销。

定期定制用户服务的资源开销按数字计算基础资源列出分项开销额度的清单作为计量的基础依据。

样例：某省级信息化基础资源公共服务云平台预测成本概算。

① 云服务平台用户预算数量，以每年 100 用户量计算。

② 虚拟云主机年费概算如下。

- 云主机总成本 15640800 元。

- 使用寿命按 5 年计算。
- 每台虚拟云主机用户每年取费如下。

$$15640800/100/5 =31281.6（元/台）$$

③ 虚拟存储年费概算如下。
- 存储资源总成本 14331000 元。
- 使用寿命按 5 年计算。
- 每 100GB 的每年取费如下。

$$14331000 / 100 / 5=28662 元$$

- 按电子产品年折旧率 20% 概算，有不少于一年的纯收益期。

④ 备份存储年费概算如下。
- 备份存储资源总成本 11014300 元。
- 使用寿命按 5 年计算。
- 每 100GB 的每年取费如下。

$$11014300 / 100 / 5 =22028.6 元$$

- 按电子产品年折旧率 20% 概算，有不少于一年的纯收益期。

按以上年费成本概算，每一云服务虚拟主机用户选用 100GB 虚拟存储容量和 100GB 备份存储容量时，其年成本费为：31281.6+28662+22028.6=81972.2 元，附加 15% 管理费用后，配置 100GB 存储容量和 100GB 备份存储容量的每一虚拟云主机用户每年最低取费为 94268.03 元。

第 15 章

基于云计算的电子政务
公共平台的运行保障管理

15.1 概述

本章以用户（包括服务使用机构、公务人员、公众）使用电子政务公共平台服务的运行保障为主旨，规定运行保障管理的服务内容和服务方式。同时对支撑电子政务公共平台资源的运行保障管理提出要求，主要包括服务提供机构、服务内容、服务流程和运行服务支撑系统等。

面向服务使用机构的运行保障是指提供基础服务、工单服务、专属服务、咨询服务、代维服务、备案解析服务、云安全服务及入云用云服务等方面的服务；面向公务人员的运行保障是指提供基础服务、工单服务、网络服务、定制服务及安全服务等方面的服务；面向公众的运行保障是指提供客户服务、通知服务和投诉服务等基础服务；面向平台资源的运行保障是指提供资源监测服务、资源配置服务、资源优化服务、运行安全、备份恢复、灾备管理、应急管理和资产管理等方面的服务。

15.2 面向服务使用机构的运行保障管理

15.2.1 服务内容

面向服务使用机构应提供以下运行保障服务。

（1）基础服务

基础服务包括客户服务、通知服务、投诉服务、体验服务、培训服务、满意度反馈服务和云备份服务。

客户服务是指网络在线客服和电话客服，并及时响应用户的请求。

通知服务是指利用邮件、无线应用工具、短信通知来服务，及时通知服务的情况和状态等。

投诉服务是指受理产品使用效果与服务效率等方面的投诉服务。

体验服务是指体验真实操作环境的服务，体验查询、上报故障、资源申请等操作过程。

培训服务是指线上培训服务，帮助用户提升操作能力，熟练运用云产品与服务等。

满意度反馈服务是指对服务满意度的反馈服务，包括电话回访、满意度评分等。

云备份服务是指提供虚拟机镜像、业务系统数据和用户数据备份服务。

（2）工单服务

用户在电子政务公共平台服务使用过程中遇到的问题或故障，可形成工单并提交，由服务提供机构提供支持，并在24小时内反馈。

（3）专属服务

专属服务包括灵活计费、免费测试、即时通信群支持、无线应用在线支持、快速响应、快速恢复、绿色通道和服务报告。

灵活计费提供多种计费模式，包括共享带宽包、包年包月、按量付费和后付费结算等。

免费测试提供免费测试服务，帮助用户进行云产品的压力测试和性能测试等。

即时通信群支持提供一对一的即时通信群支持，及时在线支持用户。

无线应用在线支持提供一对一的无线应用工具支持，及时在线支持用户。

快速响应提供专属服务经理一对一服务，在故障处理和特殊需求解决方面，提供"7×24"小时快速响应。

快速恢复根据业务特点制定应急预案，并定期进行恢复演练。

绿色通道提供域名备案绿色通道服务。

服务报告是专属服务经理应定期提交的服务报告。

（4）咨询服务

咨询服务提供云产品与服务功能的咨询服务，向用户进行功能介绍和使用方法指导等。

（5）代维服务

代维服务提供"7×24"小时的云服务器代维服务，包括系统监控、定期检查、数据备份、故障排查及恢复等。

（6）备案解析服务

备案解析服务包括域名备案和云解析。

域名备案是指用户登录备案系统，通过信息填写、提交初审、办理拍照和最终审核等流程，完成域名备案。

云解析是对上线网站分配公网 IP 地址进行域名解析和域名绑定等。

（7）云安全服务

云安全服务的具体服务要求按照 GB/T 34080.3—2021《基于云计算的电子政务公共平台安全规范　第 3 部分：服务安全》执行。

（8）入云服务

入云服务是指政务部门应用系统迁移至云平台所要提供的服务，包括应用部署、业务迁移和资源配置。

应用部署提供多种方式的应用入云部署服务，满足应用入云的需求。

业务迁移提供流程化的业务迁移服务，保障业务平滑有序迁移入云。

资源配置是指用户根据云资源模板，配置所需资源的数量、类型、容量、关联和策略等。

（9）用云服务

用云服务包括服务监测、业务系统监测、故障查询和服务优化等服务。

服务监测提供服务实时监测服务，使用户随时了解云服务的运行状态，监测指标包括 CPU、内存、磁盘、缓存和带宽的利用率，以及会话时长、会话连接数和告警情况等。

业务系统监测提供业务系统实时监测服务，使用户随时了解业务系统的运行状态，监测内容包括用户数量、访问量、端口利用率、数据转发量和告警情况等。

故障查询提供云服务故障处理进度的查询服务，使用户能够查看其服务故障处理的进度状态以及故障发起、处理和完结的时间节点等。

服务优化提供云服务优化服务，在使用资源的过程中，当资源的容量、性能等方面接近预警指标时，提出合理化优化方案，并提醒用户进行资源升级或扩容。

15.2.2　服务方式

面向服务使用机构的运行保障管理，采用云服务门户、移动终端和在线通信的方式提供服务。

（1）云服务门户

云服务门户提供以下服务功能。

① 提供统一的电子政务公共平台云服务门户，进行各类服务的申请、查看和监控等操作。

② 提供各类云产品与服务的申请操作入口，包括云计算与网络、云存储、云应用服务、域名和网站、数据库、数据处理和分析、安全服务、监控与管理等。

③ 提供管理控制台，方便注册用户查看或操作相关功能，包括云解析、账户管理、费用中心、续费管理、消息中心、工单管理和备案管理等。

④ 提供按照账户分权的云服务监测功能，实时监测云产品与服务的运行状态、带宽情况、连接数、报警情况、端口使用率、内存使用率和缓存使用率等，让用户可以随时了解云资源的运行情况。

⑤ 提供用户备案实名认证或域名实名认证功能，认证内容包括个人身份信息、备案信息和域名信息等。

⑥ 提供帮助中心，让公众通过帮助中心自助查找资源申请、使用、操作等方面的问题解答。

（2）移动终端

提供移动终端访问方式，通过移动设备访问终端 App 或公众号。

（3）在线通信

提供电话在线或网络在线的通信方式，及时响应用户在门户访问中的提问和咨询等。

15.2.3　服务管理

面向服务使用机构，提供运行服务响应、运行故障服务、运行服务协议、运行服务方案、运行服务分级、运行服务报告和运行服务关闭等方面的服务管理。

（1）运行服务响应

运行服务响应方面的具体要求如下。

① 应提供统一的服务接口，设立服务台。

② 应提供多种服务台响应方式，包括但不限于以下几种方式。

- 热线电话：统一的热线号码、自动应答分类选择、坐席应答等。
- 服务门户：在线账户注册、在线工单提交、在线投诉提交等。
- 无线应用工具和微博：统一的公共服务账号、政务微博服务地址等。
- 移动终端：通过移动终端 App 等方式进行问答、咨询、投诉和查询等。

③ 提供"7×24"小时热线服务,并设置服务使用机构技术服务岗位。

④ 记录各类服务响应请求,通过运行服务支撑系统进行处理、分派、解决和关闭请求。

⑤ 建立运行服务投诉相关的流程和机制。相关内容包括:建立投诉处理流程,开通云服务门户、电话、微博等投诉渠道;记录投诉意见,15分钟内分派任务,及时处理,并形成处理过程记录;根据投诉处理进度,每隔1小时将处理情况反馈给用户,可采用电话、短信和邮件等方式反馈;建立投诉升级机制,逐级分派不同层级的服务管理人员处理投诉;建立运行服务投诉处理事后的问责机制,追究引起用户投诉的相关服务人员的责任;建立服务质量反馈机制,用户可对每次服务进行打分及提交评价等。

⑥ 提供查询服务。用户可查看服务故障处理、投诉处理的状态等。服务故障的处理进度状态包括响应、分派、执行、反馈和评价等;服务投诉的处理进度状态包括响应、升级、分派、执行和反馈等。

⑦ 提供多种服务查询的方式。主要方式包括但不限于:电话查询,通过电话询问客服人员;服务门户查询,通过登录服务门户查看处理进度;移动终端查询,通过登录移动终端 App 查询各类信息。

(2)运行故障服务

运行故障服务方面的具体要求如下。

① 建立运行故障服务流程,形成作业文件和流程图。

② 运行故障的来源,包括但不限于以下内容。

- 服务提供机构主动检查、巡检和监控发现的服务故障。
- 用户向服务台发起的服务故障请求等。

③ 按照故障等级定义,应创建服务故障请求任务工单,30分钟内分派技术人员处理。

④ 诊断分析服务故障,判定故障点,及时处理并形成记录。对于用户端设备原因引起的服务故障,客服及技术人员应指导解决;对于电子政务公共平台原因引起的服务故障,应分派技术人员解决;对于托管业务系统自身原因引起的服务故障,技术人员应分析故障原因,形成解决方案,通知并配合业务系统开发人员处理故障。

⑤ 根据故障等级定义的更新间隔,反馈处理进展,反馈方式包含电话、短信、邮件和云服务门户提醒等。服务故障反馈的内容,包括但不限于以下内容。

- 故障发生:造成服务故障的原因及故障的表象。
- 故障处理:服务故障处理进度、措施或方案。

- 故障关闭：服务故障的处理结果以及恢复情况。
- 故障复盘：针对故障进行复盘，并制定改进措施。

⑥建立运行故障处理和反馈的管理制度，规范故障反馈的操作和通告过程等。

（3）运行服务协议

运行服务协议方面的具体要求如下。

①与服务使用机构签署运行服务协议，内容主要包括双方职责、服务内容、服务期限、安全保密要求、违约责任、处理机制、服务边界、绩效考核要求和费用等条款。

②运行服务协议以纸质或在线电子确认，电子确认应支持计算机终端和智能移动终端等。

③运行服务协议以纸质或电子方式保存，保存期为服务到期时间的后一年。

（4）运行服务方案

运行服务方案的具体要求如下。

①向服务使用机构提供套餐式的运行服务，将多项运行服务打包组合，制定运行服务方案。

②运行服务方案的内容应包括但不限于以下内容。

- 服务范围：基础设施、支撑软件、应用功能、信息资源技术和信息安全等。
- 服务内容：例行服务、响应服务、优化服务和评估服务等。
- 服务级别：制定差异化服务级别。
- 服务目标：提供可用性、安全性、及时性和规范性的目标。
- 资源配备：配备服务资源，包括人员、软硬件系统和维护工具等。
- 服务方式：现场响应支持、远程响应支持等。

（5）运行服务分级

应对运行服务进行分级，适应用户的多种选择。运行服务的分级，由高到低分为一到四级服务，具体分级情况如下。

①一级服务：服务受理时间"7×24"小时，服务响应时间为常驻、即时响应，人员到场时间为常驻、即时响应，故障恢复时间≤2小时，系统备件为关键部件及备件库，巡检周期为每日或每周定期，服务支持为现场人员及远程人员支持。

②二级服务：服务受理时间"7×24"小时，服务响应时间≤15分钟，人员到场时间≤2小时，故障恢复时间≤4小时，系统备件为关键部件及备件库，巡检周期为每月一次，服务支持为现场人员及远程人员支持。

③三级服务：服务受理时间"5×8"小时，服务响应时间≤30分钟，人员到

场时间≤6小时，故障恢复时间≤8小时，系统备件为备件库，巡检周期为每季度一次，服务支持为远程人员支持。

④ 四级服务：服务受理时间"5×8"小时，服务响应时间≤30分钟，人员到场时间为下一个工作日，故障恢复时间≤24小时，系统备件为备件库，巡检周期为每半年一次，服务支持为远程人员支持。

（6）运行服务报告

运行服务报告方面的具体要求如下。

① 应向服务使用机构提供运行服务报告，包括例行服务报告、响应服务报告、优化服务报告和评估服务报告4类报告。

② 提供例行服务报告，不定期或每月提交一次，报告内容包括但不限于以下内容。

- 基础设施：实时监控、巡检和清洁保养相关记录等。
- 支撑软件：实时监控、巡检和资产管理相关记录等。
- 应用功能：实时监控、巡检、数据初始化和数据维护相关记录等。
- 信息资源：实时监控、巡检和资产管理相关记录等。
- 信息安全：安全事件监测、病毒态势、系统漏洞和数据备份相关记录等。

③ 提供响应服务报告，在故障、投诉处理完毕后的第二天内向服务使用机构提交，报告内容包括但不限于以下内容。

- 基础设施：现场值守、故障处理、耗材更换和配件更换相关记录等。
- 支撑软件：故障处理和备份恢复相关记录等。
- 应用功能：故障处理、升级变更和参数调整相关记录等。
- 信息资源：故障处理和参数调整相关记录等。
- 信息安全：数据加解密、接入控制、身份识别和访问授权相关记录等。

④ 提供优化服务报告，不定期或每季度提交一次，内容包括但不限于以下内容。

- 基础设施：耗材更换、系统升级、配置优化和空间扩容相关记录等。
- 支撑软件：升级、配置优化和参数调优相关记录等。
- 应用功能：升级优化和配置优化相关记录等。
- 信息资源：升级优化和配置优化相关记录等。
- 信息安全：系统加固、漏洞修复和行为管理控制相关记录等。

⑤ 提供评估服务报告，不定期或每半年提交一次，内容包括但不限于以下内容。

- 基础设施：性能评估、流量评估和改进建议等。
- 支撑软件：性能评估、容量可用性分析和运行记录分析等。

第15章 基于云计算的电子政务公共平台的运行保障管理

- 应用功能：性能评估、运行记录分析、日志审计分析和进程资源消耗分析等。
- 信息资源：性能评估、运行记录分析和数据完整有效分析等。
- 信息安全：业务连续性、安全风险评估、系统安全测评和门户网站安全测评等。

⑥ 采用纸质或电子文档的方式提交报告，报告保存在服务提供机构，保存周期等同运行服务协议保存期。

（7）运行服务关闭

运行服务关闭方面的具体要求如下。

- 服务提供机构在运行服务协议到期前两个月，应以书面形式向服务使用机构发出服务到期的提示。
- 服务提示内容，应包括但不限于以下内容：运行服务的名称、内容和期限，提醒服务即将到期；征求服务是否续期，续签联系人及方式。
- 应对到期服务产生的相关数据进行离线保存，保存期为一年。
- 应释放到期服务占用的资源，提高资源利用率。

15.3 面向公务人员的运行保障管理

15.3.1 服务内容

面向公务人员提供以下服务。

（1）基础服务

基础服务包括客服服务、通知服务、投诉服务和满意度反馈服务。

客服服务是指网络在线客服、电话客服，并及时响应用户的请求。

通知服务是指针利用邮件、无线应用工具、短信通知来进行服务，及时通知服务的情况和状态等。

投诉服务是指受理产品使用效果与服务效率等方面的投诉服务。

满意度反馈服务是指针对服务满意度的反馈服务，包括电话回访、满意度评分等。

（2）工单服务

用户在网络及在线办公服务的过程中遇到的问题或故障，可形成工单并提交，由服务提供机构提供支持处理，并在 24 小时内反馈。

（3）网络服务

网络服务包括互联网开通服务和政务网开通服务。

互联网开通服务是向用户提供互联网开通服务，通过电子政务公共平台的统一互联网出口连接到互联网，并在互联网出口提供相应的管控策略和安全审计。

政务网开通服务是向用户提供电子政务外网连接服务，通过连接电子政务公共平台访问平台上提供的各类办公应用系统，并在网络接入口提供相应的管控策略和安全审计。

（4）定制服务

定制服务包括信息定制服务和个性化定制服务：信息定制服务是根据用户的需求，定制并组合推送云资源信息；个性化定制服务是根据用户的个性化需求，定制个性化的服务界面、个人隐私保护、专属服务人员和个人兴趣信息等。

（5）安全服务

安全服务是指提供数据的安全加密，实现用户信息和数据的安全传输与存储。

15.3.2 服务方式

面向公务人员采用以下服务方式提供服务。

① 提供统一的电子政务公共平台云服务门户，方便公务人员注册、登录和身份认证等。

② 提供移动终端访问方式，通过移动设备访问终端 App 或公众号。

③ 提供电话在线或网络在线的响应方式，及时响应公务人员在门户访问中的提问和咨询等。

15.4 面向公众的运行保障管理

15.4.1 服务内容

面向公众提供以下基础服务。

① 客户服务：网络在线客服、电话客服，并及时响应用户的请求。

② 通知服务：利用邮件、无线应用工具、短信通知服务，及时通知服务的情况和状态等。

③ 投诉服务：受理产品使用效果与服务效率等方面的投诉服务。

15.4.2 服务方式

面向公众采用以下服务方式提供服务。

① 提供统一的电子政务公共平台云服务门户。

② 提供移动终端访问方式，通过移动设备访问终端 App 或公众号。

③ 提供网络在线或电话在线的响应方式，及时响应公众在门户访问中的提问和咨询等。

15.5　面向平台资源的运行保障管理

15.5.1 服务提供机构

服务提供机构应对电子政务公共平台的服务保障设置以下机构和岗位。

① 根据电子政务公共平台的规模和运行要求，设置相应的运行保障机构及负责人。

② 运行保障机构包括服务管理、运行维护和安全服务等部门或组。

③ 设置客户服务岗、服务操作岗、技术服务岗、服务管理岗和服务安全岗等岗位。

④ 建立各岗位的职责说明书，定岗定责定员。

客户服务岗职责主要包括：接收用户的服务请求并记录服务请求信息，协调技术人员处理服务故障；向用户提供业务咨询、受理与交付请求、用户回访和用户投诉等服务；能够与用户进行良好的沟通；具备计算机及网络专业知识，能为用户提供有效的解决方案；熟悉运行保障机构各部门职责和服务请求分类，具备协调能力，能够及时准确地分派服务台无法解决的问题。

服务操作岗职责主要包括：提供日常设备系统的监控和巡检；按照操作流程规

范和手册提供操作服务，并对违规和失误操作负责；能够与客服、技术服务人员进行良好的沟通；掌握机房、主机、网络、系统、虚拟化和应用等方面的知识，具备及时发现服务故障以及初步判断和处理故障的能力；具有两年以上的服务操作经验。

技术服务岗职责主要包括：具备基础设施、支撑软件、云资源、应用软件、配置数据、管理工具和安全服务的技术支持能力；及时响应并处理运行保障服务过程中的请求、故障和问题；提供电子政务公共平台虚拟资源的配置等服务；能够同厂商工程师、管理岗位人员进行良好的技术沟通；具备网络、主机、系统、虚拟化和应用等方面的专业知识，能够调试软硬件设备系统，分析和解决云服务故障；具有专业任职资格证书，具有3年以上技术服务经验。

服务管理岗职责主要包括：提供运行保障服务管理工作，例如服务运行规划、质量控制、业务关系维护、操作规程和运行制度编制等；提供规划、检查方面的运行保障服务，负责服务策划、实施、检查、改进的范围、过程、安全和成果；提供规划、评估电子政务公共平台服务资源的使用情况；负责制定服务管理、服务运行维护等制度和规范；能与用户、客服、技术和操作人员进行良好的沟通；掌握服务规划、设计和管理等方面的专业知识；具有专业任职资格证书，具有5年以上的服务管理行验。

服务安全岗职责主要包括：负责服务资产的收集和风险评估，完成服务安全方案设计，协调处理安全事件投诉；负责服务安全实施工作，评估服务安全风险，制定服务安全策略和安全制度；负责制定和更新服务安全应急预案，且对安全隐患提出解决方案，组织参与应急预案的测试和维护等相关工作；负责制定服务安全管理的目标，制定服务运行安全管理的规划方案；能与用户、客服、操作岗、技术岗人员进行良好的沟通；掌握服务安全技术、安全管理体系的相关知识。

15.5.2 服务内容

面向平台资源的运行保障管理的服务内容，具体包括资源监测服务、资源配置服务、资源优化服务、运行安全、备份恢复、灾备管理、应急管理和资产管理方面的服务。

（1）资源监测服务

提供监控场所和监控终端，对资源的运行状况进行监测、记录和趋势分析，具体要求如下：

① 监测的内容包括但不限于以下内容。
- 机房资源：机房温湿度、漏水告警、电流电压、UPS负载和消防气体钢瓶压力等。
- 网络资源：链路负载、网络流量、网络连接数、网络设备健康状况和硬件资源开销。
- 主机资源：主机CPU、内存负荷（含虚拟机）、网络连通性和工作指示灯状态。
- 存储资源：空间占用率、网络连通性、存储状态和数据备份状态。
- 支撑软件资源：端口、连接数、CPU和内存使用率、磁盘使用率和文件系统空间。
- 环境资源：环境变量、类库信息、连接数、文件系统和表空间大小。
- 信息资源：数据流、数据流向、实例状态、SQL执行和授权状态。
- 应用功能资源：用户数量、访问统计、用户接口、文字内容和门户网站首页。
- 应用性能：加载时间、响应时间、并发用户、资源实例和实时会话数。

② 对服务资源进行分类管理监测，将设备分为核心资源、关键资源和一般资源，根据资源的重要程度，设置不同的监测频度和监测点数量等。

③ 配置监控工具，通过声音、短信、电话和邮件等告警方式提醒。

④ 建立运行服务资源监测制度，规范人员操作和监测指标等。

⑤ 保存监控记录数据，保存周期至少半年。

（2）资源配置服务

对电子政务公共平台的服务资源进行统一管理和集中调度，按需弹性分配资源，具体要求如下。

① 对电子政务公共平台的服务资源进行配置管理，具体要求如下。
- 机房资源：机柜、空调、UPS和配电柜等。
- 网络资源：运营商链路、负载均衡设备、网络拓扑、防火墙和入侵防御设备等。
- 主机资源：虚拟机和物理服务器（含小型机）等。
- 存储资源：存储设备、带库设备、虚拟存储空间和虚拟备份设备等。
- 支撑软件和环境资源：操作系统、数据库、中间件、开发环境、测试环境和运行环境等。
- 信息资源工具：数据采集工具、数据对比工具、数据库管理控制台、信息交换工具、数据融合工具、数据服务发布工具和数据分析工具等。
- 应用功能资源：电子邮箱、市民邮箱、自助建站、呼叫中心、搜索引擎和通用办公等。

②建立各类资源之间的配置关联关系，进行配置项的管理。

③建立配置管理数据库，每月更新一次配置项的状态。

（3）资源优化服务

应提供电子政务公共平台各类资源的统一管理和优化，具体措施如下。

①资源优化的具体措施包括以下内容。

- 机房资源：机柜空间释放、机房温湿度调整、机房高低压配电调整、机房 UPS 设备负载调整和消防气体钢瓶增压等。
- 网络资源：网络流量控制策略调整、网络设备模块更换、网络拓扑更新和路由条目清理等。
- 主机资源：主机 CPU、内存和磁盘容量的增加等。
- 存储资源：读写速度的调整和存储空间的调整等。
- 公共性支撑软件资源：软件系统版本升级、补丁修补，数据工具的交换、融合、叠加和采样等性能的调优等。
- 基础应用系统：应用系统模板的更新、参数调整、进程数优化和空间容量扩容等。
- 公共性应用功能：应用功能模板更新、线程进程优化和版本升级等。

②每 3 个月进行优化操作。

（4）运行安全

提供平台资源安全运行的相关制度规范，具体要求如下。

①制定运行安全管理制度，包括但不限于以下内容。

- 物理与环境安全管理：机房环境安全、通信线缆安全和设备安全等。
- 通信与安全操作管理：恶意代码防护、网络安全、移动介质安全和信息交换安全等。
- 访问控制管理：网络访问、主机访问、应用和信息访问、移动设备访问和远程访问等。
- 账号与口令管理：账号权限申请、账号使用、账号变更、账号消除和口令管理等。
- 病毒及防护：病毒防御、邮件安全防护、补丁管理、攻防测试、边缘及端点防护等。
- 安全事件管理：处理原则、人员职责、事件分类分级、报告与处置，以及记录与总结。

② 应制定保密管理规范，严禁各类涉密设备接入电子政务公共平台，严禁涉密资料、文件、信息在电子政务公共平台上交换、传输和存储。

③ 应提供公共平台各类安全系统的定期检查和监测服务，包括防病毒管理系统、VPN系统、加解密系统、登录认证系统、虚拟资源隔离和防护系统、安全审计系统等运行保障。

④ 提供服务连续性计划。

⑤ 具体技术要求按照GB/T 34080.3—2021《基于云计算的电子政务公共平台安全规范 第3部分：服务安全》执行。

（5）备份恢复

提供业务系统和数据的日常备份和恢复测试，具体要求如下。

① 日常备份。

- 采取近线和离线的方式，对数据进行增量备份或全备份。
- 增量备份应每天进行一次，全备份应每周进行一次。
- 制定备份策略，记录数据的备份方式、存放位置、备份时间和备份频度等。
- 需采取加密处理的数据，加密操作时应有两名工作人员在场，并形成加密记录。
- 数据的保存期限应为3年。

② 恢复测试。

- 对备份数据导出测试，检查备份介质的有效性，周期为每季度一次。
- 对备份数据恢复测试，验证数据的有效性，周期为每半年一次。
- 对业务应用恢复测试，验证应用的可用性，周期为每半年一次。
- 形成恢复测试相关的记录。

③ 具体技术要求按照GB/T 34080.3—2021《基于云计算的电子政务公共平台安全规范 第3部分：服务安全》执行。

（6）灾备管理

提供同城灾备和异地数据恢复管理服务，具体要求如下。

① 制定灾备和恢复服务方案，包括人员、环境准备和流程等。

② 规定灾备演练频度：业务应用级灾备，每年至少演练一次；数据级灾备，每年至少演练两次。

③ 制定灾备演练步骤：制定演练方案、确定场景、演练步骤和演练预案等；准备物资材料、仪器仪表、后勤保障、指挥部场地、办公及通信条件、车辆食宿和演

练前的培训等；严格按照演练方案实施，详细记录演练的每个步骤、时间点和操作痕迹；进行复盘推演，分析各环节所消耗的时间，检查时间是否可以接受。

④ 总结分析灾备演练中发现的问题，并逐步优化完善。

⑤ 具体技术要求按照 GB/T 34080.3—2021《基于云计算的电子政务公共平台安全规范 第3部分：服务安全》执行。

（7）应急管理

提供运行应急管理的相关管理机制和演练计划，具体要求如下。

① 应建立运行应急管理机制，管理内容包括但不限于以下内容。

- 建立应急响应组织，设置应急响应责任人、现场负责人和现场执行人等。
- 制定应急响应制度，规定应急响应的目标、范围、处置原则和管理措施等。
- 制定应急响应预案，规定应急响应的组织结构、人员职责、监测预警、预案启动、处置流程、处置方法，以及保障措施等。

② 应制订演练计划，演练步骤包括以下内容。

- 演练准备，包括预案演练方案准备、演练步骤、物资准备和后勤保障。
- 演练过程中，详细记录事件发生的时间点和操作痕迹，收集证据，作为查找原因、追究责任的依据。
- 对演练进行总结分析，包括预案事件发生原因的追溯、当前损失以及潜在影响的估算、责任人岗位职责及动机分析等，并根据讨论结果制定相关预防措施。
- 优化服务安全应急预案，包括应急故障的发现和预案流程的改进等。
- 每年至少进行一次安全应急预案演练。

③ 应急管理具体技术要求应符合 GB/T 34080.3—2021《基于云计算的电子政务公共平台安全规范 第3部分：服务安全》。

（8）资产管理

应提供平台资源的资产管理制度与流程，具体要求如下。

① 建立资产管理制度与流程，管理资产的采购、入库、维修、借调、领用、折旧和报废等。

② 配置资产管理系统，将资产信息录入系统数据库。

③ 资产信息的静态管理，包括但不限于：维护资产信息，例如信息的收集、人工录入等；统计分析资产信息，计算资产的利用率，合理使用资产。

④ 资产信息的动态管理，包括但不限于：自动发现和采集资产信息；自动同步和更新资产信息。

⑤ 建立资产台账，记录资产的账、卡、物信息，做到账物相符、账卡相符。
⑥ 每年进行至少一次资产状况检查，形成资产清查报告。
⑦ 提供资产绩效管理，每年评估资产的利用率，形成资产绩效报告。

15.5.3 运行服务管理流程

应面向平台资源提供以下运行服务管理流程。

① 建立运行保障过程中的核心管理流程，包括服务级别管理流程、事件管理流程、问题管理流程、配置管理流程、变更管理流程、服务报告流程和信息安全管理流程。

② 核心管理流程的具体内容可参照信息技术服务标准（ITSS）、信息技术服务管理体系标准（ISO20000）及信息技术基础架构库（ITIL）等执行。

15.5.4 运行服务支撑系统

应从系统功能、系统性能和系统接口3个方面规范要求运行服务支撑系统。

（1）系统功能

提供运行服务支撑系统的具体系统功能要求如下。

① 应提供服务门户管理功能，包括但不限于以下内容。

- 用户注册：基本信息录入、信息修改、账户添加、账户删除和实名认证。
- 服务目录：运行服务分类、运行服务介绍、运行服务目录和运行服务检索。
- 计费（量）管理：充值记录、订单查询、账单查询和账户查询。
- 在线支付：网银支付、第三方支付和智能终端支付。
- 在线培训：模拟环境试用和培训视频。
- 在线查询：故障处理查询和投诉处理查询。
- 在线投诉：语音响应、在线留言、投诉请求和投诉处理。
- 在线评价：运行服务评价、问卷调查和留言评价。

② 应提供服务台（呼叫中心）管理功能，包括但不限于以下内容。

- 服务请求：请求创建、信息记录、请求分派、请求处理和请求关闭。
- 服务回访：日常回访、故障回访和满意度评价。
- 服务投诉：投诉创建、投诉记录、投诉处理和投诉关闭。
- 服务咨询：咨询创建、咨询解答和咨询关闭。

③ 应提供云平台监测管理功能，包括但不限于以下内容。
- 机房监测：机房整体集中展现、机柜运行状态展现和应急集中关机。
- 网络监测：网络拓扑发现、拓扑管理、拓扑工具、性能监视、设备面板、网络资源、监测策略、性能分析、设备信息展现、历史性能数据分析和 MPLS VPN 管理。
- 业务监测：主机性能、数据库性能、中间件性能、应用服务和存储性能。
- 专项管理：拓扑、告警、性能和配置。
- 巡检管理：巡检内容设定、巡检执行和巡检统计。
- 流量统计分析：流量采集、流量监控、流量排名、流量快照和高级分析统计。
- 统计报表：告警统计、性能统计、TOP 综合报表和关键绩效指标（KPI）统计。
- 支撑业务应用系统：数据库基本信息、中间件信息、构件运行资源消耗、容量节点数量、性能测量数量和应用系统状态。
- 云生命周期管理：服务定义、自助请求、流程管理、自动部署和调度、性能管理、合规管理、服务延期、服务终止和资源回收。
- 虚拟资源管理：配置管理、资源分析、资源回收、资源池管理、配置信息收集和容量管理。
- 自动化和标准化管理：智能巡检、资源调度、动态资源调配、介质库（系统、补丁、镜像和软件）、自动化部署（虚拟机、软件、操作系统、镜像和补丁）、自动化流程库、脚本库、审核基线库、与流程管理的集成，以及与配置管理的集成。
- 服务报告：服务监视报告、服务响应报告、服务故障报告和服务变更报告。

④ 提供云应用性能监测管理功能，包括但不限于以下内容。
- 自动学习：服务路径学习、业务路径生成和服务架构生成。
- 故障定位：告警视图数据挖掘、快速定位和自动定位。
- 回放识别：服务架构回放、存储会话快照、逻辑节点回放和故障程度识别。
- 预警规则：动态添加、即刻生效和历史数据匹配。
- 监听解析：非耦合监听解析、会话数据监听和会话数据还原。
- 可视化：会话数据、应用可用性、应用性能和应用负载量。
- 组件状态展现：会话类型展现、会话渠道展现、组件指标和组件关联。
- 关键指标展示：会话数、成功率、响应时间、响应率和返回码。
- 监视范围覆盖：端到端应用服务路径、双中心应用服务路径。

⑤ 提供运行服务流程管理功能，包括但不限于以下内容。
- 服务支持流程：服务台、事件管理、问题管理、变更管理和配置管理。

- 服务交付流程：持续性管理、可用性管理、能力管理和安全管理。
- 辅助管理：报表管理、值班管理、应急预案管理、规章制度管理和系统配置管理。
- 知识库管理：信息添加、级别分类、引用统计、入库审批和版本更新。
- 资产管理：设备类型、型号、厂商、管理域、机构、服务商、责任人、合同和文档维护。

⑥ 提供服务安全管理功能，包括但不限于以下内容。

- 信息采集处理功能：用户信息、安全信息、安全策略的采集处理、安全信息预处理等。
- 信息分析处理功能：管理对象的识别定位、合规性分析、状态分析和威胁分析等。
- 安全事件响应处置功能：响应方式和处置方式。
- 信息展示功能：用户信息展示、资产信息展示和分析信息展示。
- 系统支撑功能：系统维护、工单系统和自身安全。
- 报告功能：安全故障报告和安全检查报告。

⑦ 提供服务安全审计功能，包括但不限于以下内容。

- 安全审计管理功能：信息综合展示、审计报表、综合配置等方面的功能。
- SOC审计功能：安全管理用户审计、安全管理行为审计。
- 安全应用支撑审计功能：单点登录行为审计、应用访问行为审计、应用系统安全行为审计和统一用户管理审计。
- 上网行为审计功能：行为分析审计、网页内容关键字审计、非TCP21端口行为审计和互联网事件管理审计。
- 数据库审计功能：用户及权限审计、数据库访问审计和数控操作审计。
- 服务过程审计功能：故障流程审计、问题流程审计、变更流程审计和报告流程审计。

⑧ 提供业务视图管理功能，包括视图结构和视图需求等方面。

⑨ 提供分级分域管理功能，根据地域、机构、用户进行域的划分，提供差异化个性服务等。

⑩ 提供系统维护管理功能，管理范围包括用户管理、权限管理、日志管理和自身管理等方面。

⑪ 提供统一单点登录功能，实现用户权限分级分层管理。

⑫ 提供运行服务协议管理功能，实现在线协议签订或确认。

（2）系统性能

提供运行服务支撑系统的具体系统性能要求如下。

① 系统可靠性。系统的退出和停止，应不影响其管理的 IT 基础设施和应用系统；提供"7×24"小时不间断服务，年系统可用性应达到 99.95% 以上。

② 系统容量。

- 至少支持 2000 个用户及 200 个并发用户，具有良好的扩展性并预留二次开发接口。
- 支持所有主流 IT 设备和系统，支持信息安全自主可控设备和系统。
- 监控规模网络设备应达 5000 台以上，主机设备应达 1000 台以上，支持 1000 项以上业务应用。
- 监控轮询时间应小于 5 分钟并可根据业务重要程度自行设定阈值，误报漏报率小于 1%。
- 能够从不同类型的数据源采集数据，处理能力每秒应不小于 2000 条记录。
- 当数据库中的日志记录数量达到 200 万条时，模糊查询的响应时间应不超过 10 秒。
- 在主流服务器配置下，高性能的嵌入式数据，每秒处理数达到十万个 SQL 语句分析。

③ 系统实时性。简单操作及平台数据查询操作界面的响应时间应小于 2 秒，大数据量报表数据查询操作界面响应时间应小于 15 秒。该界面能设置监控轮询时间小于 5 分钟并可根据设备或系统的重要级别自行设定阈值，误报漏报率应小于 1%。

④ 系统安全性。具备系统管理、用户权限管理及分级分域权限管理能力，支持单点登录；具备高可靠性和稳定性，采用牢固的体系结构设计，具备容错容灾能力、纠错自恢复安全机制和自动诊断告警能力。

⑤ 系统可扩展性。采用分布式结构、模块化设计，支持通过增加硬件设备提高系统的管理容量；采用 B/S 架构，采用可靠、安全、可移植性高的编程语言，兼容各类操作系统；支持各类大型数据库作为后台数据库。

⑥ 系统存储能力。告警数据、性能数据在系统中应存储 3 个月；资源数据在系统中应存储 6 个月；经系统处理后的报表数据、分析数据在系统中应存储 12 个月；经用户设定为重要的数据应长期保存。

⑦ 系统易用性。用户界面应简洁、友好，操作简单、提示清晰，且应提供系统

操作在线帮助；用户界面显示应采用简体中文；系统应支持多种方式来呈现各类管理信息，对于统计信息，应具有表格或直观图形化（例如直方图、曲线图、饼图等）输出方式。

⑧ 应具备系统可维护性，提供对系统自身运行情况的维护和管理，包括系统软硬件运行状态监控、系统数据库备份和恢复等。

⑨ 应具备可移植性，运行在不同操作系统的平台支持集中式和分布式部署。

⑩ 应具备先进性，能够最大程度地适应未来网络发展和业务发展的需要。

（3）系统接口

提供运行服务支撑系统的具体系统接口要求如下。

① 提供与电子政务公共平台基础设施、支撑软件、信息资源和应用功能的管理接口。

② 提供与呼叫中心系统的集成接口。

③ 提供与业务应用监控的接口。

④ 提供与公共平台服务运营系统的接口。

⑤ 提供与第三方产品对接的接口。

- 支持通用的网络产品和安全产品。
- 支持存储、备份以及其他类型设备。
- 支持安全信息和审计信息输出的接口。

⑥ 提供与其他电子政务公共平台监测系统的互联接口。

⑦ 接口的具体技术要求按照 GB/T 33780.3—2017《基于云计算的电子政务公共平台技术规范 第 3 部分：系统和数据接口》执行。

第 16 章

基于云计算的电子政务公共平台的技术服务体系

16.1 概述

目前，我国电子政务技术服务体系不够完善，基础设施分散建设的现象仍然存在，资源利用率和安全防护能力较低，社会化、专业化技术服务尚未普及，服务意识和服务质量还有待提高，服务提供机构和专业队伍建设还要不断推进。

基于云计算的电子政务公共平台实现了建设的集约化、应用的平台化，必须通过服务的整体化才能对业务和运维进行全面的支持，只有提高了技术服务能力，才能为服务使用机构提供优质的服务。进而把运维人员从繁重的运行维护工作中解放出来，把原先用于建设和运维的资金用于快速开发和部署满足需求的应用，切实让服务使用机构体会到统一管理、统一运维带来的便捷高效，减少电子政务系统的自建、自管、自用，从而逐步解决电子政务系统重复建设的问题，提高资源利用率，实现电子政务发展方式的转变。因此，必须建立全面的电子政务技术服务体系，深化电子政务公共平台面向服务的理念，改变传统服务方式，提升服务水平，逐步解决长期以来电子政务技术服务不规范、服务质量不高、服务成效不明显等问题；进一步整合服务资源，优化服务产品，完善服务制度，提高服务质量，满足政务应用需求；此外，还要创新电子政务技术服务管理机制、手段和方式，建立电子政务诚信体系，营造诚实守信的服务环境。

16.2 电子政务技术服务体系存在的主要问题

我国电子政务服务已经开展多年，技术服务和技术服务体系已经取得了很多成果，但是仍然存在以下问题。

① 电子政务建设、管理和应用的"分散化"问题突出，"信息孤岛""信息烟囱""数字鸿沟"等现象依然存在。

我国的行政管理体制与电子政务的统一性、开放性、交互性和规模性等特性产生冲突，导致各级政务部门开展的电子政务建设、管理和应用，在纵向上的发展快于在横向上的发展，大量的信息资源集中在部门内部、行业内部。即使电子政务发展较好的东部地区，大量的核心应用仍然还在"线下"运行。

② 电子政务的发展史，也是工程建设的发展史，目前电子政务的发展还是围绕"投资"来进行，突出的特点是重建设、轻管理、轻服务。在这种理念的指导下，购置的产品和资产没有得到有效管理和使用，花了大量资金但并未看到有效的收益或者未达到期望的目标。

同时，电子政务还具有必须不断投入才能维持系统运行的特点，有的政务部门只关注一次性投资，项目验收后就认为电子政务实现了，其实电子政务系统的建设完成与电子政务的服务质效之间，还有一段非常漫长的路要走。

在电子政务的发展过程中，投资与当前的业务需求互相匹配是最好的，持续的投入机制也很重要。因此，要紧紧围绕业务目标、业务需求来不断地优化和调整电子政务系统。

③ 电子政务的信息安全隐患问题必须得到重视。

目前，对信息安全构成威胁的既有自然因素也有人为因素，在人为因素中更重要的是管理因素。各级政务部门建设完成的电子政务系统年代不同、要求不同，缺少对电子政务系统安全的顶层设计和规划，在电子政务系统运行过程中没有进行有效的风险评估和制定安全技术措施，也没有进行有效的安全管理，误操作、数据泄露、盗用、伪造、假冒、故意破坏数据或程序、病毒、错误指向、搭线窃听等现象时有发生。一旦网络受到攻击，即使是单点遭到主动攻击，也可能导致全网的电子政务技术服务不能正常进行。

云计算等技术应用于电子政务后，数据安全、隐私泄露等成为安全管理的主要因素，一方面在安全技术上需要进行优化和完善，例如容灾性；另一方面，在安全管理上，面对新形势、新要求，需要构建安全的电子政务技术服务理念。

④ 电子政务技术服务提供机构的技术服务能力不高、服务质量参差不齐，且部分服务提供机构缺乏社会责任感，都成为制约电子政务技术服务发展的关键要素。

我国从2001年开始通过"系统集成资质"的分级和认定来管理企业，当时关注的重点是规范IT行业系统集成项目的实施过程，是项目导向、投资导向。随着技术的发展，尤其是云计算技术、大数据技术等先进信息技术在电子政务领域的广泛应用，在电子政务的发展转为以"服务"为核心的进程中，部分企业没有及时调整自己的战略来适应这个变化和发展，导致原来具有很高资质的企业不一定可以提供优质的电子政务服务。同时，由于信息技术的快速发展，部分服务提供机构不能适应信息技术的发展趋势，不能满足电子政务的现实需求，制约了电子政务技术服务的发展。另外，在目前的电子政务市场上，企业的规模优势、产品优势、资信优势没有得到很好的发挥。

⑤ 电子政务技术服务制度建设、标准缺失、诚信体系缺失等环境因素，也影响了电子政务的良性发展。在电子政务的发展转为服务的进程中，如何在新理念下创新服务管理方式的准备不足。

同时，缺乏规范和标准，导致信息流通不畅，影响了跨部门、跨区域共性业务的处理和政府的有效监管，资源无法共享，形成"信息孤岛"。由于监管方式和方法不足，电子政务技术服务的发展不平衡问题越来越突出，不同地域形成新的"数字鸿沟"。

16.3 电子政务技术服务体系建设目标和原则

为了大力推进我国电子政务的发展，转变电子政务发展的方式，推动互联互通和高效服务的技术应用体系，创新公共服务提供方式，发挥市场机制作用，加快电子政务技术服务业发展，要充分发挥既有资源的作用和新一代信息技术的潜能，减少重复浪费、避免"信息孤岛"，构建集约、高效、专业、安全的电子政务技术服务体系，提升电子政务服务能力，电子政务技术服务体系建设应符合以下目标和原则。

（1）转变发展方式，推动电子政务科学发展

以推动电子政务科学发展为主题，以转变发展方式为主线，推动从"重建设、轻应用"向"深化应用、突出成效"转变，推动从"分散重复建设"向"集约节约建设"转变，推动从"工程项目导向"向"应用服务导向"转变，推动从"自建、自用、自管"向"共建、共享、共用"转变，推动从"信息孤岛"向"信息共享"转变，推动电子政务技术服务实现产品化、标准化、规范化和精细化，促进电子政务健康发展。

通过构建电子政务技术服务体系，进一步规范电子政务技术服务的服务管理，破解影响电子政务发展的核心矛盾和问题，为电子政务的发展提供良好的机制保障，不断提高服务质量水平和技术服务能力。

（2）创新管理方式，提升电子政务服务能力

建立电子政务技术服务管理机制，创新管理方式方法，健全制度程序，解决长期以来电子政务技术服务不规范、服务质量不高、服务成效不明显等问题，有效降低电子政务建设和运行服务成本，满足各级政务部门日益增长的政务应用和公共服务需求。按照国家政策要求，逐步放开市场准入，打破行业壁垒，促进公平竞争。丰富服务产品，扩大服务范围，提高服务能力，营造良好的电子政务服务发展环境。

电子政务服务管理、服务提供、服务测评等相关机构职责清晰、高效协作，服务行政管理队伍的履职能力大幅提高，技术服务队伍和服务测评队伍不断壮大，专业技术服务能力和测评能力大幅提高。电子政务技术服务资源高效配置、有序发展；电子政务技术服务产品多元化、普遍应用。电子政务的服务运营逐步建立和完善，并持续优化。电子政务技术服务使用机构获取技术服务更便捷，服务体验大幅改善。电子政务技术服务的服务质量整体提升，电子政务的技术服务管理制度和标准规范日趋完备。

（3）避免重复建设，促进信息共享和互联互通

坚持统筹规划和顶层设计，制定电子政务技术服务体系标准规范，构建目标一致、方向统一、互联互通、层级衔接的国家级、省级、市级的电子政务技术服务体系。充分运用新技术，构建下一代电子政务基础设施，实现电子政务技术服务资源共建、共享和共用。

（4）规范市场行为，优化电子政务技术服务环境

加强政策引导、规划指引、标准规范和制度建设，加大政府购买服务力度，鼓励社会各方积极参与，形成协调配合、多方参与的电子政务技术服务机制。

加强电子政务技术服务各方主体市场行为的规范化管理，建立电子政务技术服务从业单位和从业人员的诚信体系，加大对失信企业和失信人员的处罚力度，解决电子政务技术服务市场失信行为严重等问题，营造公平竞争、诚实守信的市场氛围。

（5）保障信息安全，实现应用、网络、技术、产业和安全良性互动

完善信息安全保障体系，制定电子政务安全可靠的标准规范，进一步加强政府信息系统安全管理，提高安全可靠信息技术和产品应用水平，转变电子政务信息安全保障薄弱的现状，带动信息产业发展，促进电子政务可持续发展。

加大安全可靠软硬件产品的研发和应用力度，构建安全可靠的电子政务技术服务资源、产品和队伍，提升电子政务信息安全保障能力，实现服务管理安全、服务提供安全、服务技术安全、服务测评安全、服务应用安全，涉及信息安全的各个环

节和风险得到有效控制和管理，促进应用、网络、技术、产业和安全良性互动发展。

16.4 电子政务技术服务体系的发展

我国电子政务技术服务体系的发展与信息技术系统、电子政务应用的发展密切相关，并随着信息技术和电子政务应用的发展不断发生变化，大体上可以分为以下4个阶段。

第1个阶段是技术服务体系的萌芽阶段。在这个阶段，信息技术系统初步发展，电子政务应用还处于萌芽状态，技术服务体系还未有效建立。

第2个阶段是技术服务体系的初始建立阶段。这个阶段的特点是计算机和信息技术普及应用，县级以上政府开始大范围开展电子政务建设，主要政务部门的核心业务电子政务覆盖率快速提升。2002年《国家信息化领导小组关于我国电子政务建设指导意见》下发后，国家电子政务建设走上快车道，金盾、金财、金卡等"十二金"工程陆续展开，相关政务部门的信息化主管部门也开始陆续建立，例如信息中心、科技局（处）、信息局（处）、技术局（处）等。各级政务部门需要引进紧缺IT专业人才，但是IT人员在电子政务应用中发挥的作用和地位还处于较低的水平。

第3个阶段是技术服务体系广泛建立阶段。信息技术集成整合，网络、数据库等技术快速发展，县级以上政府普遍实现电子政务应用覆盖，社会管理和政务服务电子政务水平明显提高，核心业务实现信息共享和业务协同。但总体上，电子政务应用还停留在内部信息管理和应用上，各级政务部门的网站虽然陆续开通，但是网站上的信息还是以单向发布为主，双向的政务活动信息、公共服务信息较少。在这个阶段，信息化主管部门的地位和作用大幅提升，专业人员大幅增加，政务部门迫切需要技术高、业务强的IT精专人才。

第4个阶段是技术服务体系持续改进阶段。这个阶段的信息技术成熟发展，云计算、移动互联网、物联网、大数据等新一代信息技术不断成熟，"平台即服务""软件即服务""基础设施即服务"成为重要的服务形态，互联网和移动互联网已经成为社会公众工作和生活中的重要组成部分。这个阶段，区域性电子政务公共平台普遍建立，电子政务技术服务体系框架基本建立，电子与政务一体化应用体系作用发挥明显，成效显著。各级政务部门电子政务应用与信息技术开始深度融合，信息的互联互通、资源共享成为基本需求，电子政务在宏观调控、社会管理、市场调节和公共服务等方面的作用越来越大，可以为各个单位领导的管理决策提供重要数据和参考。各级政务部门的内部人员察觉到在管理、业务规划、技术规划等层面的能力越来越不足,需要社会上的各个领域的专家、学者,以及相关企事业单位共同参与电子政务的技术服务和技术体系的建设、改进、运行,这也是制约电子政务良性发展的核心要素。

16.5 电子政务技术服务体系的概念、角色和组成

电子政务技术服务体系建设是提高电子政务技术服务质量、提升电子政务技术服务能力的保障机制。我国电子政务技术服务体系由国家、省、市、区县四级服务体系构成,包括各级政务部门电子政务的技术服务体系。

电子政务技术服务体系主要角色包括服务使用机构、服务管理机构、服务提供机构和服务测评机构。在电子政务技术服务体系各个角色中,服务使用机构处于核心位置,是服务管理机构、服务提供机构和服务测评机构的共同服务对象;服务管理机构负责构建和管理技术服务体系;服务提供机构为各级政务部门交付技术服务;服务测评机构负责测评技术服务的过程和结果完备的电子政务技术服务体系,必须从机构队伍、服务产品、服务资源、服务使用、服务诚信、服务运营、服务质量、服务安全和服务制度9个方面积极推进,服务提供机构利用服务资源产生服务产品,按照服务制度的规定通过服务运营活动供服务使用机构使用,服务使用的过程受服务管理机构及服务测评机构的监管,以保证服务质量、服务安全、服务诚信,这些要素与上述角色相互配合,实现电子政务技术服务体系的稳定运行。电子政务技术服务体系构架如图 16-1 所示。

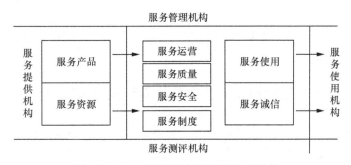

图 16-1 电子政务技术服务体系架构

在电子政务技术服务体系架构中，机构队伍是主体，服务产品是核心，服务资源是基础，服务使用是动力，服务诚信是根本，服务运营是主线，服务质量是宗旨，服务安全是重点，服务制度是保障。

在电子政务技术服务体系运行过程中，技术服务体系的各个角色与各个组成要素相互融合，确保电子政务技术服务体系的稳定运行。服务使用机构提出服务质量要求；服务管理机构按照服务质量要求，从服务制度、服务诚信、服务质量等方面不断完善技术服务体系，监控服务提供机构的服务资源准备、服务产品交付、服务运营改进和服务安全；服务提供机构按照服务质量、服务使用的相关要求，遵循服务制度、服务诚信的规定，做好服务资源准备，按需交付服务产品，持续优化服务运营，确保服务安全可靠，支撑各级政务部门业务的有序开展；服务管理机构建服务制度、服务诚信，以及技术服务体系，并监控技术服务体系的运行；服务测评机构按照服务质量要求，从过程、结果两个层面对全生命周期内的服务进行评价、评估和度量等。

电子政务技术服务体系建设与基于云计算的电子政务公共平台建设，既有一致性的目标，又有不同的关注视角。一致性的目标确保电子政务技术服务的发展，但是基于云计算的电子政务公共平台建设、管理和服务，是以服务资源为视角，整合已经建设完成的电子政务技术服务资源，并采用新的信息技术构建新的技术服务资源，是为了解决现实中的建设成本和运维成本过高的问题；而技术服务体系是全局的、体系的视角，是为了解决电子政务技术服务的机制问题，是基于云计算的电子政务公共平台运行的发展环境和机制保障。

16.5.1 机构队伍

电子政务技术服务体系的队伍有两支，即服务行政管理队伍和专业技术服务队伍。

16.5.1.1 服务管理机构和队伍面临的问题及建设重点

各级信息化主管部门是电子政务技术服务体系的管理机构，纵向上包括工业和信息化部以及各地方工业和信息化厅，横向上包括国家和地方各单位的信息处等信息化主管部门。服务行政管理队伍由各级政务部门内从事电子政务技术服务管理的公务人员构成。

电子政务技术服务管理机构的主要职责为：制定电子政务技术服务的发展战略、方针、政策、规划、制度、规范与标准，并组织实施；建立电子政务技术服务质量监督与检查机制，监督和管理服务提供机构的服务活动，确保服务质量；开展电子政务技术服务资源和产品管理，收集、管理、分析和发布电子政务技术服务相关统计数据；建立电子政务技术服务诚信体系，促进电子政务技术服务行业良性发展。

目前，在我国电子政务技术服务中存在的组织管理问题主要包括以下内容。

（1）管理主体不明确

没有明确具体机构统筹实施电子政务的管理职能，例如，规划由信息化办公室制定，项目由计划部门审核，协调由办公厅牵头，形成多头管理的格局。同时，中央电子政务管理机构与地方政府电子政务管理机构没有形成垂直的上下级关系，从而削弱了中央电子政务管理机构对地方政府电子政务管理机构的约束力、协调力和指导力。

（2）职能设定不完善

我国部分地方电子政务管理职能的设定存在比较明显的缺陷，突出表现在以实施电子政务工程为主体的建设性职能很强，而以统筹规划、指导协调、计划审核、监督评价为主体的管理性职能很弱。职能是机构存在的前提，电子政务管理职能不明确直接影响机构、编制、人员的落实，不利于我国电子政务事业的发展。

（3）管理授权不到位

我国各级政府都成立了相应的机构，从事电子政务的规划、协调和组织实施工作，但开展电子政务管理工作还缺乏必要的行政授权和立法支持，电子政务尚存在"管"而不"理"的问题。

（4）约束激励机制不健全

我国部分地方电子政务建设尚未建立有效的约束和激励机制，存在约束不强、激励不足的现象，核心问题在于没有建立监督体系和绩效评估体系。同时，缺乏对广大的电子政务工作者积极的考核评价，极易挫伤电子政务推进者和实践者的积极性。

针对上述电子政务技术服务组织管理问题，服务管理机构的队伍建设应重点考虑机构队伍、服务制度、服务诚信、服务质量和服务安全等。

在机构队伍建设方面，各级服务管理机构应设立电子政务技术服务的专业岗位，定岗定责，分级、分类指导服务管理、服务提供、服务使用、服务测评的机构和人员；

各级服务管理机构应明确电子政务技术服务管理职能，落实编制和人员，应充实电子政务技术服务行政管理干部，建立干部选拔机制、培养机制、激励机制和保障机制，加强干部培训，提升干部政治和业务素质，建设一支政治坚定、业务精通、清正廉洁、作风优良的干部队伍。

在服务制度建设方面，各级服务管理机构应立足实际，统筹规划电子政务技术服务制度、规范和标准，建立覆盖电子政务技术服务内容、服务行为、服务质量、服务安全管理等方面的制度，健全电子政务技术服务监督、评价、绩效等标准，形成多层级的电子政务技术服务制度、规范和标准体系，提高技术服务管理水平。

在服务诚信方面，各级服务管理机构应通过制定电子政务技术服务体系诚信管理办法、建立电子政务技术服务诚信信息数据库、建立信用信息公开制度、建立守信激励和失信惩戒制度等手段，规范电子政务技术服务诚信管理。

在服务质量方面，各级服务管理机构应建立服务质量管理制度和标准，严格执行服务质量监管，建立服务质量测评机制，明确测评依据和方法，鼓励第三方测评机构定期开展服务质量测评并出具测评报告，促进产品质量改进。

在服务安全方面，各级服务管理机构要配置信息安全协调部门及相关安全技术管理干部，应制定电子政务技术服务体系的服务安全监管机制，制定服务安全管理规范制度，明确服务安全组织、岗位和分工等，要对服务的全过程进行安全监测和管理，及时掌握服务安全发展态势，避免服务安全失控。

16.5.1.2 服务提供机构和队伍面临的问题及建设重点

服务提供机构是指各类从事技术服务的企事业单位、行业组织等是电子政务技术服务的提供机构，提供电子政务咨询、规划、设计、开发、集成、运维等各类服务。专业服务技术队伍由提供电子政务技术服务相关业务活动的服务提供机构的法定代表人、项目负责人、技术开发与运维人员等组成。

电子政务技术服务提供机构的主要职责为：围绕各级政务部门的使用需求，按照国家电子政务技术服务相关政策和标准，构建技术服务资源，规划设计服务产品，满足电子政务技术服务使用机构的需要；建立规范的服务运营机制和服务质量保障体系，持续改进服务质量，为服务使用机构提供长期、稳定、可靠的服务。

我国很多地方电子政务技术服务提供还存在满意度不高、服务产品易用性和稳定性不好、服务资源保障不及时、服务运营不规范、服务安全存在较大风险等突出问题。针对电子政务技术服务提供方面的问题，服务提供机构的队伍建设重点应考虑机构队伍、服务制度、服务诚信、服务质量和服务安全等。

在机构队伍建设方面，电子政务技术服务提供机构应根据市场需求，扩大电子政务技术服务专业人才队伍，建立电子政务技术服务从业人员资格认证机制，实施电子政务技术服务人员持证上岗制度，建立人才激励机制、晋升机制、保障机制和培训机制，建设一支技能高、专业强、服务优的专业技术服务队伍，提高技术服务能力和质量。

在服务制度建设方面，服务提供机构和队伍应遵循电子政务技术服务制度、规范和标准，按照服务质量要求，准备服务资源、优化服务运营、生产和交付丰富的服务产品，确保服务安全可靠，支撑各级政务部门业务的有序开展。

在服务诚信方面，服务提供机构和队伍应按照电子政务技术服务诚信要求严格管理，规范、诚信经营，建立良好的信誉和口碑，不断提升服务诚信水平。

在服务质量方面，服务提供机构和队伍应按照电子政务技术服务质量标准，建立有效的服务质量内部监控和调整机制，接受服务管理机构和第三方测评机构定期开展的服务质量评价、测评，持续改进服务质量。

在服务安全方面，服务提供机构和队伍在提供电子政务技术服务的过程中，应严格遵守安全保密制度，建立内部审计机制，发现服务安全事件要及时反馈与处理，确保服务安全。

16.5.1.3　服务测评机构和队伍面临的问题及建设重点

服务测评机构是指从事服务标准、测试、评估、监理、计价等的企事业单位、行业组织为技术服务的测评机构，包括各类研究院所、第三方测评机构等。专业服务测评队伍由服务标准、测试、评估、监理、计价等人员构成。

电子政务技术服务测评机构的主要职责为：研究制定电子政务技术服务相关标准；按照服务标准开展电子政务技术服务测评工作；根据委托进行电子政务信息系统安全、性能等测试评估；对电子政务技术服务产品进行度量、计价；根据委托承担电子政务技术服务监理工作。

目前，电子政务技术服务测评方面的主要问题包括：技术服务测评标准尚不完善、技术服务计价标准缺失、技术服务监理尚不规范等。

针对电子政务技术服务测评方面的问题，服务测评机构和队伍建设重点应考虑机构队伍、服务制度、服务诚信、服务质量和服务安全等。

在机构队伍建设方面，服务测评队伍的建设重点是专业服务测评人员的培养，做好人员培训、技能提升等方面的工作，打造一支技能高、专业强、富有责任感的专业服务测评队伍。

在服务制度方面，服务测评机构应制定服务标准和规范，准备测评资源，在服务全生命周期内测评服务过程和结果，充分发挥服务质量测评机构的监督作用，保障电子技术服务体系建设发挥最大效能。

在服务诚信方面，服务测评机构应根据电子政务技术服务体系的诚信要求，对电子政务技术服务进行公正、公平的测评，确保测评结果的权威性。

在服务质量方面，服务测评机构按照服务管理机构要求，严格执行服务质量监管，按照相关标准开展测试与评价，将测评结果纳入服务管理机构备案，作为服务诚信的重要内容。

在服务安全方面，服务测评机构应按照服务管理机构的要求，严格测评服务提供机构提供服务的安全性，确保电子政务技术的服务提供和使用安全。

16.5.2 服务资源

服务资源是服务提供机构面向服务使用机构和公务人员提供技术服务时所需的软硬件设施、技术资源和环境条件等，包括计算资源、存储资源、网络资源、信息资源、应用支撑资源、咨询、规划、设计等。通过加强服务资源管理，优化服务资源配置，提供服务资源使用服务，可以避免重复建设和投资浪费，提升电子政务技术服务资源利用率，满足政务部门应用需要。

16.5.2.1 服务资源建设面临的挑战

当前，各部门电子政务机房独立建设，数量多且分散。电子政务网络缺乏统一规范，互联互通协调不畅，纵向延伸边界不清，存在大量的政务部门业务专网，政务网络整合工作推进困难。计算和存储资源利用率低，没有得到充分利用。各政务部门都在开展为满足自身业务需求而进行的信息资源工作，业务应用发展沉淀了大量信息资源，但存在质量差、共享和开发利用水平低等问题。并且运维和安全保障不规范，运维能力低。因此，亟须对基础设施、支撑软件、信息资源、公共应用软件、业务协同软件、运行和安全保障等公共服务资源进行统一规划、统一标准、充分共享，避免重复建设，为各政务部门统一提供服务。

16.5.2.2 服务资源建设重点

服务管理机构要坚持统一规划、资源共享、分级实施的原则，以服务为导向，充分整合、利用已有资源，统筹规划、建设和使用服务资源，避免重复建设和投资浪费；制定可操作的工作制度和流程，确保服务安全与信息安全。服务资源的采购应符合国家政策、规章要求，服务管理机构应建立服务资源申报、预算编报、组织采购、项目监管、绩效评价等规范化流程。

服务提供机构应建立符合国家标准的服务资源，对服务资源的准备、构建和交付全过程实施精细化管理，建立规范化的服务资源目录。根据服务使用机构的业务需要和质量要求，应及时配置、调整、扩容、释放资源，实现服务资源的科学配置和有效使用。

服务测评机构对服务资源的准备、构建和交付全过程进行测评，定期公布经测评符合国家标准的服务资源目录，优先选择符合国家相关标准的服务资源，促进资源共享与复用，降低能耗、提高利用率、支持服务资源的快速部署与产品化。

16.5.2.3 服务资源建设内容和方法

建设电子政务的目的是解决社会活动中的重大问题、提高政府的信息能力，实现资源共享是关键，所以主流方向就是要从服务资源规划、准备、管理和采购等方面采用集约化建设模式，从以下 8 个方面规划和建设服务资源。

① 服务资源规划：在调研、评估、分析和整理现有服务资源的基础上，按照充分利旧、复用和共享的原则，统筹规划服务资源，避免重复建设和投资浪费。

② 服务资源准备：应整合利用已有软硬件设备和产品，进行电子政务技术服务资源的准备和测试，提高服务资源利用率，降低能耗，实现电子政务服务资源的精细化管理与快速实施。

③ 基础设施服务资源建设：对现有的机房、网络、主机和存储等软硬件资源进行资源池化，优选符合电子政务技术服务标准的设备，淘汰技术落后的到期设备，建立资源调度管理系统，实现快速部署和动态扩展。

④ 支撑软件服务资源建设：充分利用现有操作系统、中间件、数据库和开发工具等应用支撑软件，构建基础支撑软件、共用工具、共用流程和公共业务构件等服务资源，为部门进行业务应用开发和部署提供支撑软件资源服务。

⑤ 应用软件服务资源建设：选择成熟的、满足部门共用要求的应用软件，构建

应用软件服务，应建立应用软件完善、提升、推广和培训措施，鼓励服务使用机构使用应用软件服务，避免服务使用机构重复建设，建立使用权限管理系统，供各服务使用机构按需、按权限使用。

⑥ 应用部署服务资源建设：建立专业的业务应用部署服务队伍，制定业务应用部署流程和规范，以及制定应用迁移规范、需求、策略、计划和服务方案等，为政务部门提供快速、灵活的业务应用部署服务。

⑦ 运行保障服务资源建设：建立覆盖各级服务使用机构统一的运行服务体系，建立统一的服务系统、服务电话和服务窗口，确定日常巡检、故障响应、服务优化的流程，发布服务质量监督自评价报告，为政务部门提供满足需求、响应及时、安全可靠的运行保障服务。

⑧ 信息安全服务资源建设：统一建设安全可靠的信息安全基础设施，建立容灾、备份资源，制定全方位安全管理保障制度，配备信息安全管理机构和服务队伍，建立统一的身份认证、访问授权、责任认定等安全管理系统，构建系统完整的信息安全保障服务资源，为服务使用机构的业务应用提供信息安全保障服务。

16.5.3 服务产品

服务产品是服务提供机构基于服务资源，按照可量化、可测量、可计价的规则，开发、利用和提供可使用的产品化功能和服务。通过提供产品化的功能和服务，满足政务部门业务应用发展的多种需求，支持多样性业务应用，实现服务的计量定价，推动政府向社会采购专业化服务，提升技术服务的质量和水平。

16.5.3.1 服务产品面临的挑战

IT 服务的产生从个性化开始，这种量身定制的解决方案看似是满足客户最好的方式，但这基于一种假设的前提是客户非常清楚自己的需求，同时服务提供机构也有足够的能力做到。实际上，几乎没有用户能够完全把自己的需求说清楚，用户和服务提供机构经常无法有效沟通。完全的个性化服务导致用户需求不清、变动性大，服务提供机构就要不断调整，结果是项目时间长、用户多花钱、成本也上升，最终项目成功率低、质量整体水平不高、服务标准缺失。所以，从用户和服务提供机构两个方面来看，都需要在 IT 服务行业建立相应的标准，而这就需要引进服务产品化。

16.5.3.2 服务产品建设重点

服务产品的建设重点是服务产品的分类、设计、生产、采购和流通。

服务管理机构应利用市场调节机制，加速电子政务技术服务的产品化进程，引导电子政务技术服务的发展由"自建、自管、自用"向社会化的"服务采购"的方向发展。要建立服务产品推荐和淘汰机制，扩大服务产品供应渠道，确保电子政务技术服务市场可以及时提供功能齐备、品目齐全、安全可靠、稳定可用的服务产品。服务产品的采购应符合国家政策、规章要求，服务管理机构要建立服务产品申报、预算编报、组织采购、项目监管、绩效评价等规范化流程。

服务管理机构要组织制定管理办法与技术标准，监督服务产品生产和交付过程，依托服务测评机构开展产品质量评价，定期公布测评合格的服务产品目录。

服务管理机构要建立规范化的流程标准，明确服务产品制造、测试、上线、使用和下线程序，制定优惠政策，鼓励更多服务提供机构生产符合标准、质优价廉的服务产品。

服务提供机构依托服务资源，研制、生产、交付各类服务产品，包括规划咨询类、服务设计类、集成实施类、运行维护类、培训推广类等，要跟踪了解产品使用效能，及时更新、改进服务产品，确保提供高质量的服务产品。服务提供机构要与服务使用机构协商确定产品的试用服务期，原则上试用服务期不少于6个月。

服务测评机构要定期对服务产品的度量结果和价格进行公布，作为一定时间期限的服务产品计价参考，要按照服务管理机构、服务使用机构的要求，对上线产品进行强制测试，测试合格者才可正式部署实施。

16.5.3.3 服务产品的建设内容和方法

根据信息化建设的过程，服务产品可以划分为规划咨询服务产品、设计服务产品、公共平台服务产品、业务应用服务产品、系统集成服务产品、数据服务产品、信息安全服务产品、运行保障服务产品、质量测评服务产品等。

① 规划咨询服务产品：围绕业务规划需要，提供技术规划咨询、服务规划咨询和管理规划咨询等服务。技术规划咨询主要包括应用架构、数据架构和技术架构等；服务规划咨询主要包括服务产品规划、服务资源容量、服务成本和服务质量等；管理规划咨询主要包括服务管理模式、服务管理方法和服务管理体系等。

② 设计服务产品：重点做好需求设计、系统架构设计、基础设施服务设计、支

撑软件服务设计、应用功能服务设计、信息资源服务设计、运行维护服务设计、信息安全服务设计、应用部署设计、服务实施设计等方面的设计服务,指导建设实施和应用服务。

③ 公共平台服务产品：遵循国家相关标准要求，统筹利用已有资源，运用云计算模式，建设完善统一集中的电子政务公共平台，为各政务部门提供基础设施、软件支撑、应用功能、信息资源、应用部署、运行维护和安全保障等各类服务。

④ 业务应用服务产品：根据政务部门业务的需要，提供业务应用系统开发、部署、迁移和完善等服务，确保政务部门的业务应用快速搭建和高效应用。

⑤ 系统集成服务产品：优选各种技术和产品，以业务需求为中心，将服务产品进行封装、整合、调整、优化、调试、部署，集成为一个完整可靠、经济有效的整体，满足政务部门业务需要，发挥整体效益。

⑥ 数据服务产品：以数据使用为中心，提供基础数据、业务数据、配置文件、分析日志等服务产品，保障数据一致性、完整性、及时性、准确性、安全性和可用性。

⑦ 信息安全服务产品：提供安全管理、安全咨询、安全检查、安全运行、安全评估、安全审计等服务产品，保障业务系统安全可靠运行。

⑧ 运行保障服务产品：依据服务使用机构提出的服务级别要求，提供平台、应用系统和基础环境的监控、优化、升级和改进服务，确保业务应用稳定运行。

⑨ 质量测评服务产品：针对服务资源、服务产品、服务过程、服务质量进行测评、检测和评价。

在服务产品的设计过程中，要细化每类服务产品，形成各个可以独立提供功能或服务，同时具备标准化产品的服务编号、产品型号、服务内容、性能指标、使用方法、安全标准、质量标准、服务对象、交付方式、交付成果和服务单价等属性的服务产品。

此外，应针对每项服务产品实行严格的管控，应组织收集服务使用机构的需求，形成服务需求，制定服务产品生产标准，协调相关部门批准服务产品生产资质。应对服务产品的设计、生产、质量、安全进行全程管理与控制，提高服务产品质量。同时，根据实际需求，建立服务产品目录，包括服务产品名称编码、型号规格、功能性能、执行标准、生产企业、使用方法和售后服务等内容，及时更新服务产品目录，便于服务使用机构进行选择。

16.5.4 服务使用

服务使用是服务提供机构面向政务部门和公务人员提供优质产品和服务、满足服务使用需求的过程。通过签署服务协议，在线受理、提供服务资源，多种方式、分级保障提升政务部门使用体验，提高政务部门使用满意度。

16.5.4.1 服务使用中的挑战

服务使用是检验电子政务服务体系质量和效率的关键环节。服务使用是电子政务技术服务市场供需双方的交互界面，是对服务资源、服务产品要素检验的关键环节。

服务使用环节是服务提供机构与服务使用机构对服务资源和产品进行面对面询价、谈判、交流、应用的过程，这个环节的主要活动需要有第三方机构监督，以形成健康、有序、规范的服务市场。

服务使用环节需要将有关服务使用机构的使用信息形成反馈机制，以正当、合适的方式反映给服务管理机构、服务提供机构，从而形成不断提升服务质量的正向激励机制。

服务使用环节是服务质量评估的主要环节，服务使用机构是服务质量的最终裁判，在这个过程中，服务使用机构将服务质量信息反馈给服务提供机构和服务管理机构，信息的内容与质量的评判可以用标准化的手段予以规范，并借助信息化手段提升评判的水平与效果。

16.5.4.2 服务使用建设的重点

服务使用包括服务使用信息的传递、服务使用环节有关利益方的规定动作，以及具有法律效力的服务协议等内容。

使用电子政务技术服务的甲乙双方应签订服务协议，服务协议包括甲乙双方职责、服务内容、质量考核标准、安全保密要求、违约责任、处理机制、知识产权归属、绩效考核要求和费用支付等条款。服务协议应提交至服务管理机构备案。

服务使用机构自主择优选择服务资源与服务产品，按照服务协议规定，要求服务提供机构履行售后服务支持、服务使用保障。

16.5.4.3 服务使用的建设内容和方法

在服务使用环节，服务管理机构、服务提供机构、服务测评机构三方各司其职，共同推动服务使用合规、有序开展，服务管理机构有责任和义务对其他两方进行必要的监督。

① 服务管理机构立足建立公平公正、权责明确的服务使用工作机制，避免服务使用的利益相关方形成领域垄断、区域垄断和不正当竞争。例如项目招标采购时，要避免咨询规划与设计实施、系统集成等为同一或具有相关利益的技术服务提供机构。服务管理机构积极协调配合财政部门购买服务资源、服务产品，将服务资源、服务产品纳入财务预算科目，进行规范化管理。同时，服务管理机构将积极制定相关鼓励政策，推动服务资源化与产品化，并鼓励服务流通与区域合作。

② 服务提供机构应当诚信经营，公平竞争，积极承担社会责任。服务提供机构作为市场主体，将发挥其自身的积极性、主动性，提升服务的整体竞争实力。例如，提供产品使用说明书及相应的使用培训，按照服务协议约定履行相关售后服务支持、服务使用保障等，同时及时响应服务使用机构对服务产品的使用意见，不断完善服务产品质量。

③ 服务使用机构应向服务管理机构、服务提供机构和服务测评机构等提出服务要求，并及时反馈和沟通服务质量，服务管理机构、服务提供机构、服务测评机构等应向服务使用机构开展服务产品配置、服务产品培训和售后支持等服务。

④ 诸如标准、测评、度量计价等机构将作为第三方服务测评机构独立运作与管理。在服务使用过程中，服务测评机构要充分发挥第三方公平、公正、公开的工作原则，在符合国家有关政策与规章要求的基础上，为提升电子政务服务体系的整体运作科学性、规范性发挥作用。例如，在项目实施过程中，要避免服务提供机构与服务测评机构具有相关利益关系。

16.5.5 服务运营

服务运营是服务提供机构将人力、资源、资金、信息、技术等生产要素转换为服务的活动过程。服务提供机构通过明确服务理念，建立良好的客户关系，健全服务运营制度规范，建立服务供给动态调整机制，完善服务绩效考核，注重服务品牌营销，提升服务转换和供给能力。

16.5.5.1 服务运营建设面临的挑战

服务产品化能够更好地提升服务质量，不断地优化、规范服务产品；同时根据服务使用机构的需要提供个性化、定制化的服务。服务的可重复利用和产品化已是大势所趋，让服务使用机构体验到不断提升、不断改进的卓越服务。服务产品的市场化已是大势所趋，鼓励更多企业参与服务产品的生产也是政府所倡导和希望的。服务产品化可能带动整个产业走向规范化，并促使产业进一步升级。通过服务产品化，建立起一套完善的服务标准和流程，让服务企业成为智力工厂，源源不断地生产服务产品，可实现规模与速度的结合。规模化经营意味着成本降低，为服务使用机构提供更低的价格；提高交付速度，可以为服务使用机构赢得实现价值的时间。服务产品化的发展，必然要建立大型电子政务技术服务超市，以满足政务部门多方面的需求。

16.5.5.2 服务运营重点

服务运营是指以服务资源与产品为基础，服务提供机构向服务使用机构交付技术服务时开展的策划、实施、调整、改进和评价等过程和活动，服务运营的建设内容主要包括规划、设计、实施，以及策划营销、过程管理、安全管理、供给管理和推广培训等，建设服务运营体系的队伍、制度、运营支撑系统。

① 服务管理机构负责服务运营的督促、检查、控制，对服务运营进行动态监控，及时调整运营秩序，组织开展服务运营评估与审计，持续改进服务运营质量。

② 服务提供机构负责服务运营的规划、设计、实施，以及过程管理、安全管理和推广培训等；建设服务运营队伍与制度；实行服务运营队伍绩效考核和持证上岗；推动服务级别、报告、问题、配置、变更、安全等管理，以提高服务运营队伍水平。

③ 服务测评机构应针对服务运营技术、财务、审计等专项管理工作进行测试与评估，测评结果作为持续改进服务质量的依据。

16.5.5.3 服务运营的建设内容和方法

服务运营的核心任务是服务产品的有效使用、服务效率和服务质量的有效提升，确保电子政务技术服务的可用性、持续性、安全性。

① 服务运营分类。服务运营分为区域性技术服务运营和纵横一体化技术服务联动运营两类。区域性技术服务运营主要为本区域提供电子政务技术服务；纵横一体化技术服务联动运营，为跨地区、跨部门、跨层级区域提供电子政务技术服务。

② 服务运营模式。服务提供机构要建立以服务使用机构为中心、采用生产线模式的市场化运营模式，具有线上和线下两种方式快速响应服务。

③ 服务运营机制建立。服务提供机构负责服务运营体系的队伍、制度、运营支撑系统建设，确定运营目标、计划，建立专门的服务运营队伍；制定经营制度，实行绩效考核和持证上岗，强化内部监管和外部审计，提高服务运营队伍的能力和水平；避免无证上岗、服务运营人员素质不达标等问题。

④ 服务运营秩序。服务管理机构要进行服务运营秩序的动态监控，及时调整服务运营秩序，避免出现秩序混乱、市场过剩或不足的现象。电子政务公共平台的服务提供机构根据服务使用机构对服务产品的满意程度，营造良好的服务运营环境，为服务使用机构提供高质量服务，为服务提供机构提供公平竞争机会，杜绝内部交易。

⑤ 服务运营支撑平台。电子政务公共平台服务提供机构要构建服务受理与交付过程中的工单管理、计费计量、绩效评估等功能的支撑平台，持续改进服务质量。服务运营支撑平台既要考虑对外运营管理需求，也要考虑内部运营管理需要。

⑥ 服务运营的测评。服务测评机构应针对服务运营技术、财务、审计等专项管理工作进行测试，测评结果作为持续改进服务质量的依据。

16.5.6 服务质量

服务质量是指服务提供机构提供满足服务使用机构需要的特征和特性的总和。通过建立服务质量管理体系，以服务承诺为管理着力点，实施全面服务质量控制，进行服务质量差距分析，建立服务安全保障机制，提高服务质量。

16.5.6.1 服务质量建设面临的挑战

研究表明，在服务流程中，服务质量低劣造成的损失通常占总支出的50%，这些损失包括返工、失误、计划失败等。而在生产部门中，这种损失只占10%～20%，对服务流程的分析表明，只有不到10%的业务周期时间用于真正重要的、对服务使用机构有用的任务，其余的时间和工作花费在等待、返工等一些不重要的活动中。因此，提高服务质量有利于服务提供机构端正经营思想，正确处理经济效益与社会效益的关系；有利于加快管理的现代化步伐；有利于完善基础工作，全面提高企业素质；有利于政府各部门为社会公众提供良好的服务。

16.5.6.2 服务质量建设重点

服务质量是指电子政务技术服务满足使用需求的质量管理要求和服务的程度。服务质量管理包括服务准备期、服务实施期、服务产品等质量管理。

① 服务管理机构负责建立服务管理制度和标准，并严格执行服务质量监管；其应集中管理服务准备期的质量，制定服务质量测评技术指标，并定期组织开展服务质量测评。

② 服务提供机构严格按照质量管理标准，构建服务资源，生产各类服务产品，建立故障报告机制，保障服务质量。

③ 服务使用机构参与服务资源、服务产品、服务运营等服务质量的反馈和评价，促进持续提升和改进服务实施期质量。

④ 服务测评机构按照服务管理机构的要求，严格执行服务质量监管，按照相关标准开展测试与评价。测评结果应在服务管理机构备案，作为服务诚信的重要内容。

16.5.6.3 服务质量的建设内容和方法

服务管理机构应建立服务管理制度和标准，严格执行服务质量监管；应对服务准备期的质量集中管理，制定服务质量测评技术指标，并定期组织开展服务质量测评。

服务提供机构应建立服务质量全生命周期管理制度，针对服务产品交付前、交付中和交付后的活动和过程进行质量管理。服务提供机构应建立机构内部质量监测机制，避免不合格产品上线运营，根据质量测评结果及监管情况，持续改进服务质量。

① 服务准备期质量管理：服务管理机构应对服务准备期的质量进行集中管理，确保服务资源、服务产品、服务机构和服务队伍的质量。

② 服务实施期质量管理：服务提供机构应对服务实施期的质量提供服务，并做好服务使用过程中的质量管理，主要包括发布服务日志、形成服务运行报告、建立服务故障报告机制和保障服务正常运行。建立服务使用机构服务质量反馈和评价机制，持续提升和改进服务实施期质量。

③ 服务产品质量管理：服务管理机构应制定服务产品生产管理质量控制标准，完善服务管理、服务人员、服务技术和服务质量等标准规范，监督、评价、改进服务质量。服务提供机构严格按照标准生产各类服务产品，保障服务质量。

④ 服务资源质量管理：服务管理机构应制定服务资源质量控制标准，在符合相应国家标准的前提下，明确电子政务技术服务资源质量规范，进行服务资源功能验证和性能确认，确保服务资源的可靠性。服务提供机构采购和构建的服务资源要符合标准要求，禁止采购无合格证明的服务资源。

⑤ 服务质量过程监测：服务提供机构应制订质量保证计划，分析质量风险并提出应对方案，执行内部服务质量监测，不得使用不合格产品。建立服务产品质量技术检测体系，明确技术测评依据和方法，定期组织第三方技术测评机构对服务产品进行测评，并出具测评报告，促进服务质量改进。

⑥ 服务质量结果监管：服务管理机构要建立服务质量管理制度和标准，明确监管依据和方法，控制服务质量。服务测评机构按照服务管理机构的要求，严格执行服务质量监管，并按照相关标准开展测试与评价。测评结果应在服务管理机构备案，作为服务诚信的重要内容。服务使用机构参与服务资源、服务产品、服务运营等服务质量的反馈和评价，持续提升和改进服务实施期质量。

16.5.7　服务安全

服务安全是指在电子政务技术服务过程中，机构队伍、服务资源、服务产品、服务使用、服务运营等全要素、全流程的安全管理活动。

16.5.7.1　服务安全面临的挑战

当前，服务安全面临安全管理不规范、缺乏核心安全服务产品、信息保密机制不健全等严峻挑战。

① 安全管理不规范。随着政府应用信息化步伐的加快，上网业务流程规模不断扩大，电子政务信息安全管理的难度也随之加大。安全设施配置的不合理、访问权限管理控制的不严格，都会给电子政务系统中的信息安全带来隐患。

② 缺乏核心安全服务产品。虽然近几年我国的电子政务发展水平提高很快，但信息安全系统的建设和相应的配套软件开发进展缓慢，存在弱点和漏洞。

③ 信息保密机制不健全。目前，对电子政务系统中的数据信息管理还停留在传统的硬件环境管理层面上，而对应用系统的动态管理则缺乏保密机制，这使政府机构半公开信息及保密信息面临威胁。

16.5.7.2 服务安全建设重点

服务管理机构要配置信息安全协调部门及相关安全技术管理干部,服务提供机构要获得国家信息安全涉密资质或服务安全资质,服务使用机构要配置服务安全管理队伍。

服务资源与服务产品的构建宜考虑以国产软硬件为主。服务产品要符合相关标准,服务使用过程符合安全规范,服务运营要满足服务使用机构的信息安全要求。

服务管理机构应制定电子政务技术服务的安全监管机制,对服务的全过程进行实时安全监测,及时掌握服务安全发展态势。

服务使用机构应设置专门队伍,明确岗位职责,根据服务安全整体要求,及时反馈与处理服务安全事件。

服务提供机构应专设服务安全队伍,制定服务安全应急预案和技术方案,划分服务安全等级,进行内部服务安全检查,确保服务安全制度、岗位与人员的自查和执行等协调一致。

16.5.7.3 服务安全的建设内容和方法

首先,完善管理机制,加快法治建设。电子政务是现代信息技术与政府政务活动相结合的产物,因此电子政务服务管理机构要配置专门的信息安全协调部门及相关安全技术管理干部。完善管理机制并根据需求对电子政务系统的信息内容实施安全有效监管,要防止各种原因造成的信息泄露,包括外部入侵或内部违规等。强化管理制度,就是要结合国家信息安全管理条例,或相关的法律法规,制定出一整套规章制度,用来作为政府机构内部各级信息化管理部门的日常行为规范。相关制度包括机房安全管理制度、信息安全事件应急处理制度、计算机网络管理制度、信息安全事故查处制度、信息安全责任制度等。

其次,大力推广信息安全核心技术产品的应用。电子政务技术服务管理机构应鼓励服务提供机构采用更多符合我国安全要求且性能与国外同类产品差距较小甚至优越的国产服务产品,尤其是核心技术产品,避免服务产品带来的服务安全风险。

最后,加快人才队伍建设,提高电子政务技术服务管理和专业技术人员信息安全意识。随着电子政务建设工作的不断深入发展,对该领域人员的专业技术水平要求也越来越高。专业人才匮乏是我国电子政务信息安全目前所面临的问题,许多本可以避免的安全问题的出现,往往是管理人员安全意识淡薄、疏忽大意造成的。因此，增强电子政务技术服务人员的信息安全防范意识，提高服务人员的网络管理水平，结合实际情况针对不同层次的服务人员进行安全教育，已经到了刻不容缓的地步。在不断强化计算机应用和技术能力的同时，也不能忽视服务人员的保密意识提升。总之，重视电子政务技术服务人员能力的培养才是推动电子政务技术服务安全建设工作健康有序发展的重要举措。

16.5.8 服务诚信

服务诚信是服务管理机构建立电子政务技术服务诚信体系，实施守信激励和失信惩戒制度，优化电子政务技术服务市场环境的行为。通过建设国家、省两级诚信信息管理平台，基于互联网公开电子政务技术服务从业单位、从业人员的信用信息，建立健全失信惩戒和守信激励制度，逐步建立互联互通的电子政务技术服务诚信体系。

16.5.8.1 服务诚信建设面临的挑战

服务诚信是电子政务技术服务体系建设中的重要管理手段。建立健全电子政务技术服务体系中对于机构、人员的诚信工作机制是确保电子政务市场健康、规范、有序发展的重要保证。

电子政务技术服务体系中有关诚信的内容和组织机制也是社会诚信体系的重要内容，应符合我国对社会诚信体系构建的主导思想和原则。服务诚信是对服务提供机构的重要约束力量，其客观的、历史的信用信息对于推动建立电子政务技术服务体系建设的长效机制起到十分重要的作用。

由于服务诚信自身工作的特点，电子政务技术服务体系中服务诚信实行相对统一、集中的管理。

16.5.8.2 服务诚信建设重点

诚信管理体系建设由中央、省级电子政务主管部门负责。各级服务管理机构分工负责、各司其职，共同推动服务体系诚信建设。应按照统一的信用信息公开规范，制定服务提供机构和技术服务队伍、服务测评机构和测评服务队伍的信用信息认定标准、信用等级评价，推动服务信用信息公开、共享与应用。

16.5.8.3 服务诚信建设的内容和方法

国家电子政务主管部门组织专业力量，统一研究规定电子政务技术服务体系建设中的信用信息公开规范，制定服务提供机构和技术服务队伍的信用信息认定标准，出台服务提供机构信用等级评价标准，鼓励第三方机构积极开展信用等级评价工作，推动服务信用信息公开、共享与应用。

中央、省级服务管理机构做好服务提供机构和技术服务队伍信用信息的收集、发布和维护等工作。充分利用各地已有的诚信体系技术支撑平台，按照国家标准，采取多种方式进行信用信息收集、处理和维护等工作；为了便于查询和共享，协同建立逻辑集中、物理分散、统一查询的工作平台。

中央、省级的服务管理机构负责研究确定评价具体组织形式，委托或者鼓励第三方机构对服务提供机构和技术服务队伍的信用信息进行信用评价，及时公布不良行为信息。

按照统一标准、互联互通的原则，中央、省级的服务管理机构遵循统一的信用信息编码、信用等级评价和结果公开等标准，建设服务信用信息档案与服务系统，实现服务提供机构和技术服务队伍诚信的基本信息、优良与不良记录等信息的公开、查询、应用等。

中央、省级的服务管理机构制定信用信息运用制度，建立守信激励与失信惩戒机制。对信用等级低、不良行为性质恶劣的单位和人员重点监管，在市场准入、资质管理、招标投标等方面提出限制条件。

各地信息化主管部门要建立健全服务提供机构诚信体系，奖励有诚信有信用的机构，公布、处罚、取消不合格资源和产品提供机构。

16.5.9 服务制度

服务制度是指服务管理机构、服务提供机构、服务测评机构和服务使用机构等相关方共同遵守的办事规程和行动准则。

16.5.9.1 服务制度建设面临的挑战

服务制度是电子政务技术服务体系建设的重要保障。电子政务技术服务体系建设涉及的要素和环节众多，服务制度是对这些内容的规范性要求，有的需要从规章制度层面去约束，有的需要从技术、管理标准去保障。

电子政务技术服务体系的制度规范制定要坚持三大原则：一是遵循国家相关法律法规，国家法律法规、方针政策是电子政务技术服务体系制度规范的上位法；二是要结合电子政务发展的形势与特点，制度规范要因时而生，要切实解决当前发展的核心问题；三是发展与规范并重，遵循适度原则，电子政务技术服务体系的构建需要各方积极参与，需要有一定的鼓励措施，同时也需要有针对不良、不法行为的惩罚机制。因此，服务制度规范的研究出台需要把握好度，要促进电子政务技术服务市场的繁荣和发展，确保政务信息化的建设和发展，带动国内技术与产业的创新和繁荣。

16.5.9.2 服务制度建设重点

服务管理机构应加强技术服务相关行政规定研究，加强技术服务规范性文件、技术标准制定，推进技术服务流程和标准研制。

服务管理机构应加强统筹协调、立足实际，逐步完善技术服务的政策措施和管理制度，制定服务内容、服务行为和服务质量管理等制度。

服务管理机构应建立技术服务监督、评价制度，制定技术服务水平评价、服务绩效评价等标准，完善技术服务的监督机制，促进技术服务水平的提高。

服务管理机构应建立从服务准备、服务实施到服务使用全生命周期的管理制度，制定技术服务流程标准，构建规范的服务流程，形成服务流程标准制度。

服务管理机构要进一步健全技术服务的安全管理和保密管理，建立服务安全管理制度和保密制度。服务提供机构和服务使用机构要严格落实服务安全制度。

16.5.9.3 服务制度的建设内容和方法

服务提供机构要提供好服务，服务管理机构要管理好服务提供机构和服务使用机构（机构用户），两者都需要建立相应的制度和机制，并遵照执行，以此来规范服务需求和服务生命周期的管理。

各级服务管理机构应立足实际、统筹规划电子政务技术服务制度、规范和标准，建立覆盖电子政务技术服务内容、服务行为、服务质量、服务安全管理的制度，健全电子政务技术服务监督、评价、绩效等标准，形成多层级的电子政务技术服务制度、规范和标准体系，提高技术服务管理水平，应重点考虑建设以下规范和制度。

①建立服务需求管理的规范和制度，以规范服务需求申请和受理。

②建立服务交付管理的规范和制度，以规范服务分配和交付。

③建立服务运营监督的规范和制度，规范服务提供机构对服务的日常运行和维护，并确保服务响应及时和服务异常分析。

④建立服务质量评价的规范和制度，定期或不定期调查服务满意度，分析服务质量差距，以改进服务质量。

⑤建立服务改进机制，统一评价服务质量、服务过程和服务应用，提出服务改进建议，执行改进措施，并落实改进情况。

⑥建立服务团队管理机制，为确保服务人员按时、及时、有效处理服务情况和分配资源提供服务。

⑦建立服务容量管理机制，服务提供机构需依据服务提供机构的容量需求，配合资源提供者进行资源容量管理，确保服务提供机构在规定时间内具有足够容量来满足当前及商定的未来用户的业务服务需求。

⑧建立服务安全管理制度和保密制度。服务提供机构和服务使用机构要严格落实服务安全制度，确保服务在使用过程中的信息、数据、物理环境等的安全可靠。

服务提供机构和技术服务队伍应遵循电子政务技术服务制度、规范、标准，按照服务质量要求，准备服务资源、优化服务运营，生产和交付丰富的服务产品，确保服务安全可靠，支撑各级政务部门业务的有序开展。

第 17 章

基于云计算的电子政务公共平台的管理导则

电子政务公共平台服务管理工作应遵循"统一领导，分级实施；统一建设，资源共享；统一管理，保障安全；统一服务，注重成效"的原则。

电子政务公共平台服务的实施和管理主要涉及服务管理机构、服务提供机构、服务使用机构。电子政务公共平台管理是公共平台基础设施建设完成后面向应用需求提供服务生命周期全过程和关键要素的管理，其包含服务设计、服务准备、服务实施、服务保障、服务资源、服务安全、服务质量、服务诚信及责任管理等服务流程，以及关键要素的管理。电子政务公共平台管理架构示意如图17-1所示。

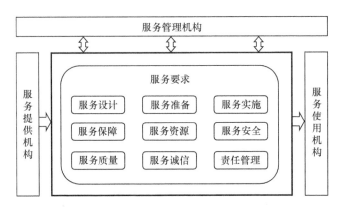

图 17-1　电子政务公共平台管理架构示意

（1）服务设计的管理要求

服务管理机构在公共平台服务实施前组织公共平台服务的设计，以充分利用已有资源，发挥云计算虚拟化、高可靠性、通用性、高可扩展性等优势，支撑各部门应用发展，以促进跨地区、跨部门、跨层级信息共享为目标。服务设计内容包含服务需求设计、系统架构设计、服务内容设计、服务实施设计等内容。

服务设计需符合 GB/T 34078.2—2021《基于云计算的电子政务公共平台总体规范 第2部分：顶层设计导则》的要求。

承担服务设计的机构需具备电子政务顶层设计能力，具有相关设计经验和设计人员。

服务管理机构指导开展设计能力的第三方评估，组织设计人员进行培训。

服务管理机构组织对设计成果进行评审验收，评审未通过者不允许开展服务准备和实施工作；对通过评审验收的成果，组织开展讨论、审批和印发工作，保障设计成果的权威性和可操作性。

（2）服务准备的管理要求

服务提供机构做好服务实施前的各项准备工作，包括基础设施服务、支撑软件、应用功能、信息资源、运行保障等服务准备内容。

服务提供机构按照实际情况选择合适的服务实施准备方式，包括自建、采购服务、自建和采购服务相结合等方式。

服务管理机构对服务提供机构的服务资源准备方式和服务准备工作进行监督，确保已有资源的利用并节约成本。

（3）服务实施的管理要求

服务实施内容包括服务需求提出、服务需求受理、合同签署及备案、服务分配交付、服务运营监控、服务持续改进、服务质量满意度调查等环节。

服务需求由服务使用机构根据业务应用需求提出，由服务管理机构对服务需求进行审核，服务需求应明确服务产品、服务时限、服务规格等。

服务提供机构应及时响应服务使用机构的服务需求，依据服务需求形成服务资源配置清单，提交服务管理机构核准。

服务供需双方应签署书面服务协议，服务实施后，服务提供机构将服务的交付资料、服务访问方式、授权用户口令等一并交付给服务使用机构。

服务提供机构应开展服务运营的监控，保障服务正常、高效运行，包括监视、测量、分析服务运行过程，定期向服务使用机构提交服务应用情况和资源使用情况。

服务提供机构应设置保障服务持续改进的机制，包括使用机构对服务的评价、反馈措施、服务管理机构的考核措施等。若存在多家服务使用机构，服务使用机构间要建立支持政务业务的协同机制。

三方应协商建立应对服务关闭和变更的工作机制。

（4）服务保障的管理要求

服务保障是服务提供机构为了公共平台的安全可靠运行，建立运行服务保障体系以及相关服务保障性的标准和规范，为服务使用机构提供满足质量要求的服务。

服务提供机构建立服务保障渠道，包括提供"7×24"小时的服务热线电话，统一受理服务咨询、故障申告、投诉建议等。

服务提供机构应建立服务保障的事件检测预警及响应机制，例如建立统一的事件管理机制，制定不同级别的应急响应方案等。

服务提供机构应建立服务保障的应急预案，包括启动应急预案的条件、应急处理流程、系统恢复流程、事后教育和培训等内容。

（5）服务资源的管理要求

服务资源是服务提供机构在技术服务提供过程中对于所需的技术资源和资产，包括机房资源、计算资源、存储资源、网络资源、信息资源、应用支撑资源等。

服务管理机构应管理服务资源资产的总体组织实施，包括制定资产管理实施办法，审核审批资产购置与处置，资产验收、登记、清查和资产绩效管理等。

服务使用机构应负责所属资产的使用和监管等。

服务提供机构应负责资产申报、日常运行维护、账卡物管理、日常监管和安全保管等。

服务资源的选择参考 GB/T 33780.2—2017《基于云计算的电子政务公共平台技术规范 第2部分：功能和性能》的要求。

服务资源资产管理需符合统一领导、分级负责的体制，坚持所有权使用权分离、实物管理与价值管理相结合的原则。

（6）服务安全的管理要求

电子政务公共平台服务管理机构应制定相关规范和措施，包括安全管理操作规范、安全管理行为准则、信息资源保护强度等级措施、安全技术防护措施和安全技术支撑环境等。

电子政务公共平台需符合 GB/T 34080.1—2017《基于云计算的电子政务公共平台安全规范 第1部分：总体要求》、GB/T 34080.2—2017《基于云计算的电子政务公共平台安全规范 第2部分：信息资源安全》、GB/T 31167—2014《信息安全技术 云计算服务安全指南》等的要求。

服务提供机构、服务管理机构需按照 GB/T 34080.3—2021《基于云计算的电子政务公共平台安全规范 第3部分：服务安全》的要求开展服务安全管理。

服务提供机构与服务使用机构应签订服务安全运行协议，明确服务安全内容、安全责任、处罚措施等。

（7）服务质量的管理要求

服务质量反映电子政务公共平台服务提供机构服务性能综合的效果，由服务提供质量、基础设施资源利用率、服务使用满意度等组成。服务质量管理包括服务准备期、服务实施期的质量管理。

服务管理机构建立服务质量管理制度和标准，制定服务质量评估技术指标，明确服务质量监管的依据和方法，对于服务实施前、服务实施中、服务实施后的服务质量进行监控和管理；建立服务使用满意度调查机制；收集服务提供机构提交的运行服务报告及改进意见，确定服务改进措施并组织相关方对公共平台服务进行改进；仲裁服务使用机构和服务提供机构之间的纠纷。

服务提供机构建立服务质量保证制度，包括服务日志制度、服务故障处理制度、服务日常质量监控制度、运行服务报告制度等，以保证对服务实施期进行控制管理；建立与服务使用机构沟通的渠道，进行服务使用满意度测评，听取服务使用机构的意见和建议，自觉改善服务工作。

服务管理机构可以根据一年中服务使用机构的评估，按年度对服务提供机构的服务质量进行总体评估，总体评估达标者可继续提供服务，未达标者提交整改计划和方案，给予一定时长（例如3个月）的整改期；整改后仍未达标者，则取消其作为服务提供机构的权利。

在服务准备期，服务管理机构对服务质量进行整体策划。

在服务实施期，服务管理机构组织定期开展服务质量测评，由服务测评机构依据标准对服务资源、服务产品、服务运营等进行测试和评价，测试评价结果纳入服务提供机构队伍的服务诚信建设内容。服务管理机构建立服务质量反馈评价工作渠道，服务使用机构应参与对服务资源、服务产品、服务运营等服务质量的反馈和评价，持续提升和改进服务实施期质量。服务提供机构在提供服务时，需公布其服务项目、服务时限、服务范围及"售后服务"等内容，并公布收费项目和资费标准。

服务质量评估应按照GB/T 34077.1—2017《基于云计算的电子政务公共平台管理规范 第1部分：服务质量评估》开展。

（8）服务诚信的管理要求

服务管理机构应开展服务诚信体系建设，例如建立诚信服务信息公开共享平台，推动开展专业机构、人员信用信息的公开共享。

服务管理机构需对服务提供机构和各类服务人员的信用信息进行管理，包括机构基本信息、资质信息、项目业绩信息、信用评价信息、良好行为记录信息、不良行为记录信息等服务提供机构信用信息，以及人员基本信息、执业资格信息、良好行为记录信息、不良行为记录信息等服务人员信用信息。

服务管理机构需建立诚信黑白名单制度，定期开展服务提供机构和服务人员良好行为和不良行为的认定，建立服务提供机构和服务人员从业的红名单和黑名单，并公开发布。

服务管理机构需建立黑白名单奖惩制度，包括奖励红名单、激励白名单、限制黑名单等。

（9）责任管理的管理要求

服务管理机构需对出现责任事故和安全事故的机构和责任人进行相应的处罚。

第 18 章

典型应用实践

18.1 基于云计算的电子政务顶层设计试点及成功经验

目前已有 17 个省级（副省级）地方、23 个市级地方和 21 个县级地方开展了顶层设计，各试点地方经过顶层设计，取得了阶段性成果。在工业和信息化部组织的评审中，有 21 个试点地方达到优秀，具体如下。

① 省级（副省级）地方（8 个）。

北京市、山东省、陕西省、内蒙古自治区、海南省、云南省、深圳市、济南市。

② 市级地方（8 个）。

北京市海淀区、山东省潍坊市、山东省威海市、福建省福州市、福建省莆田市、陕西省渭南市、江西省南昌市、河南省郑州市。

③ 县级地方（5 个）。

福建省福州市鼓楼区、福建省福州市仓山区、福建省莆田市仙游县、陕西省延安市安塞区、山东省潍坊市诸城市。

试点地方通过顶层设计指导电子政务公共平台的建设，并取得实质性成果。

首先，部分试点地方进行顶层设计后，再进行电子政务公共平台的实施，大幅提高了基础资源利用率。陕西省的电子政务公共平台基础资源利用率达到了 65%，山东省诸城市合并原有的 46 个机房，只保留了 3 个，其中 1 个用于电子政务公共平台的运行。可见，在顶层设计的指导下，集约建设的电子政务公共平台可以更好地发挥基础设施的效能。

第二，顶层设计提高了网络互联互通和信息共享，深圳市在顶层设计中提出网络互联互通率达 100%，信息共享达到 50%。海南省当前信息共享只有 30%，在顶层设计中提出要达到 60%，同时网络互联互通力求达到 85%。

第三，大幅减少了建设和运行的投入，内蒙古自治区对电子政务公共平台投入使用后的成本进行保守测算，若自治区有 70%（75 家）的政务部门使用社会化服务，可分别节约建设资金、年运维资金 1.25 亿元和 0.18 亿元，建设和运维的节约率达到 55%。山东省威海市在顶层设计指导下测算，每年至少直接节约资金 2000 万元。

第四，提高了全系统的安全可靠性，陕西省的电子政务公共平台安全可靠软硬件产品使用率在75%以上；安全可靠率设计在95%以上。山东省威海市的电子政务公共平台安全可靠设备数量占97.19%。试点地方普遍在顶层设计中提出安全可靠率将在85%以上。

第五，提升了电子政务技术服务能力，陕西省建立省、市、区县三级运维体系，省级运维中心集中监控各地市、区县级电子政务公共平台的基础设施和应用系统，进行了"集中监控，统一流程，统一配置，分级实施"的运行维护服务的顶层设计，大幅降低了地方各部门的运维难度和运维费用。山东省济南市率先采用了服务外包的方式，为了保证服务质量，济南市经济和信息化委员会和市财政局组成监督方，对政务云中心的建设、日常运行和服务质量进行监督，并聘请第三方机构定期对政务云中心进行信息安全评估、应用绩效评估。

第六，开始转变电子政务建设模式，海南省印发了《海南省信息化条例》，特别规定"国家机关应当依托全省统一的电子政务公共平台建设电子政务工程，不得新建专用网络"。内蒙古自治区把自治区有业务需求无资金来源的政务部门和已有资源无法满足需求的政务部门作为首批使用社会化服务的单位，配以政府相应的政策保障，初步实现全自治区70%的政务部门使用社会化服务。北京市采用多部门协同管理机制，由市经济和信息化委员会、市发展和改革委员会、市财政局、北京市信息化专家咨询委员会实现项目的闭环管理，有效保障资金的利用，北京还引入了BOO[1]模式。电子政务发展建设以工程为导向的情况，在试点地方正发生着改变。

在试点地方的顶层设计中还存在一些问题：一是各试点地方设计普遍缺少新旧资源协同使用的内容；二是一些试点地方设计没有充分体现地方特色；三是安全可靠设计仍需不断加强。

18.2 武汉市政务云建设发展情况

18.2.1 武汉市政务云总体情况

2020年7月，武汉市印发《武汉市突破性发展数字经济实施方案》，提出加强

---

1 Boo（Building-Owning-Operation，建设-拥有-经营）。

新型基础设施建设、打造存算一体的数据中心。在此背景下，武汉市数字经济发展的新底座——"武汉云"项目被提上重要日程。2020年11月21日，武汉市人民政府、武汉产业投资发展集团与华为签约，共同开启武汉云的建设历程。仅6个月后，"武汉云"正式启用。

"武汉云"是全国首个"城市一朵云"，由武汉市政府授权委托武汉产业投资发展集团建设和运营，采用"313"架构体系建设，即3个基础设施资源池（政务云资源池、信创云资源池、企业云资源池）、1个运营管理平台、3个保障体系（信息安全保障体系、标准规范保障体系、运营运维保障体系）。"武汉云"采用最新的云原生技术，除了计算、存储、网络、灾备、安全，还加入了容器、微服务等云原生能力，构建起支撑新型智慧城市建设云底座，建设了集政务云、信创云、企业云于一体的"武汉云"，目前已有400多个政务系统上云运行。当前，"武汉云"已经在教育、医疗、社保等民生领域发挥了重要作用，例如云课堂、智能就医、电子社保卡等。

"武汉云"为政府和企业提供云计算服务，让数据存储、分析更加集约、高效、安全。以政务域为例，各政务部门过去都拥有自己的机房和服务器，就像一个个封闭的"信息孤岛"。接入"武汉云"后，各委办局按统一标准运行，数据资源被打通复用。政务部门的业务系统，都被集纳到"武汉云"的城市运行管理中心统一指挥，实现了"数据多跑路，群众少跑路"。

18.2.2 武汉市政务云建设和应用

"武汉云"作为武汉新型智慧城市建设的重大工程之一，围绕高水平推进城市治理现代化和发展数字经济的总体目标，已经成为承接武汉数字化战略的核心载体之一。"武汉云"全力打造四个中心，即城市运行管理中心、数字经济赋能中心、数字经济人才培养中心和科技创新孵化中心，进而全面赋能政府管理、惠民服务、城市治理、产业创新、生态宜居五大重点应用领域，为新型智慧城市建设提供有力支撑。

"武汉云"已吸纳16个上云单位和120余个应用系统。此外，依托"武汉云"成立的武汉数字经济产业创新联合体、武汉数字经济总部区，也分别吸纳50余家和15家企业加入。同时，"武汉云"也不只是武汉独享，它也承载着武汉"1+8"城市圈一体化发展的使命，目前，武汉周边的潜江、鄂州等城市已启动加入"武汉云"

的规划和方案制定。伴随着"武汉云"服务范围和服务能力的持续扩展,未来可为辐射长江经济带、探索超大城市发展数字经济提供新路径,打造武汉城市发展的新名片。

(1)武汉人工智能计算中心

武汉率先建设全国首个人工智能计算中心。武汉人工智能计算中心是国内首家具有公共服务属性的人工智能算力平台,定位为武汉市高新区重大科学基础设施,围绕"政产学研用",实现产业商业闭环,推动武汉乃至华中区域人工智能产业发展,将成为武汉城市发展的另一张新名片。

武汉人工智能计算中心是全国首个面向产业的多样性算力公共服务平台。目前已吸引了武汉大学、中国科学院、斗鱼等40多家科研院所和科技企业入驻。未来还将吸引大批人工智能上下游企业,联合高等院校及科研院所,通过算力集群赋能产业集群,助力武汉智慧医疗、智慧交通、智能网联汽车、智能数字设计与建造产业发展。

(2)"武汉云"应用商店

"武汉云"建设和运营的全国首个城市云应用商店,提供了面向运营用户、业务用户、生态伙伴用户等多种用户角色的"一站式"数字化资产管理能力。"武汉云"应用商店基于武汉城市一朵云应用分发入口,能够将不同政府机构(例如政务、教育、医疗、水务、制造、城市治理单位等)进行统一管理、统一发布、统一下单、统一部署,建设数字城市新生态,拓宽生态服务空间,更好地服务于武汉行业客户和生态伙伴。

(3)城市运行管理

"武汉云"助力城市治理水平提升,一朵云有利于打破技术藩篱,实现网络通、数据通、事项通、流程通,有利于城市治理场景创新探索,例如一网通管、联动指挥等;"武汉云"助力政务服务无障碍触达,突破时空束缚,借助AI技术将更多政务服务"7×24"小时送到城市各个角落。

(4)数字经济赋能

"武汉云"可以为中小企业数字化转型提供工具、方法与服务,加速区域数字经济聚合发展。在云端,数字化工具集中部署,千万企业按需使用,一方面,可大幅降低中小企业数字化转型投入成本;另一方面,也可助力中小企业产业链上下游协同发展,提升企业经营质量。

(5)科技创新孵化

高精尖行业对算力需求更加旺盛,"武汉云"具备弹性服务模式,需求大时可以加大供给，需求小时可以降低成本，可以更好地支撑高精尖行业创新研究。未来在信息安全策略的管理下，"武汉云"可以拉通数据、拉通信息、拉通知识，支持行业内以及跨行业知识的碰撞，加快科技创新的速度，为创新驱动的企业提供更多优质服务。

（6）人才培养

云技术是数据的海洋、信息的工厂和知识的殿堂。海量数据集中管理优势条件，可以积淀、挖掘大量有价值的行业知识，将知识体系化组织后编排成课程，以云服务的方式向人力市场提供，从而提升全民数字素养，培养更多的行业专家。

18.2.3 武汉市政务云价值

武汉将凭借在人工智能领域的科技资源、产业基础、应用场景等优势，重点打造"一中心四平台[1]"——以人工智能计算中心为底座，通过政策引导，为城市发展提供普惠的公共算力服务平台；带动 AI 产业集约化发展，打造行业应用创新孵化平台和产业聚合发展平台；借助当地人才聚集优势，打造科研创新人才培养平台，实现人工智能共性技术突破。以"一中心四平台"打通"政产学研用"五位一体的产业链，力求形成人工智能产业汇聚的发展特色新优势。

从智慧城市到智慧医疗再到数字政务，数字经济基础设施带来的创新案例在武汉已经开始如雨后春笋般萌发。2021 年是武汉数字经济腾飞的起步之年，基于"武汉云"的数字经济产业联合体、武汉鲲鹏创新中心、武汉人工智能计算中心，武汉的数字经济发展有了坚实的基础。未来武汉将通过开放城市应用场景和数据，发挥专家、人才、平台资源和场景的优势，孵化面向政务、民生、治理、生态和产业的创新应用。

武汉将围绕技术创新、转型赋能、生态聚集、人才培养、产业引擎等核心功能定位，不断加大投入，盘活数字资产，强化数字服务能力，形成集群效应，打造真正的城市智能体，构建武汉城市数字化转型和数字经济发展的新模式，服务武汉城市圈，辐射长江经济带。

---

1 一中心四平台是指"武汉人工智能计算中心""公共算力服务平台、行业应用创新孵化平台、产业聚合发展平台、科技创新人才培养平台"。

18.3 长沙市政务云建设发展情况

18.3.1 长沙市政务云总体情况

数字经济时代，智慧城市的建设成为高质量发展的题中之意。2021 年，"十四五"规划纲要也重点阐述了"加快数字化发展 建设数字中国"。数字技术快速迭代和民生需求多样化，从"最多跑一次""一网通办"，到智慧交通、智慧教育，再到数字红包，数字政务应用范围越来越广，数字化技术也迎来更多挑战。

长沙市作为湖南省数字化高质量发展的"领头羊"，开始全面布局新型智慧城市和数字政府建设。从 2019 年第一个政务系统上云到如今为长沙市 78 家单位 400 多个政务系统提供敏捷高效的云服务；从打造长沙市政务云创新中心到成立全国首个"鲲鹏政务云标杆实验室"；从"以底层基础设施建设为主，实现传统政务应用上云"的 1.0 阶段到"深化应用 + 业务创新"的 3.0 阶段，长沙"政务一朵云"正朝着资源更高效、应用更敏捷、业务更智能加速演进，为数字长沙加速蝶变构筑了坚实底座。

2023 年以来，长沙市数据资源管理局不断提升云资源服务精准化管理水平，通过"统一部署管理、统一监测调配、统一安全防护"，建立云资源服务"动态弹性"管理机制，进一步优化缩减系统云化部署、改造和迁移线上流程，节省了 60% 的系统上云时间。与此同时，长沙市数据资源管理局还在全市范围内开展了云资源优化调整工作，持续推进政务云降本增效，切实提升了财政资金使用效率。除此之外，长沙政务云已建成"两地三中心"的统一容灾备份管理体系，提供"本地备份 + 异地备份 + 同城数据级容灾"的防护能力，以及同城应用级双活能力，为全市政务部门提供数据备份和容灾服务，极大地降低了数据安全风险。

18.3.2 长沙市政务云建设和应用

2019 年长沙市启动建设政务云二期工程，按照"全市一朵云"的总体思路，采用"一主多辅"的整体架构、"多云融合"的发展路径、"自主创新"的技术路线，面向"深化应用 + 业务创新"的 3.0 阶段加速前进，应用由"上云"走向"云上"，政务云也由过去的"传统云化"向"云原生化"转变,通过微服务、容器等云原生技术升级应用架构,支撑应用的快速迭代、资源的快速弹性伸缩、运维的智能高效,让应用"生于云、长于云"。

当前,长沙政务云已陆续支撑起了长沙市数字化防疫平台、"我的长沙"App、"12345"热线、视频云平台、智慧园区等诸多系统,提供了统一的安全、稳定、敏捷云底座。长沙"政务一朵云"将政务资源上云和盘活,已形成以市级为主,以区县云、行业云、公有云等为辅的创新架构,不断释放数字化城市治理的新价值。

(1) 长沙市视频云平台

以长沙政务云为底座的长沙市视频云平台一期建设项目顺利落地,以"视频汇聚、数据治理、场景预案、服务支撑"的新模式,构建了全市视频统筹管理的坚实基础。目前,长沙市视频云平台已接入公安、水利、城管、住建、生态环境等政务部门视频总数20余万个,初步实现对全市视频资源的统一管理和运维;已完成300余个场景预案归类,可保障快速指挥调度;已支撑智能运行中心(IOC)融合展示平台、"我的长沙"、交通运输局、城市管理和综合执法局、司法局、人力资源和社会保障局等视频应用,后续逐步服务全市有视频需求的所有单位。

(2) 长沙市"数字人民币红包"

在"数字人民币 幸福新长沙"活动期间,超过132万长沙市民涌进"我的长沙"App参与预约,该App单日新增注册用户超过30万。如此大规模的活动,海量的数据,使政务云峰值资源消耗是日常水平的44倍。如何在短时间、高流量的条件下圆满完成活动,是"我的长沙"App的建设和运营单位面临的第一次真正挑战。

通过多云容器平台(Multi-Cloud Container Platform,MCP),同时管理政务云上"我的长沙"App的运行环境、公有云"我的长沙"App容灾环境、"数字人民币红包"活动系统等多套容器集群,并对所有集群的应用视图及资源视图进行统一监控,实时查看各集群、应用的运行状况。在容灾场景中,实现资源、应用跨云调度,当MCP检测到政务云平台容器集群故障后,可以将应用调度秒级迁移至公有云环境,并由公有云自动接管业务流量。面对"数字人民币红包"发放这样的短周期高并发业务场景,采用跨云联动部署,在减少运维人员投入、降低政务云部署成本的同时,还可实现流量分担,保障系统稳定运行。

(3) "我的长沙"App

长沙市升级数字服务,目前长沙市超脑汇聚超过100亿条数据和近千类电子证照,"互联网+政务服务"一体化平台进驻政务服务3000余项,企业和群众办事免材料、免证明、免跑动成为常态。"我的长沙"App 自 2019 年上线以来,注册用户超过 950 万,汇聚了疫苗预约、公交地铁刷卡等 2000 多项城市服务,累计服务超 4 亿次,市民指尖一点即可畅享美好数字生活,打造"指尖办事"神器。长沙政务云促使长沙城市应急指挥中心、天网工程、智慧交通、智能网联公交、食品安全追溯系统、城市体检平台等一系列智慧应用项目深入推进,有效地提升了城市现代化治理能力。

18.3.3 长沙市政务云价值

长沙市在推进政务云建设过程中,高度重视政务数据的安全性和可靠性,通过搭建政务云"两地多中心"容灾体系,可为全市各级各部门应用提供"按需、动态、可靠、高效"的灾备服务,确保在各类重要系统出现重大故障、遇到自然灾害、外部病毒和网络攻击等事件时,做到数据零丢失、业务零延迟。

长沙市数据资源管理局创新探索了"政务云 + 公有云"容灾方案,依托政务云同城容灾节点的建设,推进对业务连续性要求比较高的关键应用进行同城容灾部署,提供快速、安全的数据中心容灾解决方案,进一步提升容灾能力和可用性。

下一步,长沙政务云将持续完善高可靠体系,为数字政府建设提供更加稳定、安全、可靠的云资源服务,全面赋能长沙"新型智慧城市示范城市"建设,为长沙数字化转型和现代化建设提供坚实的支撑。

缩略语

缩写	中文	英文
AC	无线控制器	Access Controller
ACL	访问控制列表	Access Control List
AP	无线接入点	Access Point
API	应用程序接口	Application Program Interface
ARP	地址解析协议	Address Resolution Protocol
BGP	边界网关协议	Border Gateway Protocol
B/S	浏览器/服务器	Browser/Server
CA	认证机构	Certification Authority
CAPWAP	无线接入点的控制和配置协议	Control and Provisioning of Wireless Access Points Protocol Specification
CDN	内容分发网络	Content Delivery Network
CoS	服务类别	Class of Service
CPU	中央处理器	Central Processing Unit
CRL	证书撤销列表	Certificate Revocation List
DDoS	分布式拒绝服务	Distributed Denial of Service
DHCP	动态主机配置协议	Dynamic Host Configuration Protocol
DNS	域名系统	Domain Name System
ETL	抽取、转换和加载	Extract-Transform-Load
FTP	文件传输协议	File Transfer Protocol
GIS	地理信息系统	Geographic Information System
GRE	通用路由封装	Generic Routing Encapsulation
GPU	图形处理单元	Graphics Processing Unit
HTML	超文本标记语言	HyperText Markup Language
HTTP	超文本传送协议	Hypertext Transfer Protocol
HTTPS	超文本传输安全协议	Hypertext Transfer Protocol Secure
ICMP	互联网控制报文协议	Internet Control Message Protocol
IM	即时报文	Instant Messaging
IMSI	国际移动用户标志	International Mobile Subscriber Identity
I/O	输入/输出	Input/Output
IOPS	每秒读写I/O次数	Input/Output Operations Per Second

缩略语

IP	互联网协议	Internet Protocol
IPv4	第4版互联网协议	Internet Protocol version 4
IPv6	第6版互联网协议	Internet Protocol version 6
IPSec	互联网络层安全协议	Internet Protocol Security
IT	信息技术	Information Technology
JMS	Java消息服务	Java Message Service
JSON	JS对象简谱	JavaScript Object Notation
KPI	关键绩效指标	Key Performance Indicator
MAC	介质访问控制	Medium Access Control
MAN	城域网	Metropolitan Area Network
MDM	移动设备管理	Mobile Device Management
MEAP	基于移动的企业应用平台	Mobile-based Enterprise Application Platform
MIMO	多输入多输出	Multiple-Input Multiple-Output
MPLS	多协议标签交换	Multi-Protocol Label Switching
MSTP	多业务传送平台	Multi-Service Transfer Platform
MTBF	平均故障间隔时间	Mean Time Between Failures
NAS	网络接入存储	Network Attached Storage
NFS	网络文件系统	Network File System
NoSQL	非关系型的数据库	Not Only SQL
OCSP	在线证书状态协议	Online Certificate Status Protocol
OGC	开放式地理信息系统协会	Open GIS Consortium
OSPF	开放最短通路优先协议	Open Shortest Path First
OTA	空中激活	Over the Air
PUE	电能利用效率	Power Usage Effectiveness
QoS	服务质量	Quality of Service
QPS	每秒查询率	Queries Per Second
RAID	独立磁盘冗余阵列	Redundant Arrays of Independent Disks
RPO	恢复点目标	Recovery Point Objective
RTO	恢复时间目标	Recovery Time Objective
SAN	存储区域网络	Storage Area Network
SAS	串行连接小型计算机系统接口	Serial Attached SCSI
SATA	串行先进技术总线附属接口	Serial Advanced Technology Attachment Interface
SDH	同步数字体系	Synchronous Digital Hierarchy
SDK	软件开发包	Software Development Kit
SFTP	安全文件传送协议	Secure File Transfer Protocol

SIM	用户标志模块		Subscriber Identify Module
SLA	服务等级协定		Service Level Agreement
SMI-S	存储管理接口标准		Storage Management Initiative Specification
SNMP	简单网络管理协议		Simple Network Management Protocol
SOC	安全运行中心		Security Operation Center
SQL	结构化查询语言		Structured Query Language
SSD	固态硬盘		Solid State Disk
SSH	安全外壳		Secure Shell
SSL	安全套接字层		Secure Socket Layer
TCP	传输控制协议		Transmission Control Protocol
TF	闪存		Trans Flash
TLS	传输层安全协议		Transport Layer Security
TSM	终端安全管理		Terminal Security Management
UDP	用户数据报协议		User Datagram Protocol
UNI	用户-网络接口		User-Network Interface
UPS	不间断电源		Uninterrupted Power Supply
URL	统一资源定位器		Uniform Resource Locator
VDI	虚拟桌面基础架构		Virtual Desktop Infrastructure
VLAN	虚拟局域网		Virtual Local Area Network
VPC	虚拟私有云		Virtual Private Cloud
VPN	虚拟专用网络		Virtual Private Network
VPDN	虚拟专有拨号网络		Virtual Private Dial Network
VxLAN	虚拟可扩展局域网		Virtual Extensible Local Area Network
WLAN	无线局域网		Wireless Local Area Network
XML	可扩展标记语言		Extensible Markup Language
XMPP	可扩展通信和表示协议		Extensible Messaging and Presence Protocol

参考文献

［1］GB/T 33780.1—2017　基于云计算的电子政务公共平台技术规范 第1部分：系统架构［S］. 北京：中国标准出版社，2017.

［2］GB/T 33780.2—2017　基于云计算的电子政务公共平台技术规范 第2部分：功能和性能［S］. 北京：中国标准出版社，2017.

［3］GB/T 33780.5—2021　基于云计算的电子政务公共平台技术规范 第5部分：信息资源开放共享系统架构［S］. 北京：中国标准出版社，2021.

［4］GB/T 34077.1—2017　基于云计算的电子政务公共平台管理规范 第1部分：服务质量评估［S］. 北京：中国标准出版社，2017.

［5］GB/T 34077.2—2021　基于云计算的电子政务公共平台管理规范 第2部分：服务度量计价［S］. 北京：中国标准出版社，2021.

［6］GB/T 34077.3—2021　基于云计算的电子政务公共平台管理规范 第3部分：运行保障管理［S］. 北京：中国标准出版社，2021.

［7］GB/T 34078.1—2017　基于云计算的电子政务公共平台总体规范 第1部分：术语和定义［S］. 北京：中国标准出版社，2017.

［8］GB/T 34078.4—2021　基于云计算的电子政务公共平台总体规范 第4部分：服务实施［S］. 北京：中国标准出版社，2021.

［9］GB/T 34079.2—2021　基于云计算的电子政务公共平台服务规范 第2部分：应用部署和数据迁移［S］. 北京：中国标准出版社，2021.

［10］GB/T 34079.3—2017　基于云计算的电子政务公共平台服务规范 第3部分：数据管理［S］. 北京：中国标准出版社，2017.

［11］GB/T 34079.5—2021　基于云计算的电子政务公共平台服务规范 第5部分：移动服务［S］. 北京：中国标准出版社，2021.

［12］GB/T 34080.1—2017　基于云计算的电子政务公共平台安全规范 第1部分：总体要求［S］. 北京：中国标准出版社，2017.

［13］GB/T 34080.2—2017　基于云计算的电子政务公共平台安全规范 第2部分：信息资源安全

［S］. 北京：中国标准出版社，2017.

［14］GB/T 34080.3—2021　基于云计算的电子政务公共平台安全规范 第3部分：服务安全［S］. 北京：中国标准出版社，2021.

［15］GB/T 34080.4—2021　基于云计算的电子政务公共平台安全规范 第4部分：应用安全［S］. 北京：中国标准出版社，2021.

［16］王玮. 电子政务建设中云计算技术的应用［J］. 互联网周刊，2022（7）：54-56.

［17］马伟静. 电子政务信息系统整合共享管理研究［J］. 管理观察，2019（2）：109-110.